多元视角下的团队学习

DUOYUAN SHIJIAO XIA DE TUANDUI XUEXI

吴铁钧 / 著

苏州大学出版社
Soochow University Press

图书在版编目(CIP)数据

多元视角下的团队学习/吴铁钧著. —苏州：苏州大学出版社，2020.9
ISBN 978-7-5672-3178-8

Ⅰ.①多… Ⅱ.①吴… Ⅲ.①企业管理-组织管理学 Ⅳ.①F272.9

中国版本图书馆CIP数据核字(2020)第094919号

书　　名：	多元视角下的团队学习 Duoyuan Shijiao Xia de Tuandui Xuexi
著　　者：	吴铁钧
责任编辑：	周凯婷
装帧设计：	刘　俊
出版发行：	苏州大学出版社(Soochow University Press)
出 版 人：	盛惠良
社　　址：	苏州市十梓街1号　邮编：215006
印　　刷：	宜兴市盛世文化印刷有限公司印装
网　　址：	www.sudapress.com
邮　　箱：	sdcbs@suda.edu.cn
邮购热线：	0512-67480030
开　　本：	700 mm×1 000 mm　1/16　印张：18　字数：304千
版　　次：	2020年9月第1版
印　　次：	2020年9月第1次印刷
书　　号：	ISBN 978-7-5672-3178-8
定　　价：	60.00元

凡购本社图书发现印装错误，请与本社联系调换。
服务热线：0512-67481020

前　言

团队学习,是一个我们既熟悉又陌生的词语。20世纪末,当我们走进小县城简陋的书店,都能看到彼得·圣吉的《第五项修炼》一书赫然摆放在畅销书架的显眼位置时,团队学习就已经成了大家广泛使用的时髦用语。然而,如果让大家谈谈自己参与团队学习的经验,大家则显得有些尴尬,或沉默不语,或语焉不详。团队学习体验的稀缺,可能意味着很多情况下团队学习活动并没有在组织中真正开展起来。

当时,笔者正在读硕士研究生,实践着"两耳不闻窗外事,一心只读圣贤书"的传统学习方法;在阅读了一堆团队学习的相关文献,掌握了很多专有名词后,依然无法对团队学习的缺位做出令人信服的解释。最后只能用"国情不同"或"发展阶段不同"的简单逻辑来粗暴地搪塞。

进入外企实习,参与组织和实施了一些培训项目后,笔者发现通过训练,可以让一群互不相识的新员工在短期内结成彼此有高度认同感的团队;团队成员在工作中毫无保留地共享信息,直言不讳地指出彼此的缺失,毫无顾忌地袒露不成熟的想法;大家坦诚相待,为完成团队任务共同努力。笔者非常欣喜和震惊,欣喜于在实践中找到了团队学习的鲜活案例,震惊于团队学习的巨大威力。

博士学习阶段,在导师刘电芝教授的鼓励下,笔者开始系统地学习和研究团队学习。"事非经历不知难",笔者发现团队学习是一个充满挑战的研究领域。团队是由个体构成的,团队是嵌套在组织中的;在"个人—团队—组织"这样一个由三个层级构成的系统中,团队学习的发生、发展就变得非常复杂。这对于只熟悉实验室研究和问卷测量的博士生来说,似乎是一项不可能完成的任务,因此几度萌生了想要放弃的念头。在导师的鼓励和同学的帮助下,笔者缩小了研究视角,以大学生社团为被试,完成了博士毕业论文。

随着时间的流逝,笔者日益清晰地意识到先前研究的局限性。团队学习在复杂情境中发生的复杂现象,必须从多个视角才能有效地分析和诠释它。在尝试从多个角度突破之后,就有了这本《多元视角下的团队学习》。

本书共分为六章。第一章阐释团队的定义和特性,简要回顾了团队研究的历史。第二章论述了团队学习的特征、功能和影响因素。第三章从互动视角分析团队学习,力图说明团队学习是如何发生的。第四章从涌现视角分析团队学习,力图阐明团队学习是如何深化的。第五章从创新视角分析团队学习,力图论证团队学习与团队创新之间的关系。第六章从合作偏好视角分析团队学习,力图用社会心理学的观点解释团队学习困境。

本书的出版,要感谢苏州大学教育科学研究院周川院长的资助和督促。笔者的同事李宏利、孔明在繁忙的工作之余,在文献上和数据统计上给予无私的支持。苏州大学文正学院的邓永光全程参与了本书的写作工作。这本谈论团队学习的书,其成书过程也是长期的团队学习过程。对于为此做出贡献的诸位,在此一并致谢。

在研究过程中,深感自己水平有限,能力不足。本书中的错漏在所难免,敬请学界前辈先进不吝指正。

吴铁钧

2020 年 5 月于苏州

目 录

第一章 团 队

第一节 团队,独特的工作单位 / 1
 一、团队的定义与要素 / 3
 二、团队类型 / 19
第二节 I-P-O 框架下的团队研究 / 26
 一、I-P-O 模型与团队研究 / 27
 二、团队输入变量 / 27
 三、团队过程变量 / 34
 四、团队输出变量 / 44

第二章 团队学习:团队发挥效能的关键

第一节 团队学习的定义和特征 / 50
 一、团队学习的定义 / 51
 二、团队学习的特征 / 60
 三、团队学习的功能 / 63
第二节 团队学习的影响因素和功能 / 66
 一、个体水平的影响因素 / 66
 二、团队水平的影响因素 / 70
 三、组织水平的影响因素 / 73

第三章 互动视角下的团队学习

第一节 大学生社团与团队互动 / 78

一、社团：大学中的学生团队　／79
　　二、互动：团队学习的核心过程　／87
第二节　大学生社团是如何互动的——不同学生社团的访谈研究　／91
　　一、研究对象：大学生社团　／91
　　二、研究方法：访谈法　／92
　　三、研究结果：大学生社团中的团队互动特征　／94
　　四、讨论　／99
第三节　大学生社团中团队互动与团队学习——模型建构　／100
　　一、研究对象　／100
　　二、研究假设　／101
　　三、研究方法　／102
　　四、研究结果　／104
　　五、讨论　／106
　　六、结论　／107

第四章　涌现视角下的团队学习

第一节　教师共同体与涌现　／109
　　一、共同体：中学教师的团队　／109
　　二、涌现：团队学习的系统解释　／111
第二节　中学教师共同体的调查　／120
　　一、研究方法及过程　／121
　　二、研究结果　／122
　　三、中学教师共同体中团队学习中的涌现特征　／127
第三节　中学教师共同体团队学习的过程　／128
　　一、研究方法和研究程序　／128
　　二、研究结果　／130
　　三、结论与讨论　／134

第五章　创新视角下的团队学习

第一节　企业团队，学习和创新　／137
　　一、团队，企业创新学习的基本单位　／138
　　二、创新，团队学习的有效产出　／142

三、从个体创新到团队创新:时代的选择 / 146
四、团队学习对团队创新的促进 / 148

第二节　团队学习与团队创新的作用机制 / 151
一、团队创新的可能影响机制 / 151
二、研究的假设 / 152
三、研究设计与数据处理 / 152
四、研究结果 / 155
五、讨论 / 158
六、结论 / 159

第三节　不同组织类型中的团队学习与团队创新 / 159
一、组织类型及其隐含的意义 / 159
二、组织类型对团队学习、团队创新的影响 / 159
三、研究设计与研究假设 / 161
四、研究结果 / 163
五、讨论 / 165
六、结论 / 165

第六章　社会心理学视角下的团队学习

第一节　中国传统社会的小群体意识 / 167
一、集体主义取向 / 167
二、差序格局理论 / 168
三、伦理本位思想 / 169
四、社会关系取向 / 170

第二节　合作,偏好和团队学习 / 171
一、合作 / 172
二、合作偏好 / 173
三、合作偏好的社会心理学分析 / 178
四、从合作偏好视角解释团队学习困境 / 181

第三节　血浓于水:中国人的亲缘合作偏好 / 183
一、方法 / 183
二、结果 / 186
三、讨论 / 188

四、结论 ／189

第四节 亲不亲,故乡人:中国人的地缘合作偏好 ／190
  一、方法 ／190
  二、结果 ／192
  三、讨论 ／194
  四、结论 ／195

第五节 先赋地缘偏好与后致地缘偏好 ／195
  一、方法 ／196
  二、结果 ／198
  三、讨论 ／200
  四、结论 ／201

第六节 总结与讨论 ／201

附录一:参加访谈的大学生团队情况 ／203
附录二:大学生社团访谈提纲 ／205
附录三:参加问卷调查的大学生团队情况 206
附录四:团队学习及团队互动的各因素进行测量 ／209
附录五:教师共同体访谈提纲 ／212
附录六:教学共同体访谈记录 ／213
附录七:中学教师共同体调查问卷(探索性问卷) ／267
附录八:年级组和教研组相关调查问卷 ／270

第一章

团 队

团队,又称工作团队,是近些年组织中广泛使用的工作单位。

《培训》杂志 1999 年对美国 1456 家人数在 100 人以上组织的团队实践调查表明,3/4 的美国组织拥有团队,而这些组织中一半以上的员工都在各个团队中工作。

在《财富》杂志 1000 强排行榜企业中,有 68% 的企业采用团队管理模式。

团队已成为组织中的重要资源,越来越多的工作需要通过团队来完成。团队在组织管理实践中的巨大成功,使得"团队"这个词拥有了某种符号意义,成为高效管理的标签。

置身于一个变革的时代,大多数组织所面临的生存环境均呈现出高度的不确定性,团队可以让组织在动荡的外部环境和激烈的竞争中增强适应性。在顾客需求多样化、信息变化异常激烈的今天,只有具备快速响应能力和创造力的组织才能立于不败之地。

在本章中,我们首先理清团队的概念,描述团队的定义和特征;然后简要回顾团队的相关研究;最后,根据流行的 I-P-O 模型对影响团队的因素进行梳理。

第一节 团队,独特的工作单位

团队的产生,是为了弥补传统组织的不足和缺陷。

传统的组织采用一种严格的等级制结构,整个组织被设计成巨大的权力金字塔。金字塔顶端的是最高管理者,最高管理者以下有若干名中层管理者归其直接统御,中层管理者以下有若干基层管理者……以此类推。组织的管理工作通过自上而下的统一指挥而实现。这样的管理系统注重明确的责任边界和专业分工,岗位职责非常清晰,绩效考评体系也比较完善。传统的组织结构适应了工业化大生产的需要,能在稳定的、可预测的环境中平稳运行。如图1-1所示。

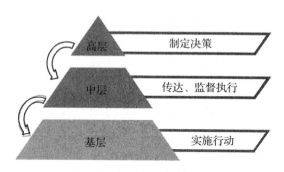

图1-1 金字塔式传统组织

管理大师德鲁克在《管理》一书中指出:信息革命改变着人类社会,同时也改变着组织的机制和运行。如果环境发生了变化,变得多变且难以预测,传统组织的弊端就显现了出来。传统组织结构为了确保稳定地达成目标,过于关注"控制",而使得组织丧失了灵活性。例如,专业化的分工造成了隔离带,信息沟通不畅;分工过细导致临时性的额外工作无人负责,绩效考评导致员工的关注点仅仅限于完成分内事;组织的层次过多,数量庞大的管理人员彼此指导工作,官僚习气和文牍主义开始出现;表面的和谐压制了不同的意见和潜在的冲突,扼杀了组织中的变革和创新精神;部门间的严格界限和彼此的竞争造成了信息独占和沟通不畅,组织对新问题、新情况反应迟钝。因此,传统的组织在迅速变化的时代会变得越来越脆弱,不堪一击。

当然,传统组织并非一无是处。在工业化大生产的初期,传统组织曾发挥了巨大的积极作用,相对于随心所欲的家族式管理和行政上用人时的裙带关系,传统组织无疑是先进的,是巨大的进步。但是,随着环境变化的加剧,传统组织庞大的身躯显得越来越臃肿,复杂的流程显得越来越冗余;传统组织自上而下的管理模式更依赖于金字塔顶端高层管理者的智慧,而迅速变化的环境往往是金字塔底端的基层员工率先发现的,信息的壁垒使得环境变化的消息传递缓慢,等到高层管理者得知环境变化而做出决策,再传达到基层的时候,新的变化又早已发生。决策总是比环境变化慢半拍,肯定要出事。

20世纪末,相声演员牛群、冯巩创作了一个相声《小偷公司》,生动形象地描述了传统组织机构臃肿、人浮于事的弊端。估计是担心某些单位会对号入座引发不快,创作者描述了一个虚拟的组织:小偷公司。这家以偷盗为主营业务的公司机构庞大,1个经理,48个副经理,经理副经理以下还有科长副科长、组长副组长。在小偷公司中,一共只有两个小偷是真正干活的,剩下的100多人都是领导干部。基层人员的业务报告需要经历层层审批,等到领导做出决策时为时已晚。

信息化时代的加速,倒逼着组织进行变革。组织必须具备快速应变的能力,随时应对顾客需求以调整作业内容,同时网罗专业人才共同合作,才能维持或提升组织运作绩效。这种转变体现在组织构架上即为对组织的整体架构进行灵活调整,摒弃传统组织金字塔式的结构,采用灵活而独特的工作单位——团队(team)。

一、团队的定义与要素

"团队"如今是一个高频使用的概念,但是在不同语境中,其含义却千差万别。在大多数场合中,团队并没有被当作一个严谨的科学概念来使用。因此,对团队的定义和要素进行梳理和再认识,就变得非常必要。

1. 团队:高频使用且含义模糊的概念

当人们寻求组织成功的原因时,最常用的套路就是追寻业已成功者的足迹。成功组织在总结其成功经验时,"团队"总是榜上有名。

(1)成功者经验总结时的高频用语

在汽车制造业中,丰田汽车公司以团队为单位进行生产,是其取得成功的重要原因。直到现在,丰田依然采用团队生产模式,并在全世界享有极高的声誉。世界上很多大型企业都在学习丰田团队管理模式的基础上,建立了各自的管理系统,例如,通用电气、福特汽车、沃尔玛超市等。

丰田的团队生产模式是这样运作的:把每条生产线划分成若干组,每组有5~8名成员,成员间互相协助共同完成生产任务。在生产过程中,各项作业流程的制定、实施和监督都是由小组中现场作业人员通过共同学习、讨论而完成的。这种团队作业模式不仅确保了作业人员的积极性,也能够及时发现问题并高效解决问题。

丰田公司的团队生产模式类似于"家"的概念:公司是一个家族,负责制定总体目标;生产团队则是家庭,负责完成具体的生产环节。家族(公司)关注大方向和总体目标,具体实施方法及步骤则由家庭(生产团队)自主决策、自主实施。团队管理的方式极大地激发了员工的生产热情和归属感,团队管理文化已经深入每个员工的内心深处。正如丰田汽车公司创始人丰田喜一郎所说:"如果每个员工都能尽自己最大的努力去履行职责,就能产生强大的力量,并且这种力量可以形成一个力量环,创造极大的生产力!"

互联网公司也将团队视为其成功的重要因素。以目前中国最大的三家互联网公司百度、阿里巴巴、腾讯为例。2000年,百度刚刚创立的时候蜗居于北大资源宾馆的两个房间,以李彦宏为首的"百度七剑客"创造了中国互联网引擎的神话。1999年,马云创业时逐步打造了被今天的人们称为"阿里十八罗汉"的团队,缔造了中国网络交易的传奇。马云在谈到自己的创业经历时,提及最多的就是"团队"和"机会"两个词语。2000年,以马化腾为首的"腾讯五虎将"缔造了互联网通信王国。正是"团队"成就了现在的百度、阿里巴巴和腾讯,正如马云所说的,"失去阿里、失去淘宝没关系,只要我的团队还在,我就有信心再次创造奇迹"。

成功的影视剧创作,也需要团队的力量。创作了《北平无战事》《战长沙》《伪装者》《琅琊榜》《欢乐颂》《大江大河》《都挺好》等扛鼎之作的"正午阳光"团队就是典型的成功例证。"正午阳光"团队以孔笙、侯鸿亮和李雪三人为核心,聚集了一帮年龄在41～50岁的资深创作人,他们代表着国产剧的最高水平。"正午阳光"团队能坚持自己的原则和标准,不盲目向市场妥协,扎扎实实做好自己的作品,取得了巨大的成功。该团队有两个方面的特点一直为业界称道。第一,团队气氛好。在这个团队中孔笙是大哥,团队里的很多导演,包括侯鸿亮和李雪,都是孔笙的徒弟。与其他制作公司不同的是,如果不拍戏的时候,导演李雪和孔笙也都会在办公室里坐着。问及缘由,李雪表示,"在家没意思,还是办公室待着安心"。第二,团队分工明确。团队中,侯鸿亮负责与外界沟通,给团队带来更多市场方面的意见和建议,孔笙、李雪则负责全心全意把影视剧内容制作好。他们认为:团队的作用在于极致地精益求精。

成功者的荣耀令人仰视,成功者的足迹值得追寻。于是,"团队"成了大家嘴边的热词,备受追捧。在领导的讲话中,在年终总结报告中,在各类形式的培训中,团队都是必定涉及的概念。在亚马逊网站经济管理类图书2018年度销售榜单中,前100本图书中就有53本是和团队有关的。

(2) 含义模糊、意思多元的概念

"团队"一词在不同情境中的广泛使用,带来了其意义的含糊和多元。概括起来,其含义大致可以分为四种类别。

第一,泛指存在关联的一群人,常见于日常用语。不管一群人的这种关联程度是强或弱,他们都有可能被称为团队。有教师将学校里的行政团体称为团队,有单位领导将单位里的部门称为团队,甚至有的人将 QQ 群、微信群里的成员称为团队。这种存在关联的一群人有点儿类似于群体(group),而非团队(team)。

第二,用以表述一种精神、态度或者价值观,常见于领导工作报告或下属的年终总结。在这种语境下,对组织目标有帮助的集体主义特质都可以被冠以"团队"二字。例如,凝聚力可以被称为团队精神、协同性可以被称为团队意识等。

第三,指代一种工具或方法,常见于管理类畅销书和企业培训课程。例如,团队技巧、团队建设、带团队的艺术等。

第四,描述一种组织设计或工作单位,是为了实现某一目标而由相互协作的个体所组成,常见于教科书或论文。例如,生产团队、创业团队、研发团队。

在本章及后续章节中,所用"团队"一词的含义比较接近于第四种用法。

专栏 1-1

腾讯公司黄金创业团队:腾讯五虎将

作为中国市值最大的上市公司[①],腾讯的发展与团队有着悠久而密切的联系。从最初创业时的"腾讯五虎将",到今天在公司内全面推进团队建设,腾讯的发展证实了团队的重要作用。

1998 年 11 月,马化腾、张志东、许晨晔、陈一丹、曾李青五位创始人共同创立了深圳市腾讯计算机系统有限公司,开启了腾讯公司的辉煌征程。为避免彼此争夺权力,马化腾在创立腾讯之初就和四个伙伴约定清楚:各展所长、各管一摊。马化腾是 CEO(首席执行官),张志东是 CTO(首席技术官),曾李青是 COO(首席运营官),许晨晔是 CIO(首席信息官),陈一丹是 CAO(首席行政官)。

---

① 2017 年 8 月 7 日,腾讯总市值 30375 亿港元,超越阿里巴巴的 3878.27 亿美元(约 30325.7 亿港元),成为中国市值最大的上市公司,在全球市值排名中列第 8 位。

市场干将——曾李青,为腾讯的市场开拓的核心力量,早在20世纪90年代的时候就开创性地使用了期货的方法推进宽带进小区,更是主导推进了腾讯的上市,在团队中扮演了积极开拓者的角色;

后勤支柱——陈一丹,负责腾讯的行政、法律、政策发展、人力资源及公益慈善基金事宜,陈一丹性情温顺,注重人文关怀,建立了腾讯的各种福利制度和慈善部门;

技术天才——张志东,是一个典型的"理工男",除了爱下象棋外没有其他兴趣爱好,在技术上炉火纯青,QQ的架构设计源于1998年,而在20多年后的今天该框架仍然适用,在微信及其他产品层面同样贡献巨大;

信息中心——许晨晔,负责网站财产和社区、客户关系及公共关系的策略规划和发展工作,偏重于团队内部和后台;

目标引导——马化腾,作为创业团队的带头人,他积极吸纳团队其他成员,在创业之初就根据各成员分工而占据不同的股份结构,奠定了公司股份的基本格局,在主营产品QQ上一直强调用户体验,引导QQ发展的基本方向,起到了举足轻重的作用。

从团队起家,靠团队经营,腾讯公司一贯遵循发展团队的建设思路,在稳定现有产品的基础之上,积极发展新的团队、创造新的新品,微信团队就是一个代表性的案例。如今,微信发展的风头正盛,腾讯公司的主要业务也开始从QQ向微信转移。可以说,腾讯公司下面的每一个产品背后都是一个工作团队在努力,团队建设是腾讯公司架构的基本思路。

腾讯的高层管理人员也根据业务需要进行了进一步区分,主要形成了8个主要管理团队:企业发展事业团队(CDG),作为公司新业务孵化和专业支撑平台;互动娱乐事业团队(IEG),负责公司互动娱乐业务的运营与发展;移动互联网事业团队(MIG),负责公司移动互联网、安全及工具类平台业务的运营与发展,打造多款移动端平台产品;网络媒体事业团队(OMG),负责公司网络媒体业务的运营和发展;社交网络事业团队(SNG),负责以QQ与QQ空间为基础打造大社交平台,为用户提供即时通信与社交网络的综合性服务;技术工程事业团队(TEG),负责为公司内部及各事业群提供技术及运营平台支撑,为用户提供全线产品的客户服务;微信事业团队(WXG),负责微信基础平台、微信开放平台,以及微信支付拓展、O2O等微信延伸业务的发展。

腾讯公司以创业团队起家,在业界取得成功后又大力推进团队建设,纵向上,以产品研发形成了若干工作团队,横向上,因业务需要分为不同的管理团队,以团队作为基本单位最终架构了如今的腾讯帝国。

资料来源:中国企业家网(www.iceo.com.cn)和腾讯官网(www.tencent.com)

2. 团队的定义和特征

学术界使用"团队"这一概念,相对要规范很多。但不同学者对其理解见仁见智,各有侧重。由于"团队"一词是舶来品,有必要对国外学者的团队定义进行梳理和比较,进而探讨团队的核心含义。

(1)团队的定义

20世纪80年代以来,团队研究开始成为组织行为学的研究热点之一。在团队研究的经典论文中,国外学者对团队定义的表述如表1-1所示。

表1-1 国外学者的团队定义

提出者	团队定义的表述
Shonk,1982	团队是两个以上的个人一起协调活动来完成共同目标的集合。
Hackman,1987	团队是为达成特定任务或目的而组成的共同承担责任的群体。
Quick,1992	团队以完成目标为首要任务,由技能不同的个体组成,成员间彼此协作,公开而明确地交流。
Robbins,1992	团队是这样一个集合,成员间共同努力,协同作用,使团体绩效水平远高于个体成员绩效之和。
Katzenback,1993	团队是由一群技能互补的人组成的,成员间共同分担责任,为共同的目标而努力。
Drucker,2000	团队是由一些少数负有共同责任,技能互补,有共同目标的人员的集合。
Lawrence,2001	团队是为特定目标而开展合作的特定范围内少数人的集合。
Lumsden,2001	团队由一群为预定目标而共同努力的个体组成的,成员间在特定的环境下共同承担领导职能,以团队目标为唯一标准。

由上述不同的定义可以看出,学者们基本都认同团队存在三大属性。

第一,团队有共同目标、为了完成特定任务而努力。

团队是组织中的工作单位,团队的建立是为了更好地达成组织目标。所以,团队的共同目标是与组织目标一致的,团队目标即组织目标或者是组织大目标分解之后的某个子目标。

将团队目标具体化,就是团队的特定任务。团队的任务应该具有复杂性、挑战性,需要团队成员相互依赖才能完成。只完成组织中的简单任务和例行工作不是建立团队的初衷,虽然团队也需要花些时间处理简单任务和例行工作,但这不是团队的核心工作。

团队的建立是为了达成组织的共同目标,当组织的共同目标达成之后,团队便会解散。其成员被分配到组织中其他部门,加入新的团队,或者离开原有组织寻找新的发展平台。团队并不是一个永恒的存在,它甚至不是一个长期的存在。团队像某种生物,有它的生命周期,它在组织中诞生、成长、鼎盛、衰亡。其解散并不是失败,这只是一种人力资源的重组和优化。团队的解散对组织而言并不是一件需要感叹或悲伤的事情。关于团队生命周期的问题,将在本章后续部分提及。

第二,团队由多名相对固定的成员组成,团队成员之间知识技能互补。

团队由多名成员组成,且团队成员是相对固定的,这强调团队是存在边界的。虽然团队成员会有变动和调整,但这种变动和调整不是随意的,边界模糊的松散集合体不是团队。

团队成员之间知识技能互补,可以合作解决复杂的问题。在团队内部,每个成员都是特定领域的专家,每个成员都是其擅长领域的决策者。前文曾经提到腾讯公司的黄金创业团队,其知识技能互补的特性就非常明显,如团队中马化腾擅长把握趋势制定目标,曾李青擅长市场运作,陈一丹擅长后勤管理,许晨晔擅长信息整合,张志东擅长技术研发。

第三,团队成员有充分的社会互动,密切配合,互相依赖,责任共担。

大型的传统组织往往面临这样尴尬的状况,组织内部有很多专家和能人,他们各有所长、知识技能互补,这些专家也很有上进心,都想达成组织的共同目标,促进组织发展。可最终为什么事与愿违?有一部分原因是这些专家没有充分地展开社会互动,而被部门的藩篱隔离开。部门的利益抑制了他们的合作欲望,文人的孤傲阻碍了他们的主动沟通,专业的差异限制了他们的互相理解,大家表面上是合作,其实大多数时间都是各自为战,最终绩效不佳。所以,绩效平平的大组织内部,往往既不缺乏人才,也不缺乏好点子或上进心,缺乏的是如何让专家的知识技能在组织的共同目标的引领下整合起来,达到思想一致、行为协同、心理相融。

在团队的日常工作中,开会是其中耗时较多的一项。有时,团队的会议会演变为激烈的争论甚至争吵。这种看似并不和谐的热烈互动,让团队成员明晰团队的目标和任务,了解彼此的观点和策略,大家才能责任共担、相互依赖。

综上,团队是在组织内部形成的,由若干相对稳定的成员组成的,为达成特定目标而密集互动的群体。团队成员之间知识技能互补,相互依赖,责任共担,以促进团队目标和组织目标的实现。

（2）团队的特征

第一,目标导向的行为特征。

每个团队都有目标,这个目标是由组织的大目标分解而来的。极为重要的是,团队目标必须清晰,有明确的指向性,能被团队成员所理解、认识和接受。不够清晰、相对含糊的可能是愿景、理念、价值观,不能作为团队目标。有一次笔者访谈一位团队领导者,当被问及他所在团队目标是什么时,他慨然回答道:"为社会创造财富,为人民谋求福祉!"在被他胸怀天下的道德感所震撼的同时,笔者也有点困惑,这个团队究竟是干什么的？如果受到邀请加入这个团队,笔者是无法凭借这两句高端大气上档次的豪言壮语来判断自己是否适合这个团队的。

团队要保证团队成员对团队目标有高度的认同。某一目标只有团队成员都认同,并愿意为之贡献力量,这才能称为团队目标。如果某一目标只是团队领导者或部分成员的一厢情愿,这就不是团队目标。一个目标要成为团队目标,需要团队内部的密集互动和充分沟通。通过互动和沟通,团队成员的个人目标与团队目标结合起来,团队成员的个人利益与组织利益有机融合,团队目标才能真正走进每个成员心里,成为货真价实的团队目标。

在团队工作过程中,团队行为的最终目的都是为了实现团队目标。具体的团队行为是否有利于实现团队目标,团队的具体操作是否有偏离团队目标的情况,这些问题往往都是在团队的会议中被反复提及和讨论的。

第二,灵活多变的结构特征。

相对于传统科层制组织而言,团队在结构上是灵活多变的。

组织架构理论的创始人之一马克斯·韦伯(Max Weber)提出理想的组织必须具备六大表现:架构内的专业分工、科学的规章制度、有效的等级划分、专业的考核评价、管理权与所有权分离和纯粹的人事关系。这种组织后来被称为科层制(Bureaucracy)。科层制的主要特点在于通过等级制的原则根据组织的目标进行劳动分工,实现专业化、合法化和程序化。科层制以非人性化的理性思维量才用人,在组织扩张和加强控制方面有着突出的历史表现,但是科层制效率低下的问题一直没有得到妥善的解决。

21世纪初,世界范围内的组织结构发生了深刻而复杂的转变,其中最引人注目的是工作单位从以个体为单位向以团队为单位的转变。① 各种组织为了应对其所处环境的不确定性,采用了更为分散和偏平化的组织结构,其核心便是团队发挥了重要的作用。②

在团队中,没有刚性的分工,只是依据团队成员的专长分工,并且可以灵活地调整;没有严格的等级划分,团队的领导者更像一个召集者或协调者,决策由团队成员协商后集体做出;没有刻板的规章和流程,团队的行动策略可以由团队成员依据情况的变化进行调整,随机应变。

团队在组织中的灵活性,以及在应对复杂任务和不可预见的环境中的表现非常突出。因此,现代组织不断发展,渐渐以团队为核心的灵活的组织结构替换传统刻板的科层制组织结构。

第三,彼此认同的心理特征。

对科层制组织结构从学理上进行探讨,不难发现科层制组织结构是理性的;它对组织中的人的认识是建立在"经济人"假设的基础之上的、去人格化的;成员间的协调是机械化的,纯粹基于任务的需要,即马克斯·韦伯所说的纯粹的人事关系。这要求组织中的成员关注组织的需求而忽略个人需求,以组织目标作为行动指南。这种要求对个人来说有点不够人道。活生生的人不同于机器上的零件,忽视人的需求,容易导致组织效率的低下。

团队的组织模式放弃了对成员的绝对控制,除了强调团队目标外,在一定范围内允许团队成员自主决策,自由发展。团队关注团队成员对团队目标的自发性认同,关注团队成员之间的彼此认可,彼此配合,关注彼此协同,责任共担。而要达成这一点,团队成员在密集互动中建立起来的彼此认同就非常重要。团队成员之间是否有彼此认同的心理特征,成了真正的团队区别于"准团队"和"伪团队"的重要标尺。

为了促进团队成员之间的彼此认同,培训公司研发出多种多样的团队构建

---

① Lawler, E. E. Creating high performance organizations[J]. *Asia Pacific Journal of Human Resources*, 2005, 43(1): 10 – 17.

② Murnighan J K, Conlon D E. The dynamics of intense work groups: A study of British string quartets [J]. *Administrative Science Quarterly*, 1991, 36(2): 165 – 186.

和团队训练课程,团队自身也定期组织团队康乐活动。锤子科技的CEO罗永浩曾经说过,他们公司团队建设的重要方法就是喝酒。很难说喝酒对业务会有直接的促进,但是在酒桌上,平时羞于启齿的道歉说出了口,工作中曾经的龃龉和不快容易化解,办公室里不宜表露的好感和赞赏可以直接表达,彼此的信任和好感容易建立。

专栏1-2

西游记中的取经四人组

《西游记》描述了唐僧师徒四人历经九九八十一难最终取得真经的故事。然而,取经大业不是靠唐僧个人单独完成的,而是依赖一个团队——取经四人组。

成君忆撰写的《孙悟空是个好员工》一书,对唐僧师徒四人的性格类型进行了精到分析。

完美型的唐僧:唐僧追求长远的目标,有组织设计的能力,注重行为规范和工作标准。作为团队主管的唐僧一直强调目标和规范的重要性,一个团队中如果没有唐僧,那它就是一盘散沙,是无法完成团队目标的。

力量型的悟空:孙悟空干劲十足,是个行动派,注重工作效率,能够快速地理解和完成团队任务,今日事今日毕,打妖除魔从不过夜。作为团队中的骨干力量,如果没有悟空的存在,团队的目标是很难转化为行动并最终实现的。

活泼型的八戒:猪八戒热情奔放,感情外露,善于活跃工作氛围,承担团队的公关工作。取经路途漫漫,猪八戒使团队生活变得活泼有趣,尽可能地去调和团队之间的矛盾。如果团队中没有猪八戒,团队的生活将是枯燥的,团队的矛盾也将是激烈的,团队目标的完成将困难重重。

和平型的沙僧:沙和尚平和冷静有耐心,习惯于遵循既定的游戏规则,承担了团队的事务性工作。他负责稳定局面,总是能够在高压的情况下保持冷静,平时默默无闻,但总能在团队最关键的时候稳住后方。团队中沙和尚的存在,总能够在复杂多变的环境中让团队保持清醒。

这就是团队的力量,团队成员相互协同,唐僧负责目标和规范,悟空注重行动,八戒负责公关,沙僧让团队时刻保持清醒。每种人都有不可替代的优势,团队成员之间的默契配合最终使每个成员都发挥了自己独特的价值,发挥了团队的力量。

3. 团队与群体

团队(team)和群体(group)这两个概念非常相似。很多语境下人们往往将这两个概念混用,在日常沟通中一般也不影响表情达意。

群体是个体按某种特征结合在一起,进行共同活动,相互交往的共同体。群体的界定具有相当的主观性,有学者指出:当两个或两个以上的人界定他们自己是群体成员,并且群体的存在至少被一个他人承认时,这个群体就存在了。[①] 根据美国学者 Cartwright 的解释,群体就是互有关系、互相依赖到一定重要程度的人的集合。

事实上,团队和群体之间是有很大区别的。一般来说,群体的范畴要比团队大一些,群体是团队的一种初级形态,团队是一种正式的工作群体。团队首先是一个群体,在此基础之上,其成员具有高度的相互依赖和共同目标。比如,团队成员能够责任共担,群体成员则不能共担责任。团队与群体的主要差异,如表1-2所示。

表 1-2　Katzenbach 和 Smith 对群体和团队的比较

工作群体	工作团队
有一位权威的领导	团队成员轮流扮演领导角色
只承担个人成败的责任	承担个人成败和团队成败的责任
群体目标与组织使命相同	团队有其特定的目标
注重个体绩效	注重团队绩效
注重召开有效率的会议	每个团队成员参与讨论,充分沟通
绩效评估以个人表现为标准	绩效评估以团队工作成果为标准
经过讨论及决策后,授权个人去完成任务	经过讨论后,大家共同参与决策

工作场所中的团队和群体都是聚合在一起实现目标的一群人。与群体相比,团队有更多的互动和协同,有更具体的目标,有更强烈的整体意识和责任

[①] Bartel C A, Milliken F J. Research on managing groups and teams[J]. *Creativity in Groups*, 2010, 12: 1−27.

感。因此，团队与群体的差异在于团队能够对达成组织目标而担负起责任。

团队是由群体发展而来的，是群体中合作最为紧密的形态。团队建设之初，往往更多地体现出群体的某些特征；随着在工作中不断互动、沟通、磨合，成员对组织目标的认同感加深，彼此协同意识增强，责任感增加，就成了真正的团队。

专栏1-3

非正式群体的行为"准则"

小张参加了某市公务员考试，顺利通过并被该市政府法制办录用。每天，小张早早地来到办公室，扫地打水，上班期间更是积极主动承担各项工作任务，回家还钻研业务。

以前法制办公室是一个由5个人组成的科室，包括主任甲，副主任乙，三位年纪较长的办事员A、B、C。几位老同志听说办公室要来一个年轻人，顾虑重重，他们认为现在的大学生从小娇惯，自命清高，很难相处，而且业务又不熟，还需要他们手把手地教，无异于是来了一个累赘。

令他们没有想到的是，小张热情开朗，待人谦虚，很容易相处。更重要的是，小张有行政学专业背景，再加上聪明好学，很快就熟悉了业务，成为法制办工作的一把好手。而且小张很勤快，承担了办公室的大量工作，让几位老同志一下子减轻了许多压力。几位老同志渐渐喜欢上了这个年轻人。

可是聪明的小张发现，随着科长表扬自己次数的增多，几位老同志对自己越来越冷淡。有一次，小张忙着赶材料，同事B居然冷冷地对他说："就你积极！"小张一时间丈二和尚摸不着头脑。

一年后，小张顺利转正。市政府办公室年终考核时，法制办因工作能按量优质提前完成而被评为"优秀科室"。在制订下一年度计划时，市政府又增加了法制办的工作量。

法制办的几位老同志，本来因为小张的到来轻松了很多，这下子又忙起来。而且他们发现，虽然繁忙依旧，但"名"却被夺走了，每次受到表扬的总是小张。随着第二年小张被评为法制办第一季度先进个人，同事A、B、C对小张的反感达到了顶点。从此，几位老同志再也不邀请小张参加集体活动，还背后称小张"工作狂""神经病"。话传到小张耳朵里，他很伤心，"我这么拼命干不也是为了办公室吗？要不是我，去年办公室能评上先进科室？怎么竟招来这么多怨恨？"他一直都不能理解。

有一次，小张将自己的遭遇同另外一个部门的老王讲了。老王叹了口气说："枪打出头鸟，你还年轻，还要学习很多呀！"小张恍然大悟，正是自己的积极性破坏了办公室原有的某些东西，才招致如今的境遇。

从此，小张学"乖"了，主任不布置的任务他再也不过问了；一天能做完的事情他至少要拖上两三天。办公室又恢复了平静和谐，先进个人大家轮流做，几位老同志见到小张的时候又客气起来了，举办集体活动时也乐意邀请上他。

非正式群体是组织成员之间基于共同的价值标准而自然形成的，它既没有正式结构，也不是由组织确定的联盟。在非正式群体里，人们是为了满足社会交往的需要，基于共同的价值标准而产生了共同的情感和态度，形成了普遍的"准则"：干活不能过于积极，也不能过于偷懒。这种约定成俗的"准则"在非正式群体中的成员中具有普遍性与约束力。

资料来源：《团队建设与管理》，陈迎雪、陈小华著，电子科技大学出版社，2015年

4. 团队生命周期

团队的出现是为了更好地适应迅速变化的外部环境；团队不是一个永恒的存在，团队目标达成之后，团队就会结束。团队似乎具备了生物的某些特性，它会经历生命所要经历的若干阶段：诞生、成长、鼎盛、衰亡。因此，可以用团队生命周期来描述团队的发展历程。

最早对团队生命周期阶段划分的研究可以追溯到20世纪六七十年代。Tuckman提出了"小型团队的发展阶段"模型。该理论提出了群体发展的四个阶段：形成、动荡、规范和执行阶段，后来增加了中止阶段，形成了一个完整的生命周期理论模型。[①]

此后，不同的学者尝试对团队生命周期模型进行加工和改进。1988年，Gersick[②]根据团队工作方式的演进，将团队生命周期划分为形成、维持和突然转变三个阶段。2001年，Marks在前人研究的基础之上对团队发展历程进行了

[①] Tuckman B, Jensen M. Stages of small group development[J]. *Group & Organizational Studies*, 1977, 2(4): 419–427.

[②] Gersick C. J. Time and transition in work teams: Toward a new model of group development[J]. *Academy of Management Journal*, 1988, 31(1): 9–41.

划分,分为过度、行动和人际互动三种过程。国内学者关于团队生命周期的研究多在 Tuckman 提出的理论模型的基础上进行拓展分析,如金辉、钱焱①在研究中从团队士气和效率两个方面对经典的团队理论模型进行了修正。

Tuckman 于 1977 年提出的团队生命周期理论在学界影响力最大,认可度较高。在这个理论中,团队生命周期被描述为五个阶段:形成阶段、动荡阶段、规范阶段、执行阶段、终止阶段。如图 1-2 所示。

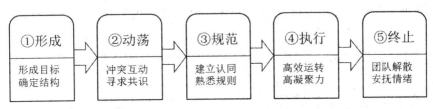

图 1-2 团队生命周期的五个阶段

(1) 形成阶段

形成(forming)阶段是团队起步阶段。团队的目的、结构、领导都不够明确。团队成员各自摸索彼此可以接受的行为规范。这是一个团队确定其任务宗旨,并且被团队成员广泛接受的过程。

在这个阶段,工作团队刚刚成立,成员对团队目标的认识较为混乱,团队的运行方式等也比较模糊。此时,团队成员要尽快熟悉团队目标,了解团队其他成员的优劣势,与团队其他成员建立联系,在团队内形成良好的互动和协作氛围。在组织层面,要适当地为团队提供必要的资金、人力资源、信息和技术支持。当所有的团队成员适应了团队氛围,并明确了团队目标时,该阶段宣告结束。

(2) 动荡阶段

动荡(storming)阶段是团队内部冲突阶段。团队成员接受了团队的存在,但彼此的合作不甚顺畅。而且,对于谁可以领导这个团队,还存在争执。团队成员需要逐步熟悉和适应团队工作的方式,并且确定各自的存在价值,但是在这个阶段,个体与团队之间、团队领导和工作方式的分歧会比较突出。

在此阶段,需要在进一步明确团队目标的基础上,对不能适应团队工作和不能认同团队目标的成员进行调整,确定稳定的领导方式和团队氛围。在此阶段,不要掩盖和回避团队中的矛盾。当成员间的矛盾暴露并得以解决后,团队

---

① 金辉,钱焱. 团队生命周期的模型修正[J]. 科学学与科学技术管理,2006,27(3):119-122.

的领导方式、团队氛围、个体目标与团队目标的统一性基本稳定时,团队生命周期的动荡阶段宣告结束。

(3) 规范阶段

规范(norming)阶段是指团队进入了顺畅运作的时期。在这个时期,个体形成了对团队的认同,个体目标和团队目标达成统一,但团队内部仍存在矛盾需要协调,团队的凝聚力和归属感需要增强。

在这个阶段,要恰当地协调团队成员间的竞争和矛盾关系,培养团队成员间的亲密感和友谊,建立起高效的团队合作模式。这一时期还有一项重要的任务是发展团队学习,通过信息共享、反思经验、检讨失误、寻求资源,推动团队的适应性和创造力。当团队成员间能够亲密无间地开展合作,团队互动模式运转成熟,团队能形成强有力的凝聚力时,该阶段宣告结束。

(4) 执行阶段

执行(performing)阶段,团队成员忠于自己的团队,成员间彼此依赖,互相鼓励,责任共担,团队的效率进入巅峰状态。

这一阶段最重要的是建立完善的考评体系,建立团队和个体绩效交叉的考核机制,最大限度地调动团队成员的积极性。在该阶段,需要注意的是要以团队目标作为核心任务,同时注重团队内部成员之间、个人与团队之间的整体性。当团队的目标得以完成时,团队生命周期的执行阶段宣告结束。

(5) 终止阶段

终止(adjourning)阶段,个体和团队的目标业已完成,团队开始准备解散。高绩效不再是压倒一切的首要任务,注意力转移到团队的收尾工作。

此时团队成员的反应差异很大,有的很乐观,沉浸于团队的成就中;有的则很悲观,惋惜在工作团队中建立起的友谊关系。需要注重对个体情绪的抚慰,恰当地处理在工作团队内建立的友谊,对团队发展历程中个体与团队的行为和表现进行总结。该阶段随工作团队的解散而宣告结束。

专栏 1-4

0.1 秒都不能多——华为数通测试团队自述

Ⅰ. 向"不可能"发起挑战

2019年1月30日,农历新年倒计时第六天,大家已经为新年的返程与即将到来的团聚做好准备时,一项重量级任务下达给华为数通测试团队:"电信云"集采项目将在这一天启动,客户提出了明确的时间节点,要求在2月28日交付。

接到这个任务后,项目经理孙沛龙面临巨大的交付压力,因为这是X网云化的第一个集采,第一次集采的占比将影响后续华为数通在X运营商的份额,其重要性可见一斑。他简单估算了一下,除去周末和春节的时间,留给项目组测试的时间只有17个工作日。这样仓促的时限要求,让团队里的每一个人都措手不及。还记得大家接到任务时的诧异和难以置信,有个团队成员说:"我没听错吧?在这么短的时间内绝对不可能完成啊!"

团队里第一批将要加入"战斗"的成员也一致认为:这个组网方案是需要同时覆盖路由器、交换机、解决方案三方的大项目,即使是正常的单产品集采项目也需要3~6个月的验证准备时间,在不到20天的时限里完成并交付,确实是一件极具挑战性的任务。

Ⅱ. 吹响战斗号角

其实接到任务后,大家心里都很清楚这场仗有多难打,面对这块难啃的"硬骨头",我们的路由器、交换机、解决方案三方团队立刻集结起来集中办公,充分发挥不同部门的专业优势,迅速拉开战斗的帷幕。

要想在与时间的较量中取胜,唯一能做的就是以火力全开的速度加快项目进度。团队在春节放假的前一天结合项目周期讨论了时间安排,大家一致决定从春节假期第四天起进入战斗状态,开始新一轮作战。当目标相同的时候,所有人的决心和方向也是统一的。

来自三个不同部门的工程师首次组合成为一个新的作战团队,这种跨产品的玩法在华为还是第一次。新团队成立之初免不了缺乏沟通和默契,经常出现对一个问题争执不下,双方吵得面红耳赤的场景。而且在争论时谁也顾不上昔日的情面,仿佛是两个发誓从此互不往来的劲敌一般,争得不可开交、难分胜负。

有一次大家围绕着测试中出现的问题展开了激烈的辩论,谁也不能说服对方,气氛趋于白热化,有个团队成员站起来摔了门就走,头也不回。但是没过一会儿,他又推门进来了,仿佛刚刚什么都没有发生一样,认真地对队友说道:"我还是觉得你刚才的分析有点问题,你看我这里的数据……"所以每当有"争吵"发生时,一群旁观者们不急不躁不惊,更不会"劝架",大家都心知肚明:经历了暴风雨之后,迎接我们的将是一个又一个破解了的难题,团队成员在各抒己见的同时依然是并肩作战的好战友。

Ⅲ. 0.1秒都不能多

为了能在给定的时间里完成任务,有人提出:"我晚上留下来继续争取发现问题吧,保证人停设备不停,这样也可以充分利用时间。"于是,"两班倒"这种处理特殊事件时采用的特殊的工作制度正式施行,大家的时间表里不再区分清晨和傍晚、上午和下午,取而代之的时间只有工作时间和非工作时间。

另外一边,客户测试中心也需要项目组成员的无缝对接。四个在一线的兄弟全程处于紧急作战的状态,从客户测试中心传递和反馈客户最新的需求与声音。

1月30日,客户提供了测试方案打分表,其中倒换测试项的满分是时间小于1秒,我们必须达成这个目标才可能与友商拉开差距,从而达成技术比拼第一的目标。经过初步摸底,测试发现很多场景倒换时间无法达到小于1秒的要求,有些场景甚至有多达几十秒的概率出现的情况。面对如此"难看"的测试数据,团队小伙伴们纷纷表示:"不达1秒,誓不罢休!"

随即所有团队成员开始在作战组网图上按照故障场景一遍遍地推演论证和分析数据,路由器同事提出方案A,推演论证工作量巨大;交换机团队提出方案B,推演论证不符合实际应用;解决方案这边提出方案C,推演论证在短时间内很难实现。这时候一名团队成员激动地呼叫着"我想到了新的方法!"经过一番讨论,又联合模块开发确认,缩短倒换时间的解决方案终于落地。部件立刻启动临时补丁开发,凌晨测试验证后,结果终于满足倒换时间小于1秒的要求!

Ⅳ. 越努力,越幸运

随着测试的逐渐深入,距离交付的日期也越来越近了。我们反复地进行现场模拟,努力把失误的概率减小到最低。在交付设备的前一天晚上,大家心情颇为复杂,虽然我们期待这个项目取得最终的成功,但是也心存紧张与忐忑。

在交付现场,客户提出了很多专业性问题,团队成员对所有问题一一解答并做出清晰解释,双方当场达成一致。事后我们笑称:"今天的运气真是太好了!"但其实我们每个人心里都很清楚:越努力,越幸运。成功绝不是偶然的,它是一次又一次努力积累后的必然结果。

项目顺利结束后,项目经理孙沛龙在一个平常的工作日里为整个团队订了个特别的蛋糕,纪念大伙儿一起并肩作战的日日夜夜。在看到蛋糕的那一刻,大家露出了甜蜜而又令人难忘的笑容,那是只有携手共进一起挺过来的队友们才能感受到的温暖与开心,也是整个团队最珍贵、最值得珍藏的回忆。

这则故事是华为数通测试团队自述的。虽然团队生命周期短暂,但是我们能够从中看到一个团队从形成到终止的完整历程。华为的成功之处在于,整个团队运转始终目标明确,虽然有团队冲突的存在,但这个冲突是基于任务的,是良性的,在团队终止时,简单的仪式温暖着成员的心,也往往最能凸显团队价值,使团队收获喜悦!

资料来源:华为官网(www.huawei.com)

二、团队类型

团队类型(team typology)的研究是有其重要意义的。团队类型并不只是对团队表层差别的简单描述,还关注表层差别背后的本质特征。团队类型有助于我们更好地理解团队和团队效能;挖掘影响团队的因素,帮助研究者和管理者改善设计与流程,以提高团队效能。[1]

团队类型的研究,按照不同的分类方法,可以分为经验类型论和特质类型论两种模式。

1. 经验类型论

所谓经验类型论,就是学者们根据研究经验对团队类型进行整理和划分。当学者们感受到一种新的团队形态出现之后,就发明一个术语来描述它。经验类型论往往是由多个学者,在相对较长的时间中慢慢形成的,因此,这种分类很难形成体系性,也无法保证类别之间的互斥性和穷尽性。

比较有影响力的经验类型论将团队分为四大类:知识型团队、功能交叉团队、自我管理团队、虚拟团队。

---

[1] Kozlowski S W J, Bell B S. *Work groups and teams in organizations*[M]. Handbook of Psychology. John Wiley & Sons, Inc. 2003:333-375.

（1）知识型团队

知识优势，是知识型团队（knowledge team）的主要特征。在知识经济浪潮中，组织中的团队，比如新产品开发团队、咨询团队、计划制订团队、质量管理团队、流程改善团队等层出不穷，当这些团队主要由知识型员工组成、以知识创造为核心任务时，就成了知识型团队。知识型团队是那些在完成任务过程中需要解决复杂的知识问题，并广泛涉及团队成员间的知识分享、集成与创造活动的团队形式。[①]

Ainge 等人认为知识型团队成员间有着特定的资源、技术、知识所形成的专业能力，团队成员间有共同的目标和动机。Swezey 和 Salas 指出，在知识型团队中，团队成员依靠各自的专业知识或独特的技术能力完成成员间动态、相互依赖的信息或资源交换，从而发挥团队特定的功能。Guzzo 和 Salas 认为，知识型团队成员间有广泛的知识分享、集成和创造活动，主要用于解决复杂的知识问题。

孙锐等人[②]总结前人经验，把以知识工作者为主要团队成员的团队类型定义为知识型团队，在特定的团队情境中，成员间进行知识和技能的共享、交叉和融合，从而整合成强大的团队知识体，可以解决复杂的知识型任务，为知识密集型产品提供卓有成效的服务，并有利于团队创新。与传统团队形式有所不同，传统制造业中的团队组织，其存在形式一般较为固定，所需技能和组成结构是相对静态的，其存在目的是满足组织当前的工作需求，并且重视团队成员的知识技能发展；知识型团队组织是一种动态的创新实体，其成员的知识、技能结构是混合的、异质性的，并随着任务需要的变化而处于动态重组之中，成员的知识、能力培养和提升是团队的重要目标之一。

（2）功能交叉团队

人员混搭，是功能交叉团队（cross-functional team）的主要特征。其团队成员来自同一组织内的不同部门，成员在工作经验、知识、技能方面各有长处，往往是组织中为了解决某些特定的问题，需要跨部门协作而建立。Robbins 将功能交叉团队看作工作团队的一种特殊形式，一般由来自同一等级、不同工作领

---

① 孙锐，李海刚，石金涛. 知识型团队动态能力构建、团队体系模型与创新运作模式研究[J]. 南开管理评论，2007，10(4)：4-10.

② 孙锐，李海刚，石金涛. 知识型团队动态能力构建、团队体系模型与创新运作模式研究[J]. 南开管理评论，2007，10(4)：4-10.

域的员工组成,他们来到一起的目的是完成某项任务。

Brown 和 Eisenhardt[1]指出交叉功能团队应包含多种技能的成员,这可以帮助团队成员快速理解整个设计过程,也可以帮助团队及早发现并克服后续问题,如产品设计后的制造问题和市场销路问题。Oscar 等[2]通过对个别交叉功能团队的跟踪调查,指出高绩效的团队里面的成员需要具有在不确定信息情况下快速处理问题的能力。Athanasaw 等[3]指出在进行交叉功能团队成员选择时,应关注团队成员的工作经验、参与组建团队频率及专业知识和技能,因为成员的这些特征对团队绩效有重要影响。

功能交叉团队具有以下优势:

其一,目标定位明确。功能交叉团队为特定的目标而在同一组织内跨部门组建,对目标的清晰度有着强烈的需求,往往能够高效地解决目标任务。

其二,经验技能互补。功能交叉团队因为任务复杂性而得以跨部门组建,团队成员都是各职能部门派选出的,在工作经验和知识技能方面往往能够形成互补,这是功能交叉团队能够高效解决目标任务的基础。

其三,团队认同感容易建立。功能交叉团队往往是在同一组织中组建的,团队成员有天然的群体认同感,所以在开展工作的过程中,团队成员往往能够密集互动,亲密合作。[4] 这就为高效解决目标任务提供了良好的团队氛围,相比较传统团队而言,功能交叉团队能够更为快速地进入高效的工作状态。

(3) 自我管理团队

高授权,是自我管理团队(self-managed team)的主要特征。自我管理团队得到了组织的充分授权,能在团队运作过程中更多地自主决策、自主规范、自主考评,是一种在设定的领导人(大多轮流担任)的管理下,自我决策,实现组织目标的具有高度自主权的团队。在这种组织形式中,管理者主要做更多的战略性

---

[1] Brown S L, Eisenhardt K M. Product development: Past research, present findings, and future directions[J]. *Academy of Management Review*, 1995, 20(2): 343 – 378.

[2] Oscar H, Karim K H. Managing integration and coordination in cross-functional teams: An international study of Concurrent Engineering product development[J]. *R & D Management*, 1999, 29(2): 179 – 192.

[3] Athanasaw Y A. Team characteristics and team member knowledge, skills, and ability relationships to the effectiveness of cross-functional teams in the public sector [J]. *International Journal of Public Administration*, 2003, 26: 1165 – 1203.

[4] 戴德宝, 张曙红. 新产品开发的交叉功能团队组织研究[J]. 科技进步与对策, 2006, 23(4): 22 – 24.

规划。传统的组织中,管理者往往要花大量的时间去监督他们的下属和解决下属出现的问题,其角色更像一位"救火队长"[①]。

不可否认,组织与团队之间在琐碎事务上的沟通与协调产生了太多的不必要耗费,而在自我管理团队中,领导只需要对团队做出战略性规划,然后由团队成员自主完成团队目标。Robbins 认为,自我管理团队是企业发展过程中的一种必然选择。其在目标性、技能性、信任性、承诺性、良好的沟通性、谈判的技巧性和有效的领导性等七个方面表现得尤其突出。

Hackman[②]认为,自我管理团队主要发挥了团队内成员的积极性和潜在价值,具体体现在以下五个方面:团队成员对自己的工作负责;自我监控;自我调整;主动向组织寻求帮助;主动改善与团队内其他人员的关系。这种团队管理模式对团队成员的素质有很高的要求,最早在 20 世纪 50 年代首先在英国和瑞典出现。一些著名企业如金佰利、保洁等对这种团队模式进行了尝试,并取得了不俗的成绩。随着自我管理团队在一些著名企业中的不断尝试,越来越多的企业和组织开始运用这种团队模式,并最终为主流所接受,如百事可乐、惠普公司、通用汽车等都推崇这种模式。究其原因,在于这种管理模式能够最大限度地调动员工的积极性,发挥员工的自我价值,具有较高的实用性和创造性。

(4) 虚拟团队

借助网络完成协作,是虚拟团队(virtual team)的主要特征。虚拟团队的成员可以打破空间限制,即使大家分散在各地,即使无法实现面对面互动,依然可以通过计算机和互联网形成一个工作团队。虚拟团队是由一些跨地区或跨组织的、通过通信和信息技术的联结、试图完成组织共同任务的成员组成的团队。[③]

虚拟团队的产生,是和企业所面临的内外环境变化相联系的。越来越加剧的国际化潮流和越来越激烈的竞争使得企业不得不思考如何使自己能更敏捷、更迅速地做出反应。而随着现代技术突飞猛进的发展,团队成员不必再局限于一个地点工作。信息技术的发展改变了组织结构和运作方式,同时也使虚拟团队成为可能。虚拟团队的形式能够帮助组织在高度变化和动态的全球企业环

---

① 肖余春. 建立学习型团队的新理念与新方法[J]. 人类工效学, 2001, 7(2): 40 - 44.

② Hackman J R. The design of work teams. In Lorsch J. W., ed. *Handbook of organizational behavior* [M]. Englewood Cliffs, NJ: Prentice-Hall, 1987:315 - 342.

③ Furst S, Blackburn R, Rosen B. Virtual team effectiveness: A proposed research agenda[J]. *Information Systems Journal*, 1999, 9(4): 249 - 269.

境中更灵活,反应更快,减少成本并提高资源的利用率。①

  虚拟团队在信息化的背景下,对于跨地域的协作起到了至关重要的作用,在一些跨国企业、科技企业中已逐渐成为一种流行的团队协作方式。有学者认为虚拟团队在分权、信息策略和网络化结构三个方面具有显著的特点。所谓分权即因为地理位置的分散性,团队很难及时收集完善的信息,从而导致了组织决策权力分散;信息策略指团队存在的本身在于信息获取的优势性,要注重通过组织信息进行合理决策;网络化结构指虚拟团队是一个网络化的结构布局,通过网络化结构中的信息节点作为团队的核心竞争力。

专栏 1-5

虚拟团队横行 E 时代

  为了迎接 2020 年东京奥运会,2019 年 7 月 1 日,日本政府公布了一份模拟计划,并于 2019 年 7 月 22 日至 9 月 6 日在东京进行试验,尝试减少出勤率,并验证这一措施的效果。企业在此期间实行五天以上的远程办公,让员工在家办公,减少通勤人数。随后,日本联想和丰田公司相继宣布试行远程办公的消息。

  在信息化高速发展的互联网时代,人们对工作地点及办公楼角色的基本认识已经发生了彻底变化。富有创新精神的公司领导层已经认识到,信息技术使得公司员工可以移动办公,与同事进行远程、跨时区协作,并且,无论在传统意义上的办公室之内还是在其他各种环境中,都能完成工作。采取虚拟团队的组织,不仅节约了大笔开支,增强了工作的灵活性,还使员工的工作效率得到提升。

  此次日本社会大范围引入灵活办公方式,将对工作体制带来更深远的影响。联想日本的社长 David Bennett 表示,在此基础上,联想日本还将讨论 2021 年以后继续实施类似制度,并且"希望打造日本最棒的职场,形成灵活的工作机制"。

  未来虚拟团队势必将对传统的组织形式产生巨大的冲突,并引起组织领域的系统变革,其竞争优势主要有以下三个方面。

---

① 王重鸣,唐宁玉. 虚拟团队研究:回顾、分析和展望[J]. 科学学研究,2006,24(1):117-124.

其一，杠杆优势。现代通信与信息技术的使用使得"地球村"成为现实，区位不再成为直接影响人们工作与生活地点的因素，这就使得组织可以动态地集聚和利用世界各地的优秀人才，能够充分获取世界各地的技术、知识、产品信息资源，收集各地顾客的相应信息。

其二，效率优势。团队是高效组织应对环境变化的有效手段之一，而虚拟团队利用最新的网络、邮件、移动电话、可视电话会议等技术实现基本的沟通。团队成员之间可以及时地进行信息交流，"一呼天下应"，可以防止信息滞留，从而缩短了信息沟通和交流所用的时间，能够确保及时做出相对正确的决策。

其三，成本优势。虚拟团队在相当程度上实现了"无边界组织"，使得组织可以大量利用外部人力资源条件，从而减轻了组织内部人工成本压力。在此基础上，组织可以大力精简机构，重新设计组织构架，使人员朝着有利于组织发展的方向流动，促使组织结构扁平化。

2. 特质类型论

特质类型论对团队类型有更为深刻的理论思考，归纳出划分团队类型的标准和特质，然后再依据这些标准和特质，将不同的团队进行分类。

Sundstorm 等人[①]从团队稳定性、外部整合和任务周期三个维度对团队类型进行界定，a. 团队稳定性(team stability)：这一维度描述了团队成员是易变的、流动的，还是稳定的；b. 外部整合(external integration)：团队任务是被外在因素（例如，组织）决定的程度；c. 任务周期(work cycle)：团队任务的易变性、新颖程度及任务完成时间的长短。将团队分为四种不同类型：生产或服务团队、行动或磋商团队、计划和发展团队、建议及参与团队。

Bell 和 Kozlowski[②] 从任务环境、外在协同、内在协同、工作流程的互依性四个维度对团队进行区分，认为团队是一个复杂性的连续统一体。Goodman 依照概念与行为的程度，将团队分为概念化团队、行为化团队和中间化团队。Scott 和 Einstein 等人以"成员配置以及任务复杂性"这两个纬度作为团队分类的划分标准，将团队分为三种类型，即工作团队、项目团队及虚拟团队。

---

① Sundstrom E, De Meuse K P, Futrell D. Work teams: Applications and effectiveness[J]. *American Psychologist*, 1990, 45(2): 120 – 133.

② Bell B S, Kozlowski S J. A typology of virtual teams: Implications for effective leadership[J]. *Group & Organization Management*, 2002, 27(1): 14 – 49.

在团队特质类型的研究方面,Suan 和 Diane 总结了大量文献中的团队研究,将团队分为四种类型:工作团队、并行团队、项目团队和管理团队。该分类方法借鉴了 Sundstrom 的维度区分方法,如表 1-3 所示。

表 1-3 Suan 和 Diane 整合的团队分类

	团队稳定性	外部整合	任务周期
工作团队	高	低	长
并行团队	低	高	短
项目团队	高	高	短
管理团队	高	高	长

(1) 工作团队

长期稳定的团队成员是工作团队(work team)的主要特征。工作团队就是为完成产品和服务由较为稳定的成员组成的长期的组织单元,内部成员通常是全职并且经过挑选而产生的。工作团队一般由上级领导,不过近年也出现了一些更受欢迎的形式,例如,自我管理团队、自主或者半自主团队、自我指导或授权型团队。

(2) 并行团队

根据组织安排跨部门临时组建是并行团队(parallel team)的主要特征。从不同部门和岗位抽调工作人员完成正常组织之外的任务,这种团队与正常的组织结构并存,被称作并行团队。并行团队是为了解决问题或者为了促成有针对性的提高活动,例如,质量提高团队、员工参与团队等。并行团队与正式的组织结构间的关系是并存的,通常是暂时性的团队,团队成员定期开会,一起解决工作中所出现的问题。

(3) 项目团队

非重复性和高度目标导向是项目团队(project team)的主要特征。项目团队具有时间界限,往往制造一次性的"产品",例如,一个市场定位公司的某个新产品或者一个新的信息系统等。项目团队的任务一般是非重复性的,并且需要大量知识、判断和专业技术的应用。团队的成员可能从需要具体技术的不同部门选取,例如新产品发展团队,成员可能来自营销、工程和制造部门。当任务完成后团队成员又返回各自的岗位。

(4) 管理团队

着眼于组织的长远发展,通过判断、整合组织资源指导整体层次的事务是管理团队(management team)的主要特征。管理团队对所属的子部门在各自权限之内进行协调并指导,同时在关键的商业流程中对相互依赖的各部门进行整合。管理团队一般对于包括各个部门的总体绩效负责,它的权威来自成员的行政等级差别。它的成员一般包括各个部门的管理者,例如,负责研发或者营销的副总经理。高层的管理团队一般考虑公司的整体战略发展和绩效,管理团队可以运用整体的智慧帮助公司赢得竞争优势。

第二节　I-P-O 框架下的团队研究

I-P-O(Inputs-Processes-Outputs)模型是由 McGrath[①] 提出的描述性理论模型。McGrath 把复杂的团队中的变量分为三类:输入变量、过程变量、输出变量;输入变量直接影响过程变量,再经由团队中的过程变量影响输出变量。团队中的过程变量在团队活动中扮演中介的角色,影响输入—输出之间的关系。

在 I-P-O 模型的基础之上,Hackman[②] 等人在 1975 年根据团队设计、过程、背景变量和团队效能之间的关系提出团队系统理论。该理论认为,团队是在组织和个人的互动中产生的,组织和个人的一些变量会对团队过程发生作用,从而影响团队绩效,这些变量被称为输入变量;而团队过程中的一些变量,如团队冲突、团队领导等会对团队有效性产生直接的作用,被称为团队的过程变量;输出变量即团队的有效性,包括团队绩效、团队生命力和团队成员满意度等变量。

Ellis 与 Fisher 也提出了关于团队运作的描述性模型。该模型在变量分类上继承了 McGrath 的思想,亦将影响团队运作的主要变量归为三类:输入变量、过程变量、输出变量。Ellis 和 Fisher 模型的特点在于,他们认为这三类变量是交循环,相互影响的。而且,在互动过程中,团队会因为环境的不断改变而做适度调适。

I-P-O 模型对于改善团队运作具有重大的理论和实践意义。在理论层面,I-P-O模型将团队研究的诸多变量整合起来考察,有利于发现宏观的、整体性的

---

① McGrath, J. Social *Psychology: A brief introduction*[M]. New York: Holt, Rinehart & Winston, 1964.

② Hackman J R. The design of work teams. In Lorsch J. W., ed. *Handbook of organizational behavior*[M]. Englewood Cliffs, NJ: Prentice-Hall, 1987:315 – 342.

规律。在实践层面,组织希望能改善团队效能,却无法直接操控团队的输出变量,也很难控制团队的过程变量;组织能操作和干预的,只能是团队的输入变量。搞清楚团队的输入变量对于团队的过程变量和输出变量的影响,可以为团队改善运作提供可操作的建议和思路。

一、I-P-O 模型与团队研究

本书在"I-P-O"模型的框架下,对已有实证研究中讨论过的团队相关变量整理如图 1-3 所示。

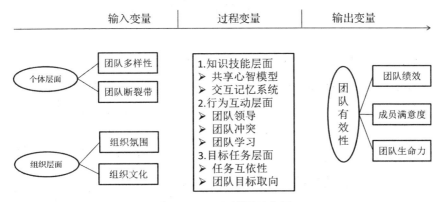

图 1-3 I-P-O 模型示意图

团队的输入变量,可以分为个体变量和组织变量两个层面。个体层面的变量主要包括团队多样性和团队断裂带。组织层面的变量主要包括组织氛围和组织文化。

团队的过程变量,可以分为知识技能变量、行为互动变量和目标任务变量三个类型。知识技能变量包括共享心智模型和交互记忆系统。行为互动变量包括团队领导、团队冲突和团队学习;目标任务变量包括任务互依性和团队目标取向。

团队的输出变量主要包括团队绩效、成员满意度和团队生命力。

二、团队输入变量

团队输入变量"Inputs",是在组织和个人的互动中产生的,组织和个人的一些变量会对团队中的过程变量发生作用,从而影响输出变量。

团队输入变量,可以分为个体层面的变量和组织层面的变量。

1. 个体层面的输入变量

（1）团队多样性

团队成员的人员差异和分布一直为组织研究所重视，在传统的科层制组织模式下，组织的人才考核标准具有统一性和普遍性，追求组织的平稳运行，所以要求组织成员具有一致性。

竞争的压力使得组织越来越多地采用跨职能工作团队，不断创新产品、创新工艺，以应对剧烈变化的环境。跨职能工作团队的成员来自不同的职能领域，产生了诸如不同专长、不同偏好分布、不同认知视角等多样化问题。[①]

随着团队在组织中的有效贡献，以及多种团队形式的冲击，研究者发现团队成员对于团队有效性的作用并不能一概而论，来自多层次背景下的团队成员往往能够激发团队活力，对团队绩效和团队创造力有不可替代的作用。近些年以来，对团队多样性的研究已经成为团队研究的热点话题。

团队多样性，一般指团队成员个人特征如性别、年龄、种族、地域、专业知识、宗教信仰等方面的分布情况。在国内外的一些研究中，学者们对团队多样性都提出了自己的理解，如 Jackson[②] 认为，团队多样性指团队成员对不同属性的偏爱程度，并在随后的研究中，将其修改为指团队成员间属性的差异情况。Blau[③] 从人口统计学角度对团队多样性进行了定义，认为团队多样性是指团队成员在人口统计属性上的分散程度。

关于团队多样性的分类，国内外学者的研究主要有以下三种类型。

其一，根据个体属性分类，典型的如 Harrison[④] 提出的，他认为团队多样性包括表层多样性、深层多样性两种。前者指个体的表面属性，如年龄、性别、任职、教育背景等属性；后者是指个体内化的层面，如个性、价值观、态度、偏好等属性。

---

① 邓今朝，王重鸣. 团队目标取向对适应性的影响：突变情景下的阶段特征[J]. 软科学，2012，26(5)：86-90.

② Jackson S E, Joshi A, Erhardt N L. Recent research on team and organizational diversity: SWOT analysis and implications[J]. *Journal of Management*, 2003, 29(6): 801-830.

③ Blau P M. A macrosociological theory of social structure[J]. *American Journal of Sociology*, 1977, 83(1): 26-54.

④ Harrison D A, Price K H, Gavin J H, et al. Time, teams, and task performance: Changing effects of surface-and deep-level diversity on group functions[J]. *Academy of Management Journal*, 2002, 45(5): 1029-1045.

其二，根据与团队工作的相关性分类，如 Jackson[①] 将团队成员多样性分为任务导向型多样性和关系导向型多样性两类。前者指与工作任务相关的属性，包括工作年限、知识技能、学历水平等；后者指与人口关系特征相关的属性，包括年龄、性别、种族差异等。

其三，根据多样性的可观察程度进行区分，可分为实际多样性和感性多样性两类。前者侧重于可直接被观察到的外在客观属性，如性别；后者侧重于团队成员可以感知到的，或者团队成员间的相似属性特征，如兴趣爱好等。

（2）团队断裂带

团队断裂带(team faultlines)的现象和概念最早由 Lau 和 Murnighan[②] 发现并提出，他们发现年龄、性别、种族、工作经历、受教育程度等都可能导致团队内部的分化，使团队被分割成若干个彼此异质的子团队，子团队内部表现出高度的同质性。为了更进一步描述由多个属性差异的子团队联合而形成团队的现象，他们借用地质学的名词，将这种多个属性差异的联合称为"断裂"。这些子团队之间的分界线被称为团队断裂带，一般指导致团队分化的某种或多种团队构成特征。相对于团队多样性研究的分布视角，团队断裂研究则是出于属性联合的视角。前者关注某个属性在团队成员之中的分布，同时认为成员的多个属性间相互独立。后者则强调：①成员同时具有多个属性，弥补了差异性研究只关注个别属性的缺陷；②这些属性会发生交互作用，而且这种交互作用大于属性各自的作用，弥补了差异性研究中各个属性相互独立的局限。[③]

随着研究的发展，越来越多的学者质疑只包含传记性人口学的团队构成研究，提出团队成员的心理、个性等方面的因素是团队构成的重要属性。Dyck 和 Starke[④] 通过深度访谈发现，团队断裂带的形成不仅仅由于人口统计特征，团队成员的深层次的认知特征可能是导致团队断裂带形成的关键。

目前，学界对团队断裂带的研究仍以人口统计特征为主，并主要呈现出两

---

① Jackson S E, Joshi A, Erhardt N L. Recent research on team and organizational diversity: SWOT analysis and implications[J]. *Journal of Management*, 2003, 29(6):801-830.

② Lau D C, Murnighan J K. Demographic diversity and faultlines: The compositional dynamics of organizational groups[J]. *Academy of Management Review*, 1998, 23(2): 325-340.

③ 王海珍, 刘新梅, 张若勇, 等. 国外团队断裂研究的现状及展望——团队多样性研究的新进展[J]. 管理学报, 2009, 6(10): 1413-1420.

④ Dyck B, Starke F A. The formation of breakaway organizations: Observations and a process model[J]. *Administrative Science Quarterly*, 1999, 44(4): 792-822.

种研究趋势：其一，为将团队断裂的概念从静态向动态发展；其二，为将团队断裂带的形成因素从表层人口统计特征向深层次团队成员个体认知差异转变。一些学者对团队断裂带的形成因素进行总结如表1-4所示。

表1-4　团队断裂带特征

特征类型		具体类型
表层特征	人口特征	性别、年龄、民族等
	能力特征	工作年限、教育背景和职能背景等
	关系特征	师徒关系、战友关系和血缘关系等
深层特征	心理特征	性格、价值观、态度、情绪、偏好、信仰等

关于团队断裂带的作用，学者们众说纷纭。随着对于团队断裂带研究的进一步推进，以往将团队断裂带视为绝对团队不利的观点越来越受到质疑，更多的研究表明，团队断裂带是一把双刃剑。

早期对于团队断裂带的研究认为团队断裂带对团队绩效有阻碍作用，会加剧团队内部的竞争行为，甚至会演化为重组，子团队之间难以进行有效的沟通和合作，最终损害团队的整体协同性，导致团队效率低下。Lau等人[①]将团队断裂对团队的影响总结为两个层次。①团队断裂天然地对团队带来影响。基于心理学相关理论，人们天然地就对相似的人产生好感、对不同的人产生排斥心理，因而断裂使得团队成员之间天然地产生了矛盾。断裂导致子团队间成员行为的不和谐与不合作，降低了成员间的信任。②通过影响成员交流发生作用。团队断裂不仅使得成员喜欢且认同相似的成员，而且进一步地，这种认同与喜欢使得子团队内成员有更多的交流，并用分裂的眼光去看待子团队间成员的交流，使得怀疑和误解盛行，限制了敏感或负面信息的有效交流。Dyck和Starke[②]从实证的角度进行了证实，团队断裂带确实会对团队绩效产生负面作用。

随着对团队断裂带研究的进一步深化，一些学者开始对团队断裂带的形成机制和作用进行反思。一部分学者的研究认为团队可以从适度断裂中受益。

---

① Lau D C, Murnighan J K. Demographic diversity and faultlines: The compositional dynamics of organizational groups[J]. *Academy of Management Review*, 1998, 23(2): 325–340.

② Dyck B, Starke F A. The formation of breakaway organizations: Observations and a process model[J]. *Administrative Science Quarterly*, 1999, 44(4): 792–822.

Gibson 等人①的研究表明团队断裂与组织学习为倒 U 形关系,即在适度断裂的团队中,子团队间成员较大的差异使得成员具有进行信息交换、开展建设性讨论的动力,表现出的组织学习活动最多。Clark 等发现,如果团队成员能够发现并接受团队断裂带的事实,就会避免团队断裂的负面作用,积极发挥其价值,从而能够对团队绩效产生积极的影响。

2. 组织层面的输入变量

(1) 组织氛围

组织氛围的概念主要用来研究环境对人的行为的影响,其概念界定主要有两种类型:一类将组织氛围定义为组织特有的一组客观属性,如 Forehand 等人②将组织氛围定义为用来描述组织的一类特征,以与其他组织相区别,并影响组织内人员的行为;一类将组织氛围定义为参与者对其工作组织不同方面的感知,如 Litwin 等人(1976)认为组织氛围是工作环境一组可被其中生活或者工作的人们直接或间接感知的可测的属性,这组属性对人的行为具有重要影响。

组织氛围对组织的一般行为规范具有导向作用,也是组织文化建立的基础,在组织行为学研究中得到了重视。团队作为组织的一种灵活补充,也有学者称之为一种特殊的组织形式,对于组织氛围的研究有团队和组织两种研究层次。如 West③认为团队氛围是成员对工作环境共享程度的感知,其中个体间的相互作用、共同的目标和相互依赖的任务,是团队氛围存在的三个要素。

国内外有关团队氛围的研究主要关注团队氛围对团队绩效的影响,根据对团队输出变量的作用的差异可分为支持性组织氛围和控制性组织氛围。如果组织鼓励各层次的信息自由而公开地交流、支持新观点、委派具有挑战性的工作,管理人员关注下属需求、能够及时提供各种必要的资源,员工对自己的工作拥有所有权和自主性,团队内部或同事之间相互协助,这样的组织氛围就是支持性组织氛围;反之,就是控制性组织氛围。控制性组织氛围由于限制了团队的工作方式而与创造力要求较高的工作难以协调,因此,被喻为"创造力杀手"。研究表明,当企业加强控制与监督、保留资源、限制信息流动、依赖老套而熟练

---

① Gibson C, Vermeulen F. A healthy divide: Subgroups as a stimulus for team learning behavior[J]. *Administrative Science Quarterly*, 2003, 48(2): 202-239.

② Forehand G A, Von Haller G. Environmental variation in studies of organizational behavior[J]. *Psychological Bulletin*, 1964, 62(6): 361.

③ West M A, Anderson N R. Innovation in top management teams[J]. *Journal of Applied Psychology*, 1996, 81(6): 680-693.

的程序、反对冒险时,员工的创造力就会下降且呈现出思想僵化的趋势。支持性组织氛围由于鼓励创新、包容风险,因而能满足创意工作的需要。[①]

(2) 组织文化

"组织文化"概念的提出,始于20世纪70年代。美国学者在比较美日企业的管理制度,寻找影响企业竞争力内在因素的过程中,发现复杂的内在文化对组织成功的重要作用。[②]

组织文化是指组织的基本信念和价值观,以及组织对内外部环境的基本看法,组织文化是由全体成员所共有的行为规范,会对组织的实际工作产生作用。一些学者表达了对组织文化不同的理解,如 Deal 和 Kennedy[③]认为文化是一种内在存在,组织文化即一个组织的核心价值观。Cameron 和 Quinn 认为组织文化表现在企业中最突出的便是企业的经营理念和管理理念,组织文化要通过组织外显的行为活动得以体现。郑伯熏[④]认为,组织文化是一种群体规范,可以引导组织成员的行为。

基于组织文化的深层次性、内隐性,研究者一般认为组织文化会对组织的价值观、行为规范具有潜移默化的影响。组织文化的划分具有多种类型,从组织文化的结构来分,可将其分为物质、行为、制度和精神四个层次;从组织文化的形式来分,可将其分为显性组织文化和隐性组织文化两类;从组织文化的内在特征来分,可将其分为学院型、俱乐部型、棒球型和堡垒型四类;从组织文化对成员的作用大小来分,可将其分为强力型组织文化、策略合理型组织文化和灵活适应型组织文化三类。关于组织文化的分类方法还有很多,不再一一列举。

在组织文化对团队输出变量(组织绩效)的影响上,大多数研究者肯定了组织文化对组织绩效的正面影响和功能。Denison(1990)通过实证研究验证了组织文化对组织绩效的影响,并指出员工参与程度高的组织文化与组织绩效关系

---

① 王端旭,洪雁. 组织氛围影响员工创造力的中介机制研究[J]. 浙江大学学报(人文社会科学版),2011,41(2):77-83.

② 周丽君. 基于组织文化视角的美国大学体育文化剖析与启示——以美国耶鲁大学和北爱荷华大学为个案[J]. 北京体育大学学报,2013,36(7):103-108,127.

③ Deal T, Kennedy A. Culture: a new look through old lenses[J]. *Journal of Applied Behavioral Science*,1982,19(4),497-507.

④ 郑伯熏. 企业组织中上下属的信任关系[J]. 社会学研究,1999(2):24-39.

更显著。Homburg 等人①采用自行构建的量表,以 160 家美国企业为研究样本对组织文化和组织绩效的影响关系进行了实证研究,结论显示,组织文化对组织绩效具有正向和调节效应。Ngo 等人(2008)采用量表,以香港 181 家跨国企业为对象进行了实证研究,也得出了组织文化与组织绩效正相关的研究结论。

专栏1-6

组织氛围与组织文化的区别和联系

同作为组织层面的变量,组织氛围有别于组织文化。组织文化是指组织成员所共享的基本假定、信仰和价值观,这些基本假定、信仰和价值观是组织在解决外在环境所带来的生存问题及内在整合问题的过程中,通过组织成员的不断学习而产生的。

组织氛围与组织文化的主要区别在于:

第一,起源上,组织氛围的概念源自社会学,组织文化的概念则源自人类学,两者起源的不同导致了后续研究趋势和研究方法的不同;

第二,内涵上,组织氛围是员工们对组织环境的感知,而组织文化则是员工们所在的工作单元完成事情的方式,是组织成员所共有的价值观;

第三,研究方法上,组织氛围更多地采用定量的研究方法,而组织文化则更多地采用定性的研究方法;

第四,属性上,组织氛围颇受争议,有学者认为其是主观的个体属性,亦有学者认为其是客观的组织属性,而组织文化则更偏向于客观的组织属性。

然而,组织氛围与组织文化存在千丝万缕、不可分割的联系。组织文化是多层次概念,成员们共同的期望和规范构成其表层(可被成员意识到),而成员们的价值观和设想构成其深层(不可或不易被成员意识到)。其中,位于组织文化表层的期望和规范作为组织日常运作中显而易见的方面,是员工们知觉的对象,是组织氛围形成的基本元素。简而言之,组织文化是组织氛围形成的必要条件(Hofstede,1998)。除此之外,由于组织期望和组织规范更为外显,可见,组织文化更可能被组织成员共享,因此,会极大地影响组织氛围的后续发展。

---

① Homburg C, Pflesser C. A multiple layer model of market-oriented organizational culture: Measurement issues and performance outcomes[J]. *Journal of Marketing Research*, 2003, 37: 449-462.

亦有诸多研究发现,组织氛围在组织文化与其他组织结果的关系中起中介作用。

三、团队过程变量

团队过程变量(Processes)是一个含义广泛的概念,Cohen 和 Bailey[①] 认为,团队过程是在成员之间及成员和外部之间发生的交互作用(Interaction)。

本书从知识技能、行为互动和目标任务三个层面对团队的过程变量进行分析。

1. 知识技能类的过程变量

（1）共享心智模型

共享心智模型(Shared Mental Models)是指为团队成员所拥有的共同知识结构,它有助于团队成员对团队任务形成正确的解释和预期,调整自己的行为以适应团队的需求。共享心智模型的概念最早是由 Mathieu 等人[②]提出的,他们发现在一些运行有效的团队中存在一种心照不宣的默契。团队所处的环境是复杂多变的,团队成员及团队结构都存在很多不确定性因素,团队形成过程又是动态而模糊的,这种心照不宣的默契从何而来呢？一些研究者认为,团队环境和团队本身存在不确定性与复杂性,但是团队成员对于同一情境的共同理解有利于团队成员对团队一致的判断,从而可以减少团队冲突,减少内部损耗,提高团队绩效。Klimoski 和 Mohammed[③] 的研究表明,共享心智模型即团队成员共享的关于团队的情境的有组织的理解和心理表征。

关于共享心智模型的影响因素,Kraiger 和 Wenzel[④] 从理论上提出四类影响因素:环境因素,个体主义或集体主义的文化氛围；组织因素,组织文化、薪酬和考评体系；团队因素,团队的作业特征如团队任务的复杂性程度；个体因素,团

---

① Cohen S G, Bailey D E. What makes teams work: Group effectiveness research from the shop floor to the executive suite[J]. *Journal of Management*, 1997, 23(3): 239–290.

② Mathieu J E, Zajac D M. A review and meta-analysis of the antecedents, correlates, and consequences of organizational commitment[J]. *Psychological Bulletin*, 1990, 108(2): 171–194.

③ Klimoski R, Mohammed S. Team mental model: Construct or metaphor? [J]. *Journal of Management*, 1994, 20(20): 403–437.

④ Kraiger K, Wenzel L H. Conceptual development and empiricalevaluation of measures of shared mental models as indicators of teameffectiveness. In Brannick M T, Salas E, Prince C Ed. *Team PerformanceAssessment and Measurement*[M], 1997: 63–84.

队成员的同质性。Cannon 和 Edmondson[①]研究认为影响团队共享心智模型的因素主要有团队目标、团队领导和支持的环境三个因素。目前,共享心智模型在国内的研究十分流行,如武欣和吴志明[②]的研究表明,良好的团队互动有利于共享心智模型的形成,搭便车行为则会阻碍该行为产生,共享心智模型对团队绩效、团队生命力和团队成员满意度都有密切的关系。

共享心智模型概念一经提出就引起了学术界广泛的关注,一些学者开始对共享心智模型的作用进行了探讨。Klimoski 和 Mohammed[③]认为,共享心智模型这个概念的提出和受重视不是因为它方便研究者解释实验结果,而是因为它对团队的有效性有促进作用。Mathieu[④]等人考察了共享心智模型对团队绩效的影响。其实验室实验的结果表明,共享心智模型和沟通、协调等团队过程变量及团队绩效均存在显著的正相关,并且共享心智模型通过团队的过程变量这一中介促进团队绩效。Marks(2005)等人的研究表明,共享心智模型本身也是一个中介变量,是团队培训促进团队绩效的作用机制。一些学者研究认为在常规任务中,共享心智模型可以提高队员间协作的效率,可以更有效地预测他人的行为并协调自己的行为。

(2) 交互记忆系统

交互记忆系统(Transactive Memory Systems)是作为一种群体的信息处理技术和知识协调方式而被提出来的,用以描述团队成员之间形成的一种彼此依赖的,用以编码、储存和提取不同领域知识的合作性分工系统。Hollingshead(1998)的研究表明,团队成员拥有各自具有优势的经验、技能和知识,其团队成员需要对他的信息进行获取和编码,然后在团队中产生最佳的协作模式,这便是交互记忆系统。交互记忆系统要求团队成员对其他人的优势有清晰的了解,并且要求团队能够在所有成员的信息基础上进行编码,形成团队成员最佳的工作分配方案,该系统包含了所有团队成员拥有的知识技能的总和,但起到的作用远大于这些知识技能总和的简单相加。

---

① Cannon M D, Edmondson A C. Confronting failure: Antecedents and consequences of shared beliefs about failure in organizational work groups[J]. *Journal of Organizational Behavior*, 2001, 22(2): 161–177.
② 武欣, 吴志明. 团队共享心智模型的影响因素与效果[J]. 心理学报, 2005, 37(4): 542–549.
③ Klimoski R, Mohammed S. Team mental model: Construct or metaphor? [J]. *Journal of Management*, 1994, 20(20): 403–437.
④ Mathieu J E, Zajac D M. A review and meta-analysis of the antecedents, correlates, and consequences of organizational commitment[J]. *Psychological Bulletin*, 1990, 108(2): 171–194.

交互记忆系统具有以下三个方面的特征：①专业化，团队成员根据自己的专业的经验、技能和知识优势匹配自己最佳的团队工作任务，团队需要对团队成员的团队作业进行区分化协调；②可信度，因为交互记忆系统都是发挥各自优势处理专业的问题，所以对于团队成员间的信任度有很高的要求，团队内部要做到用人不疑；③协调性，交互记忆系统实际上是一种专业的分工协调作业模式，对团队成员的协调和配合有很高的要求，团队应提供团队成员间的沟通和协同模式，以保证团队成员在执行任务过程中的良好合作。

专栏1-7

共享心智模型与交互记忆系统的区别和联系

共享心智模型和交互记忆系统都强调对知识的理解和运用，但是两者在对知识的利用方式上有所不同，前者强调对知识的整合，后者强调对团队成员间的知识的分工(Ellis, 2006)。具体而言，共享心智模型试图通过团队成员内的充分沟通以达成对团队和任务情境的共同理解，从而能够减少团队冲突，提高资源利用率，对团队有效性产生促进作用体(Mohammed, Dumville, 2001)，在该思想的指导下，团队内部的成员应该尽可能地共享自己的知识，促进大家彼此之间差异化的减少，拥有对共同事物一致性的理解。交互记忆系统则强调，对团队成员拥有的各自优势的知识、技能和经验进行合理化区分，利用团队成员的知识结构的差异实现团队工作任务的最优配置，它更注重成员知识的分工而非共享，要求团队成员尽可能做到对其他团队成员的信任而非知识互通。①

共享心智模型强调团队成员间知识的整合，交互记忆系统则强调团队成员间知识的分工，这似乎看起来是对立的。但是两者有共同的特点，即都强调团队成员知识的重要性，只是在处理方式上产生了差别，前者致力于整合协同，后者致力于分化分工。Nandkeolyar(2008)对共享心智模型和交互记忆系统的差异进行了整理，如表1-5所示。

---

① Lewis K, Belliveau M, Herndon B, et al. Group cognition, membership change, and performance: Investigating the benefits and detriments of collective knowledge[J]. *Organizational Behavior & Human Decision Processes*, 2007, 103(2): 159-178.

表1-5 共享心智模型和交互记忆系统的差异

观点	共享心智模型	交互记忆系统
目前研究	整合性的	分化性的
团队学习	以人际和任务为中心	以任务为中心
信息采样	共享的和分布性的信息	分布性的信息
信息处理	共享	存储和检索

共享心智模型和交互记忆系统对知识利用取向的差异,会对团队的作用机制产生影响。从共享心智模型的角度来说,它强调团队成员拥有相似的对于团队和环境的认知,试图培养团队成员间的一种心照不宣的默契,使团队成员面对复杂的环境和高度竞争的压力时自然地形成一致性的判断,从而可以最大限度地发挥团队的价值,实现团队有效性的突破。从交互记忆系统的角度来说,它强调团队成员间的知识差异,并试图发挥各自差异化的优势,尽可能地做到职位与知识的最佳匹配,它不要求每个团队成员对团队和情境有相似的理解,认为每个人都有自己的局限性,当团队成员因个人的局限性不能有效地完成任务时,可以直接把任务交给有能力完成的团队成员,这样就有效地降低了团队成员间的知识传递的成本和成员的认知负荷,团队成员在互相信任的特定情境下做自己最擅长的工作,发挥自己最大的价值,从而使团队的潜力得以挖掘,促进团队有效性的提升。

2. 行为互动类的过程变量

(1) 团队冲突

团队冲突指因团队内部产生了目标、认识、分工、利益等方面的差异而出现了团队内部的不和谐现象。由于团队冲突自身固有的多元性和复杂性,因此,学界对团队冲突并未形成统一的定义。目前主要是从冲突的成因、冲突的过程及冲突导致的结果来对团队冲突进行理解的。

从冲突的成因来说,Jehn[①]认为团队冲突是由双方的感知差异引起的,其中包括观念上的差异和关系上的对立。De Dreu 和 Gelfand 认为,团队冲突是成员感知到彼此的不相容性和不同而产生的。

---

① Jehn K A. A Multimethod examination of the benefits and detriments of intragroup conflict [J]. *Administrative Science Quarterly*, 1995, 40(2): 256–282.

从冲突的过程来说,Barki 和 Hartwick[1]将团队冲突解释为团队中的某人干涉了他人达成团队目标的过程;Robbins[2]认为,这种过程是一方感知到另一方对自己感兴趣事情的消极态度而导致了自己的不满。

从冲突的结果来说,冲突即不相容,是一方对另一方活动的恶意破坏。刘明霞[3]则将冲突定义为人与人之间的对立、对抗和斗争。

在实际工作情境中,团队成员间在交互过程中产生的冲突问题对团队绩效的影响尤为关键。按照冲突目标对象的不同,可以将团队冲突划分为任务冲突和关系冲突两类。前者是紧密围绕团队任务而展开的,是团队成员对于团队任务的内容、解决方法和解决途径等存在不同的意见或观点上的差异;后者则与团队内部的人际关系相关,是指团队内部成员的个人特殊偏好等差异所导致的人际关系上的压力和个人的沮丧感,包括焦虑、愤怒及厌恶等情绪成分(戴佩华,2009)。

关系冲突对绩效的影响总是负面的,它可能引发团队成员愤怒、紧张、焦虑、压力、挫折感等负面情绪,从而造成其工作满意度降低、动力不足和工作绩效下降,容易破坏人际间的亲善和信任感。[4] 至于任务冲突对绩效的影响,人们的观点存在较大争议,一般而言,适度的任务冲突还可促进集体学习,进而促进创新观点的发展。另外,任务冲突还能通过交流澄清彼此的误解,从而增加对工作的认同和彼此的了解,有助于改善团队成员的工作态度,如工作满意度、认同感、情感接受性等(De Dreu,2006)。

(2)团队领导

团队领导是指负责为团队提供指导,为团队制定长远目标,在适当的时候代表团队处理与组织内其他部门关系的角色。[5] 团队领导属于团队,是这个团队中的一员,并且从团队内部施加影响。

传统领导主要靠授权、奖罚、权威等来施加影响以达到目的,虽然传统领导

---

[1] Barki H, Hartwick J. Conceptualizing the construct of interpersonal conflict[J]. *International Journal of Conflict Management*, 2004, 15(3): 216-244.

[2] Robbins S. *Organizational behavior: Concepts, controversies, applications*[M]. Englewood Cliffs, NJ: Prentice-Hall, 1996.

[3] 刘明霞. 企业组织冲突行为的动态分析[J]. 外国经济与管理, 2001, 23(8): 11-16.

[4] Jehn K A. A Multimethod examination of the benefits and detriments of intragroup conflict[J]. *Administrative Science Quarterly*, 1995, 40(2): 256-282.

[5] Zaccaro S J, Rittman A L, Marks M A. Team leadership[J]. *Leadership Quarterly*, 2001, 12(4): 451-483.

会不同程度上让团队其他成员参与到决策之中,但总的来说,团队的工作是通过团队领导的命令得以实现的。

与传统领导不同的是,团队领导则强调集体负责,领导充分授权给下属,激发下属的工作积极性,善当教练,营造良好的团队氛围。究其原因,在传统的领导下,领导对团队负主要责任,团队成员对自己负责,所以需要借助强有力的命令手段对团队行为进行控制。但是在团队中,个人目标和团队目标是一致的,团队成员共同对团队负责,领导可以充分地放权给下属,发挥团队成员的最大潜力。

团队领导主要有以下四方面的作用:①营造良好的人际关系,团队成员在彼此信任的气氛下坦率地表达自己的意见和想法,进行有效的沟通;②引导团队成员紧密将个人目标与团队目标形成统一认识,充分调动团队成员的积极性和创造性;③引导团队发展出团队精神和团队规范,使团队成员产生强烈的归属感和忠诚感,形成团队强大的凝聚力;④团队形成引导稳定的合作模式,充分发挥团队成员的特长和能力,使得团队成员所提供的力量得到放大。

专栏1-8

水泊梁山的团队领导

水泊梁山经历过三任领导,分别是王伦、晁盖和宋江。

白衣秀士王伦是个控制型领导,控制欲爆棚。他表面求贤若渴,其实嫉贤妒能。王伦一面招贤纳士,一面防备可能对自己地位构成威胁的下属。当林冲慕名来投奔时,王伦担心林冲本事太大,威胁自己的地位,因此,反复刁难,将林冲逼得进退两难。当晁盖入伙时,王伦又担心晁盖会占了自己的位置,因此,表面热情,实则以托词拒绝。王伦眼光局限,格局狭小,只关注自己,而无视团队发展,最终被火并身亡。

托塔天王晁盖是个魅力型领导,他为人仗义,深受众人拥戴。在他的领导下,水泊梁山的规模不断扩大,成员间气氛十分融洽。在晁盖时期,梁山初步确立了团队目标,举起"聚义"的大旗。然而,这个团队目标是模糊的,不清晰的。团队成员对聚义的理解粗浅,仅仅限于"大碗喝酒,大块吃肉,大秤分金"的利益勾连;团队行为依然局限于打家劫舍,格调不高。

"及时雨"宋江有点类似于变革型领导,在他的努力下,水泊梁山进入全盛时期。他将团队目标更改为"替天行道",清晰地表述了反奸臣不反朝廷的主张,在道德伦理上站住了脚,论证了梁山存在的正当性,吸引了一批被奸臣排挤的精英加盟;同时,他主持的英雄排座次是对团队内部人力资源的一次盘点和整合,强调了每个成员的优点和专长,有利于团队内部的合作。

从水泊梁山的发展来看,我们可以看到团队领导对于团队建设的重要性,团队领导在很大程度上能够决定团队本身的发展。

(3) 团队学习

团队学习(Team Learning)的概念最早可以追溯到彼得·圣吉的著作《第五项修炼——学习型组织的艺术与实务》。在该著作中,团队学习被作为创建学习型组织的五项修炼之一而提出。[1] 他认为,团队是组织学习的基本单位,团队学习是组织学习的最重要形式,也是发展团体成员整体配合与实现共同目标能力的过程。团队学习具有两个特征:团队目标一致与知识共享。首先,个人目标与团队目标一致,是团队学习的基本要件。其次,知识共享实质上是团队内部成员交流的过程。只有通过知识共享,才能互通有无,促进团队的共同提高。

目前,团队学习的研究主要将其与组织学习和团队有效性进行结合,前者将团队学习看作组织学习的一种形式,讨论个体、团队和组织三者之间的关系,后者侧重于独立地看待团队学习,并对其形成的原因、机制、过程和功用进行探讨。

在国内对团队学习的研究中,毛良斌和郑全全[2]认为团队学习具有行为取向、信息加工取向和结果取向,这种观点为国内学界所认可。团队学习的不同取向虽然对团队学习的过程和结果侧重各有不同,但都认为团队学习是一种基于知识与个体经验共享的团队成员间的互动,团队和个人都能从这个互动中获益。赵慧群和陈国权[3]侧重于对团队学习的心理机制进行探讨,研究表明,对团队学习的充分认识、高度责任心、心里安全感和宜人性水平是确保团队学习开展的重要心理状态。王雁飞和杨怡(2012)主要对团队学习的因素结构进行了探讨,并对影响团队学习的因素和研究模型进行了归纳总结。

---

[1] Senge, P M. The fifth discipline:The art and practice of the learning organization[M]. New York: Doubleday. 1990.
[2] 毛良斌,郑全全. 团队学习研究综述[J]. 人类工效学, 2007, 13(4):70-71.
[3] 赵慧群,陈国权,付悦. 团队学习心理准备模型[J]. 科学学与科学技术管理, 2008, 29(6):182-187.

团队学习对团队的作用主要体现在其对团队绩效、团队成员满意度和团队生命力的影响这三个层面。

第一,团队学习对团队绩效的影响。

团队学习对团队绩效的影响可以分为直接和间接作用两个层面。一些研究支持了团队学习对团队绩效有直接的作用,如 Jules[1] 发现团队学习行为的增加对团队绩效有正向的促进作用。毛良斌[2]的研究发现,在互动性较好的团队中,团队学习能够较好地预测团队绩效。吴铁钧和刘电芝[3]的研究发现,在团队任务难度较高时,团队学习取向可以单独预测团队绩效。

另一些学者的研究支持了团队学习对团队绩效有间接的促进作用。例如,Lynn、Skov 和 Abel[4] 发现,在研发团队中,团队学习是影响团队成员对客户需求的认知和团队绩效达成的调节变量。Zellmer-Bruhn 和 Gibson[5] 的研究表明,对团队学习的注重,可以通过团队氛围的中介作用,对团队绩效起积极的促进作用。莫申江和谢小云[6]的研究发现,团队学习可以通过对交互记忆系统的塑造,进而促进团队绩效。陈国权[7]的研究发现,心理安全感在团队学习和团队绩效中具有完全中介效应。McCarthy 和 Garavan[8] 的研究证实,团队学习对整体绩效产生的影响有赖于团队凝聚力的中介效应。

第二,团队学习对团队成员满意度的影响。

团队学习对团队成员满意度也有直接或间接的影响。例如,Andres 等人[9]

---

[1] Jules C. Diversity of member composition and team learning in organizations[D]. Case Western Reserve University, 2007.

[2] 毛良斌. 团队学习行为对团队有效性的影响[J]. 应用心理学, 2010(2): 173–179.

[3] 吴铁钧,刘电芝. 团队学习取向和团队冲突对团队绩效的影响[J]. 苏州大学学报: 哲学社会科学版, 2010, 31(6): 181–183.

[4] Lynn G S, Skov R B, Abel K D. Practices that support team learning and their impact on speed to market and new product success[J]. Journal of Product Innovation Management, 1999, 16(5): 439–454.

[5] Zellmer-Bruhn M, Gibson C. Multinational organization context: Implications for team learning and performance[J]. Academy of Management Journal, 2006, 49(3): 501–518.

[6] 莫申江,谢小云. 团队学习、交互记忆系统与团队绩效:基于IMOI范式的纵向追踪研究[J]. 心理学报, 2009, 41(7): 639–648.

[7] 陈国权,李兰,刘大伟. 中国企业组织学习能力现状及其对组织绩效影响的实证研究[C]. 中国组织学习和学习型组织研究与实践学术会议. 中国优选法统筹法与经济数学研究会, 2009.

[8] Mccarthy A, Garavan T N. Team learning and metacognition: A neglected area of HRD research and practice[J]. Advances in Developing Human Resources, 2008, 10(4): 509–524.

[9] Andres H P, Shipps B P. Team learning in technology-mediated distributed teams[J]. Journal of Information Systems Education, 2010, 21: 213–221.

的研究发现团队学习能够带来更高的生产效率和团队互动质量,提高团队成员满意度。Paulus 和 Yang[1]研究表明,团队学习在创意交换过程和团队成员满意度之间具有调节作用,团队学习水平越高,这种作用就越明显。

第三,团队学习对团队生命力的影响。

团队学习对团队生命力也有直接或间接的促进作用。例如,Bunderson 和 Sutcliffe[2]的研究发现,团队学习有利于提高团队成员对环境的适应,在工作流程和方法上进行创新,从而有效地提升团队的生命力。Edmondson[3]的研究表明,团队学习在个体成员间的互动和团队绩效之间起到调节作用,最终有利于团队生命力的提高。王莉红等人[4]的研究发现,团队学习行为对其成员创新行为有直接显著的正向影响,团队学习行为可强化其成员互动频率与创新行为之间的正相关关系,从而促进团队自身的发展。

3. 目标任务类的过程变量

(1) 任务互依性

任务互依性是指团队成员需要互相依靠以有效执行工作任务。它会迫使团队内部成员进行频繁的团队互动、沟通与合作,团队成员可以在互动中丰富自己的知识和经验,从而有利于团队创造力和团队绩效的提升。

在以团队为主体的组织中,团队互依性主要有四个方面的来源:①团队作业的输入,如技能、资源、技术的分布;②团队成员执行作业的过程;③成员工作目标及目标达成的方式;④团队成员的给付反馈和支付薪酬的方式。

互依性高的团队成员间彼此依靠,为成员创造了基于问题情境的互动空间,便利了团队成员之间的沟通、合作,刺激了关键性问题的讨论和不同观点的整合,对团队绩效有积极的促进作用。例如,Gilson 和 Shalley[5]的研究表明,当团队内工作任务的互依性程度高时,团队成员就会在团队互动中花费大量的时

---

[1] Paulus P B, Yang H C. Idea generation in groups: A basis for creativity in organizations [J]. *Organizational Behavior & Human Decision Processes*, 2000, 82(1): 76 - 87.

[2] Bunderson J S, Sutcliffe K M. Management team learning orientation and business unit performance [J]. *Journal of Applied Psychology*, 2003, 88(3): 552 - 60.

[3] Edmondson A. The local and variegated nature of learning in organizations: A group-level perspective [J]. *Organization Science*, 2002, 13(2): 128 - 146.

[4] 王莉红, 顾琴轩, 郝风霞. 团队学习行为、个体社会资本与学习倾向:个体创新行为的多层次模型[J]. 研究与发展管理, 2011, 23(4): 11 - 18.

[5] Gilson L L, Shalley C E. A little creativity goes a long way: An examination of teams' engagement in creative processe[J]. *Journal of Management*, 2004, 30(4): 453 - 470.

间,这些投入会使得他们跳脱原有的固定的工作思维,从而有利于团队创造力的提高。王黎萤和陈劲[1]的研究表明,任务互依性通过协作式共享心智模型对团队创造力产生影响。此外,高任务互依性水平意味着团队成员彼此享有共同目标,有利于增强团队成员的责任感,使沟通变得更加有效,从而考虑更多备选方案,以及获取更多信息进行决策,而这些都将激发创造性过程。

(2) 团队目标取向

团队目标取向即指团队成员所共同形成的关于目标的倾向和偏好知觉。[2] 团队目标取向可以从学习取向、绩效取向和回避取向三个维度进行区分,团队目标学习取向,指在知觉到团队目标任务时,用于挑战目标任务,并在完成目标任务的过程中不断学习,促进自我水平和能力不断提高的一种状态;团队目标绩效取向,指在知觉到团队目标任务时,关注团队绩效本身,并最快速而有效地完成绩效任务本身时所形成的一种状态;团队目标回避倾向,指在直觉到团队目标任务时,团队成员更多地关注了目标任务所带来的负面影响,或者完成目标任务所需要花费的努力,并且为了减少负面影响或者努力所采取的一种尽量减少任务的消极的回避状态。

不同的团队目标取向对团队绩效有不同的作用,学习取向有利于团队目标有创造力地实现并且表现出强有力的团队生命力;绩效取向可以按要求完成团队任务,但是只注重团队任务本身而忽略了团队成员个体、团队内部氛围的构建,长期保持这种状态对团队是不利的;回避状态是一种消极的状态,团队领导者应该设法通过团队成员的互相协助、团队氛围的构造、团队合作模式的建立等尽量减少团队成员的这种状态,否则很难有效地完成团队目标任务。

国内对团队目标取向的研究也已经逐渐火热,邓今朝和王重鸣[3]对团队目标取向在突变情景下的表现进行了研究,发现在突变的情景下团队学习的绩效取向能够迅速地完成团队的任务,而回避取向则会对团队的适应型和团队绩效

---

[1] 王黎萤,陈劲. 研发团队创造力的影响机制研究——以团队共享心智模型为中介[J]. 科学学研究, 2010, 28(3): 420-428.

[2] Mehta A, Feild H, Armenakis A, et al. Team goal orientation and team performance: The mediating role of team planning[J]. *Journal of Management*, 2009, 35(4): 1026-1046.

[3] 邓今朝,王重鸣. 团队目标取向对适应性的影响:突变情景下的阶段特征[J]. 软科学, 2012, 26(5): 86-90.

产生负面影响。罗瑾琏等人①的研究表明,团队目标的学习取向和绩效取向对团队绩效有积极的促进作用,回避取向则会损害团队绩效。

四、团队输出变量

团队输出变量(Ocetputs),即团队有效性指标,研究者因探讨的角度不同或研究中实际可以获得的绩效结果不同而给出的指标各异。团队有效性是指与团队情境相关的多方面因素综合体的有利于团队发挥最佳功能的一种存在态势。

关于团队有效性的定义和范畴,历来观点不一,比较流行的如 Hackman②和 Sundstrom 等人③对团队有效性所做的较为广泛的定义,即它是指团队实现预定目标的实际结果。随后的学者们在此定义的基础上进行了补充,例如,Gist 等人(1987)认为,团队有效性是团队相互作用过程后得到的实际的输出结果;Cohen 和 Bailey④则认为,团队有效性是团队在组织背景下表现出的多样性;Paris 等人(2000)指出,团队有效性是由个体所组成的团队有效的协调性产出的。随着团队有效性研究的不断推进,目前对团队有效性的评估主要有团队绩效、成员满意度和团队生命力三个方面。⑤

团队有效性是什么?不同的研究者有不同的观点,虽然大部分的研究者是基于"I-P-O"模型,然则众人对团队输出变量的理解是不一样的。本文以"团队"为关键词,在 CNKI 核心期刊数据库进行检索,共检索到实证文献计 30 篇,对这些文献的研究对象、输入和输出变量、过程变量(分为中介和调节变量)整理情况如表 1-6 所示。

---

① 罗瑾琏,徐振亭,钟竞. 团队目标取向对创造力的多层次影响研究[J]. 华东经济管理,2016,30(3):106-112.
② Hackman J R. The design of work teams. In Lorsch J. W., ed. Handbook of organizational behavior [M]. Englewood Cliffs, NJ: Prentice-Hall, 1987:315-342.
③ Sundstrom E, De Meuse K P, Futrell D. Work teams: Applications and effectiveness[J]. *American Psychologist*, 1990, 45(2):120-133.
④ Cohen S G, Bailey D E. What makes teams work: Group effectiveness research from the shop floor to the executive suite[J]. *Journal of Management*, 1997, 23(3):239-290.
⑤ 李海军,谭鑫. 团队有效性影响因素研究的新进展[J]. 中国民航飞行学院学报,2011,22(2):62-66.

表1-6 I-P-O框架下的团队研究

研究团队	作者/时间	输入变量	中介变量	调节变量	输出变量
企业研发团队	赵可汗(2014)	关系冲突		中庸思想 领导员工交换关系	信息深度加工
	白新文(2011)	共享心智模型		团队互依性	团队绩效、团队创新
	李树祥(2012)	团队多样性	团队凝聚力		团队创造力
	杨瑞明(2010)	团队社会网络	共享心智模型		知识共享
	尤树洋(2013)	领导行为			团队创造力
	常涛(2011)	互依性成员能力梯度			知识共享
	常涛(2011)	团队绩效考核		互依性成员能力梯度	知识共享
	隋杨(2012)	团队创新氛围	团队创新效能感		团队创新绩效
	刘小禹(2012)	团队情绪氛围	团队效能感		团队创新绩效
	王艳子(2014)	任务互依性	团队学习	团队反思	团队创造力
	梁冰倩(2015)	团队学习目标导向	团队学习行为		团队创造力
	曹科岩(2009)	共享心智模式	分享行为		团队绩效
企业项目团队	彭正龙/2011	团队差序氛围	知识共享	知识转移渠道	绩效
	石冠峰(2013)	内、外向边界管理		凝聚力	团队绩效
	谢永平(2015)	团队美德	团队凝聚力		团队绩效
	李运河(2013)	团队社会资本	知识分享		团队绩效
	梁润华(2012)	团队成员交换			组织承诺、工作倦怠
	李宁(2006)	组织内信任	团队信任		任务绩效

续表

研究团队	作者/时间	输入变量	中介变量	调节变量	输出变量
	段锦云(2011)	建言行为			任务绩效
	刘军(2009)	团队差序氛围		成员技能水平	团队绩效
	刘冰(2011)	团队氛围	任务冲突		团队绩效
	方阳春(2014)	包容型领导	员工自我效能感		团队绩效
	陈晓红(2010)	团队冲突		冲突管理	团队绩效
	陈同扬(2005)	支持性人力资源		组织文化	组织承诺
企业高管团队	张勇(2013)	绩效薪酬		薪酬水平	团队创新行为
	张勇(2013)	绩效薪酬		考核周期	团队创新行为
高校学科团队	石继章(2016)	团队关系			团队绩效
	刘惠琴(2008)	团队异质性发展阶段			团队创新绩效
	于少勇(2010)	互依性	团队信任		合作绩效
学生科技团队	王兴元(2013)	知识异质性	团队沟通	团队信任	团队创新绩效

由表 1-6 我们可以发现,国内学者对团队的有效性有不同的理解,造成这种理解差异的原因在于团队性质的不同,不同的团队目标不同,要求在团队有效性上有不同表现。对于企业研发团队而言,最重要的输出是团队创新和创造力的发展,考察变量以共享心智模型、成员多样性、创新氛围为主;对于企业项目团队,最重要的输出变量即团队绩效,这与项目团队的高度目标导向性相一致,考察变量范围较广;对于企业高管团队,团队的有效性主要体现在创新行为,这体现了高管团队对于企业创新的紧迫感。对于企业团队的研究是团队研究的主流。而在高校,无论是高校学科团队还是学生科技团队,输出变量都着重考察团队创新。可见,学者们对于团队有效性的分歧是建立在学者们研究不

同的对象的基础之上的,不同的团队对团队有效性有不同的要求。

总的来说,团队有效性可以从三个维度来衡量:①团队绩效,即团队的工作能否满足需要并能通过检查,具体表现为团队产出能否满足数量、质量和时效三方面的要求,例如,任务绩效、团队创造力;②团队成员满意度,即团队成员能否在团队中体验到个人的成长和幸福感,例如团队满意度;③团队生命力,即团队成员能否持续不断地共同工作,例如组织承诺。

专栏1-9

海底捞的团队建设:从服务员工做起

从1994年开始,海底捞从四川走向全国,再从全国走向世界,经营466家直营门店,拥有超过3600万会员和超过60000员工,已成为全球有口皆碑的知名餐饮企业。而在辉煌成功的背后,是海底捞出色的团队建设,他们把"团队第一,产品第二"的理念做到极致。正如员工培训时对"海底捞"的解读:

海:大海宽阔,无穷无尽;

底:每位员工必须从底层做起;

捞:综合素质,用勤劳的双手去改变自己的命运。

Ⅰ. 薪酬体系——解决员工的收入需求

海底捞的薪金构成是建立在他们的"员工发展途径"之上的。普通员工可以通过升职提高工资,如果不能升职也可以通过评级提高工资。不同岗位的基本工资不一样,但是岗位工资的差异完全会因级别工资的不同而被拉平,甚至反超。比如功勋员工的总收入就在大堂经理、后堂经理之上,更是比自己的领班高出很多。除了普通员工的收入可能超过经理之外,海底捞员工工资中还用了一个很有特色的制度:分红,即公司从利润里拿出一部分来奖励给员工。

Ⅱ. 晋升体系——解决员工的未来出路

首先,海底捞有合理的晋升的机制,只要干得好,就可以获得晋升。海底捞的很多店长、小区经理都是来自企业底层,很少有空降的。其次,升职之前要轮岗。在实习期,要掌握自己将要领导的所有部门的所有业务,这也是考核标准之一。

Ⅲ. 培训体系——解决员工的能力问题

首先,海底捞每家店都不直接招聘人员,而是由片区人事部负责统一招聘,集中培训。培训师在第一天开始培训之前就将自己的电话号码告知每位新员工，并表示以后有困难可以随时打电话。这也是海底捞的所有管理者的共用方式，新员工到店以后，店长、大堂经理、后堂经理都会给手机号码，都会让员工在困难的时候给自己打电话。其次，新员工一开始即融入了一个小集体。这个小集体只有十几个人或者二十几个人，这就比一开始就要到店里与一两百人相处容易多了。再次，公司使新员工投入工作有个缓冲阶段。海底捞的工作时间是相当长的，工作强度也很大，新员工一来就投入高强度的工作可能会受不了。在培训期间，新员工每天只上 6 个小时的课，内容相对简单，吃得不错，住宿环境也不差。在这里他们需要了解一些制度、业务流程，并做好吃苦的心理准备。新员工在接受入职培训以后底气会更足。

Ⅳ. 员工宿舍——解决员工的生活问题

光是员工的住宿费用，一个门店一年就要花掉 50 万元人民币。海底捞为员工租住的房子全部是正式住宅小区的两三居室，且都会配备空调；考虑到路程太远会影响员工休息，规定从小区步行到工作地点不能超过 20 分钟；还有专人负责保洁、为员工拆洗床单；公寓还配备了上网电脑；如果员工是夫妻，公司则考虑给单独房间。

Ⅴ. 福利待遇——解决员工的人性化需求

为了激励员工的工作积极性，公司每个月会给大堂经理、店长以上干部以及优秀员工的父母寄几百元钱，有些农村的老人没有养老保险，这笔钱就相当于给他们发保险了，他们因此也会一再叮嘱自己的孩子在海底捞好好干。

给优秀员工配股，一级以上员工享受纯利率为 3.5% 的红利。所有店员享有每年 12 天的带薪年假，公司提供探亲往返的火车票。工作一年以上的员工可以享受婚假及相应待遇；工作满 3 个月以上的员工可以享受父母丧假及补助；工作 3 年以上的员工可享受产假及补助。

海底捞用近 20 年的时间，发展成为该领域的龙头企业，其崛起的秘诀不仅仅是对顾客无可挑剔的服务态度，企业本身的团队建设更是功不可没。业界一直流传着这么一则故事：一个年轻人想开火锅店，于是先去海底捞学习经验，结果实习了一个月后他已经放弃了创业，专心在海底捞工作。这就是海底捞团队建设的魅力，不仅仅追求团队本身的绩效，更看重团队成员的满意度。从尊重团队成员开始，发展成为一支服务他人的高效率团队。

资料来源：海底捞官网（www.haidilao.com）

第二章 团队学习:团队发挥效能的关键

团队能够弥补传统组织的不足,让管理变得灵活且有效。随着组织中越来越多的工作由团队完成,系统化的文献也支持了团队工作的有效性[1],但很多研究测量的是人们的感知而不是团队的实际产出。事实上,团队并不总是有效的,很多因素阻碍了团队的产出、创造力和有效的决策。

彼得·圣吉在其著作《第五项修炼——学习型组织的艺术与实务》中提出了团队中"整体搭配"(alignment)的现象,即一群人良好地发挥了整体运作的功能。然而在多数的团队里,成员们往往各自朝着交错的方向努力。

在未能整体搭配的团体中,如图2-1所示,团队成员展现出"一盘散沙"的无序状态,甚至相互掣肘,彼此攻击。个人或许格外努力,但他们的努力未能有效地转化为团队的力量。只有当一个团队呈现出整体搭配时,才会汇聚个体的力量朝着共同的方向努力,发挥团队的真正价值。如图2-2所示。

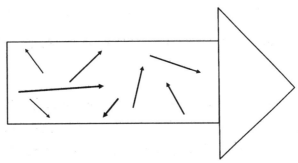

图2-1 未能整体搭配的团体

---

[1] Kozlowski S W J, Ilgen D R. The science of team success[J]. Entific American Mind, 2007, 18(3):54–61.

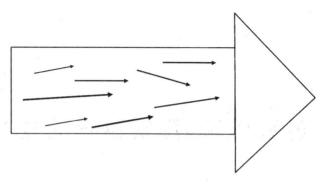

图 2-2 整体搭配的团队

将混乱的团队搭配转换为整体搭配的过程,并非牺牲个人的利益,而是将个人的愿景进行延伸,融合成整体的愿景。事实上,要不断激发个人力量,达到团队力量的整体提升,要以先做到整体搭配为前提。发展团队成员的整体搭配,发挥个人力量实现团队愿景的过程,彼得·圣吉称之为"团队学习"(team learning)。

简单的团队组成并不能有效地发挥团队的功效,只有达成团队学习的团队才能长人所长,整体搭配。无论是企业的工作团队,还是艺术的创造团队,抑或比赛的竞技团队,团队学习都有其用武之地。

在本章中,我们首先明晰团队学习的概念,梳理团队学习的特征和功能;然后简要回顾团队学习的相关研究;最后,根据个体、团队和组织三个维度,对影响团队学习的相关因素进行整理。

第一节 团队学习的定义和特征

近些年,知识经济方兴未艾,全球性竞争空前加剧,为了更好地适应复杂多变的组织环境,要求组织内部进行持续变化的调整。这些调整,包括对外界知识和信息源源不断地获取、整理、利用和创新,在团队内部进行互动模式的调整以更好地吸收新的知识和经验,而这些正是组织学习的能力。在提升组织学习能力、发挥组织效能方面起着至关重要的作用,随着团队学习的作用日益凸显,关于团队学习的研究也日益活跃起来。

组织学习在文献中有两种界定方式,一种将其看作一种结果,另一种则将其定义为一个过程。例如,Argyris 和 Schon[①] 将组织学习界定为组织进行自我侦查和纠错的过程,而 Levitt 和 March[②] 将组织学习界定为组织过程产生的结果,即组织融合过往的经验推论转化为指导组织行为的具体方法。

团队学习,作为组织学习的基本单元,其概念表述继承了组织学习的基本逻辑,又有其独特性。彼得·圣吉最早提出,在现代组织中,是团队而不是个人成为基本的学习单位,因此团队学习成为不可缺少的,如果团队不能学习,组织就不能学习。"他认为团队学习即发展团队成员实现共同目标的持续改变的过程。随着组织环境日益复杂和团队学习不断推进,一些学者对团队学习在特定领域和情景下做出了新的阐释。为了更完整而准确地了解团队学习的概念,本书对团队学习进行了系统的梳理。

一、团队学习的定义

1. 团队学习的概念表述

团队学习是团队成员通过不断沟通和协作,获取、整合和分享知识,并在此基础上改善团队行为、优化团队体系、提升组织适应性,以达到组织目标的过程。

回溯过去 20 年有关团队学习领域的研究,研究者往往根据具体情境从不同角度对团队学习的概念进行界定,其取向不外乎四种:

一、侧重于知识学习本身及其加工,即信息加工的视角;

二、侧重于对团队学习的阶段进行探索,即过程的视角;

三、侧重于团队成员在团队学习过程中的行为表现,即行为的视角;

四、侧重于团队学习对个人、团队或组织的贡献,即结果的视角。

需要注意的是,不同取向之间的界限并非绝对的,四种取向之间也并非完全互斥的,部分学者可能会综合团队学习的不同取向。为了方便读者对团队学习有更为清晰的了解,本书根据不同学者的研究侧重点,按照四种研究取向对该领域主要学者的观点进行梳理,如表 2-1 所示。

[①] Argyris C, SchonD A. Theory in practice: Increasing professional effectiveness[J]. *Social Service Review*, 1989, 1(3): 292-293.

[②] Levitt B, March J G. Organizational learning[J]. *Annual Review of Sociology*, 1988, 14(1): 319-340.

表2-1 国内外学者对团队学习的定义

学者(时间)	对团队学习的定义	研究取向
Huber(1991)	团队学习是团队成员进行信息处理的过程,包括信息获取、信息分配、信息理解、信息存储与恢复。	信息加工取向
Wilson(2007)	团队学习行为包括群体水平的信息储存、信息分享和信息提取。	
Woerkom 和 Croon(2009)	团队学习是知识获取、信息加工、信息存储与检索等相互关联、相互依赖的活动。	
Offenbeek(2010)	团队学习是信息获取、分配、收敛、发散、存储和再使用及各环节循环的过程。	
Senge(1990)	团队学习是发展团队成员整体搭配与实现共同目标的能力的过程,它建立在发展共同愿景和自我超越的基础之上。	过程取向
Edmondson(1999)	团队学习是一个持续的反思与行动过程,包括提出问题、寻找反馈、进行实验、反思结果、讨论失误或非预期结果,以提高自身的适应能力、理解水平和行为表现。	
Mathieu(2000)	团队学习是团队成员创造并分享知识的过程,团队成员构思、反思、试验并整合观点构成一个完整系统。	
Kasl(2000)	团队学习是团队为其成员自身和他人创造知识的过程,是集体思考和行为发挥核心作用的相互过程。	
陈国权(2005)	团队学习是团队成员不断获取知识、改善行为、优化团队体系,以在变化的环境中使团队保持良好生存和健康和谐发展的过程。	
Argote(2001)	团队学习是团队成员获取知识、相互分享和整合各自知识的活动。	行为取向
Gibson(2003)	团队学习是团队成员通过实验探索知识,通过反思性沟通整合观点,通过知识编码将所学习到的知识加以说明和具体化。	
Bunderson 和 Geert(2005)	团队学习是团队成员间寻求、分享、完善相关知识和整合任务的互动行为。	
Andres 和 Shipps(2010)	团队学习是信息交换、意见完善、观点提出、做出选择及达成共识等一系列行为的组合。	
Ellis(2003)	团队学习是一种通过团队成员共享彼此的经验而使团队整体的知识和技能发生相对持久的变化。	结果取向
郭云贵(2007)	团队学习是指团队成员经过不断对话与讨论的过程,以产生集体的智慧,培养集体的共识,使组织发挥最大的效能。	

续表

学者(时间)	对团队学习的定义	研究取向
周元成(2007)	团队学习是个体所掌握的知识信息在团队中传播,实现知识信息高度共享,使团队智慧超过个人智慧的总和。	
Schwandt(2008)	团队学习是团队成员把信息转化成有价值的知识,使团队获得长期的适应能力。	

(1) 信息加工取向

信息加工取向侧重于知识学习本身及其加工,关注团队成员对知识的获得和理解的加深。如 Huber[1] 提出,团队学习实则就是对知识信息进行信息处理的过程,包括信息获取、信息分配、信息理解、信息存储与恢复。Wilson[2] 则在此基础上将其简化为信息储存、信息分享和信息提取三个阶段。Woerkom 和 Croon[3] 指出,信息加工的不同过程是相互依赖的。Offenbeek[4] 则进一步指出,团队学习的不同阶段是一个循环上升的过程,并提出了团队学习包括信息获取、分配、收敛、发散、存储及再使用及各环节循环的过程。

(2) 过程取向

过程取向侧重于对团队学习的阶段进行探索,关注团队成员在不同阶段的行为表现及规律。Senge(1990)最早在其著作《第五项修炼——学习型组织的艺术与实务》一书中就提出,团队学习是发展团队成员整体搭配与实现共同目标的能力的过程,它建立在发展共同愿景和自我超越的基础之上。Edmondson[5] 则进一步指出团队学习是一个持续的反思与行动过程,包括提出问题、寻找反馈、进行实验、反思结果、讨论失误或非预期结果等阶段。在 Senge 和

---

[1] Huber G P. Organizational learning: The contributing processes and the literatures[J]. *Organization Science*, 1991, 2(1): 88-115.

[2] Wilson J M, Goodman P S, Cronin M A. Group learning[J]. *Academy of Management Review*, 2007, 32(4): 1041-1059.

[3] Woerkom M V, Croon M. The relationships between team learning activities and team performance[J]. *Personnel Review*, 2009, 38(5): 560-577.

[4] Offenbeek. Processes and outcomes of teamlearning[J]. *European Journal of Work & Organizational Psychology*, 2001, 10(3): 303-317.

[5] Edmondson A. Psychological safety and learning behavior in work teams[J]. *Administrative Science Quarterly*, 1999, 44(2): 350-383.

Edmondson 的基础上,一些学者进行了更为具体的阐述,如 Mathieu[1] 指出,团队学习的过程主要在于创造并分享知识;Kasl[2] 指出,团队学习的过程的核心在于团队成员的互动,是集体思考和行为发挥核心作用的相互过程;我国学者陈国权[3]则指出,团队学习的过程要基于不断变化的组织环境进行优化,以在变化的环境中使团队保持良好生存和健康和谐发展。

(3) 行为取向

行为取向侧重于团队成员在团队学习过程中的行为表现,关注团队成员行为的改变。如 Argote[4] 关注团队成员的个体行为,提出团队学习是团队成员获取知识、相互分享和整合各自知识的活动;Bunderson 和 Sutdiffe[5] 关注团队成员间的互动,提出团队学习是团队成员间寻求、分享、完善相关知识和整合任务的互动行为;Gibson[6] 关注行为的具体表现,指出团队学习中团队成员需要进行实验探索、反思沟通和知识编码;Andres 和 Shipps[7] 则关注行为间的连贯性,提出团队学习是信息交换、意见完善、观点提出、做出选择及达成共识等一系列行为的组合。

(4) 结果取向

结果取向侧重于团队学习对个人、团队或组织的贡献,关注团队学习后取得的成果。如 Ellis[8] 侧重于成员知识技能的增加,提出团队学习是一种通过团队成员共享彼此的经验而使团队整体的知识和技能发生相对持久的变化;

---

[1] Mathieu J E, Heffner T S, Goodwin G F, et al. The influence of shared mental models on team process and performance[J]. *Journal of Applied Psychology*, 2000, 85(2): 273-283.

[2] Kasl E. Teams as learners: A research-based model of team learning[J]. *Journal of Applied Behavioral Science*, 1997, 33(2): 227-246.

[3] 陈国权, 郑红平. 组织学习影响因素、学习能力与绩效关系的实证研究[J]. 管理科学学报, 2005, 8(1): 48-61.

[4] Argote L, Insko C A, Yovetich N, et al. Group learning curves: The effects of turnover and task complexity on group performance[J]. *Journal of Applied Social Psychology*, 2001, 25(6): 512-529.

[5] Bunderson J S, Sutcliffe K M. Management team learning orientation and business unit performance[J]. *Journal of Applied Psychology*, 2003, 88(3): 552-60.

[6] Gibson C, Vermeulen F. A healthy divide: Subgroups as a stimulus for team learning behavior[J]. *Administrative Science Quarterly*, 2003, 48(2): 202-239.

[7] Andres, Hayward P, Shipps, Belinda P. Team learning in technology-mediated distributed teams[J]. *Journal of Information Systems Education*, 2010, 21: 213-221.

[8] Ellis A P, Hollenbeck J R, Ilgen D R, et al. Team learning: Collectively connecting the dots[J]. *Journal of Applied Psychology*, 2003, 88(5): 821-35.

Schwandt[①]关注团队本身的成长,提出团队学习是团队成员把信息转化成有价值的知识,使团队获得长期的适应能力;我国学者郭云贵[②]则关注团队学习对组织的贡献,提出团队学习是指团队成员经过不断对话与讨论的过程,以产生集体的智慧,培养集体的共识,使组织发挥最大的效能。周元成[③]则关注团队水平与个人水平的比较,指出团队学习是个体所掌握的知识信息在团队中传播,实现知识信息高度共享,最终使团队智慧超过个人智慧的总和。

团队学习的四种取向,实则是从不同角度对团队学习进行探索。从目前的学界观点来看,团队学习的信息加工取向形成了普遍的共识,团队学习的实质就在于通过知识和理解来改进行动的一种学习过程,该过程依赖于团队内部的知识互动环境,主要包括共享心智模型和交互记忆系统(见本书第一章第二节)。关于团队学习的结果取向,目前尚没有达成有效的共识,一般而言,根据组织行为学的经典论述方式,从团队学习对个人、团队和组织三个层次影响进行分类。

关于团队学习的行为取向和过程取向,学术观点争议较大,目前尚未形成统一的观点。主要原因在于团队学习是一个系统变量,其本身到底包括哪些阶段,有哪些具体的行为,就像一个"斯金纳箱"[④]一样,我们只能看到施加的刺激和产生的结果,对其则是一无所知,或者仁者见仁,智者见智。有鉴于此,本书重点对影响团队学习的各因素进行梳理,并探讨不同因素对团队学习可能的影响。

专栏 2-1

团队学习的"斯金纳箱"

关于团队学习的内容,Senge(1900)在提出团队学习的概念时,提出了三个需要顾及的方面:

一、团队必须学习如何萃取出高于个人智力的团队智力,避免团队内耗而

---

① Schwandt D, Michael J. Organizational learning[M]. Oxford: Blackwell Publishing, 1999.
② 郭云贵. 管理学案例教学中的团队学习法探索[J]. 新余学院学报, 2007, 12(4): 104-106.
③ 周元成. 团队学习力研究[J]. 商场现代化, 2007(33): 310-311.
④ 斯金纳是新行为主义的代表人物,提出了操作性条件反射理论。该理论认为,如果在设计的情景下对个体的自发性反应予以强化,即可控制其继续表现,从而建立想要的操作性行为。由于该实验是在斯金纳设计的箱子中做的,并且其只关注施加刺激(stimulate)和行为反应(reaction),不重视内部心理活动过程,所以斯金纳箱在此处用以隐喻内部过程的缺乏认识。

损失团队智力；

二、团队需要具有创新性而又协调一致的行动，每一位团队成员必须非常留意其他成员而且相信人人都会采取互相配合的方式行动；

三、不可忽视团队成员在其他团队中所扮演的角色和影响，一个学习型团队，可通过广泛教导团队学习的方法和技巧，不断培养其他学习型团队。

但是，关于团队学习是什么，包含哪些过程和元素，Senge并没有给出明确的阐释。随着团队学习研究的不断深入，一些学者尝试对团队学习的内容进行探索，其中主要包括团队学习的结构和团队学习能力的组成。

Ⅰ．团队学习的结构

团队学习的结构，在一定程度上包括团队学习过程的组成部分，结合王雁飞、杨怡（2012）的研究成果，整理结果如表2-2所示。

表2-2 团队学习的结构

结构数量	研究者及年份	结构要素名称
二因素	毛良斌（2010）	互动性学习、反思性学习
三因素	Baker，Neailey（1999）	学习承诺、共同意愿、开放心智
	Edmondson（1999）	寻求反馈、讨论错误、从客户和其他渠道寻找信息和反馈
	Offenbeek（2001）	信息采集、团队信息处理、信息存储与检索
	Gibson，Vermeulen（2003）	实验行为、沟通行为、记录行为
	Wilson et al.（2007）	分享、存储、提取
	Knott（2009）	合作、适应、持续改进
	Van Woerkom，Croon（2009）	信息获取、信息处理、信息存储与检索
	莫申江、潘陆山（2011）	知识分享、知识存储、知识重获
四因素	Sauquet（2000）	定义与再定义、整合观点、实验行为、跨越边界
	Lynne（2002）	团队生产过程、团队维持过程、团队构成、团队记忆
	Stempfle et al.（2002）	产生、探索、比较、选择
	Jules（2007）	提出问题、计划、做出决策、完善补充
	Islam et al.（2009）	知识获取、信息发布、信息诠释、组织记忆
	卢小君 et al.（2010）	试验、沟通、反思、记录
五因素	Andres，Shipps（2010）	信息交换、意见完善、观点提出、做出选择、达成共识

Ⅱ. 团队学习的能力

团队学习的能力,主要用于团队学习的操作性测量,其中以 Edmondson 的模型最具代表性,Edmondson(1999)团队学习行为分为内部学习行为与外部学习行为:前者是指团队成员关注绩效以实现目标、获取新信息、检验假设及创造新的可能性的程度;后者指团队搜寻新信息或向外部相关人员寻求反馈。我国学者陈国权(2005)在 Edmondson 的基础之上,结合其他学者的团队学习模型,提出了有足够信效度的团队学习能力模型,如表 2-3 所示。

表 2-3 团队学习的能力

学习分能力	定义
发现能力	团队发现内外环境变化及这些变化给团队带来机会和挑战的能力
发明能力	团队提出应付内外环境变化的各种新措施和方案的能力
选择能力	团队面对应付内外环境变化的各种新措施和方案进行优化选择的能力
执行能力	团队将优化选择出的新措施和方案付诸行动的能力
推广能力	团队在其内部将知识和经验从局部传播到更广范围来共享的能力
反思能力	团队对过去发生的事情进行总结归纳,形成规律和知识的能力
获取知识能力	团队根据自身发展需要对外部知识进行辨识、获取和吸收的能力
输出知识能力	团队根据自身发展需要向外部输出自身知识和经验的能力
建立知识库能力	团队在其内部对知识进行积累、分类、整理和存取的能力

2. 团队学习的相关概念辨析

在团队学习的相关阅读中,会经常遇到几个相似的概念:组织学习、学习型组织、团队学习和学习型团队。为了避免读者混淆和误解,本书将相关概念梳理如下。

组织学习(organizational learning)的概念最早由 March 和 Simon 于 1958 年提出。Argyris 在 1978 年发表的论文《组织学习:观察理论的视角》(*Learning: Observation toward a Theory*)中正式提出组织学习的概念:组织学习可以体现为在组织中个人及群体的交流与互动,包括在知识、信念、思想认识等方面的共鸣。当组织内全体成员共享了新的认知成果和思维方式,并将这些认知成果和思维方式凝结在组织文化及组织系统中时,学习就成了组织学习。组织学习是通过建立共同的愿景、知识、心智模型等来进行的,它作为组织的一种机能,本身就是一个复杂的系统,既包括组织被动适应现实的过程,也包括组织应用知识、积极促进组织与其环境相匹配的过程。

学习型组织(learning organization)理论起源于组织学习理论。不同学者对学习型组织的定义有所不同。Gavin 将其定义为:可以有效地创造、获取并转化知识,且能够根据新的知识和新的理念调整自身行为的组织。Watkins 和 Marsick 将其定义为:为实现共享价值观和原则,进而协调行动,并以全体成员参与为特点,集体担负责任的组织。可以看出,学习型组织实际上是一种由学习型文化支撑起来的组织系统,而组织学习是一种学习过程,更注重描述以组织为整体的学习方式。学习型组织的含义比较宽泛,而组织学习其实只是学习型组织的一个重要方面。

团队学习(team learning)是组织学习的重要组成部分,它能很好地促进组织学习以适应组织外部多变的环境。① 其概念最早可以追溯到 Senge 的著作《第五项修炼——学习型组织的艺术与实务》(*The Fifth Discipline: The Art and Practice of the Learning Organization*)。在该著作中,团队学习被作为创建学习型组织的五项修炼之一而提出。Senge 认为,团队是组织学习的基本单位,团队学习是组织学习的最重要形式,也是发展团体成员整体搭配与实现共同目标任务的过程,组织只有不断地学习和创新才能在复杂多变的环境中求得生存和发展。

学习型团队(learning team)是一种先进的高效的组织形式,发生团队学习的组织中往往存在学习型团队。相比较界限模糊的学习型组织,学习型团队具备一些典型特征:一、团队规模不能过大,一般其核心骨干成员为 5~15 人,团队规模和团队效能呈现出曲线关系,团队成员过多或者过少,均会降低绩效;二、团队有其共同的目标,且任务存在相互依赖性,对共同目标和任务互依性的关注,是区分学习型团队的重要标志;三、团队成员有密集的互动,团队成员在互动过程中寻求反馈和帮助、检讨失误、反思经验,从而实现团队学习过程。

综上所述,面临复杂多变的组织环境,组织亟须提升学习能力,对组织内部进行持续变化的调整以适应外在环境的变化。组织学习和学习型组织,团队学习和学习型团队两组概念都在此背景下应运而生,组织学习和学习型组织最先

---

① Yorks L, Sauquet A. Team learning and national culture: Framing the issues [J]. *Advances in Developing Human Resources*, 2003, 5(1): 7-25.

得到重视与研究,但因为组织概念模糊和内部结构复杂,更多学者将研究视角聚焦在较为微观的团队层面,并取得了卓有成效的研究成果,也鉴于此,本书重点探讨团队学习和学习型团队,而非组织学习和学习型组织。两组概念虽有差别,实则是论述一个事物的两个方面,组织学习和团队学习关注学习过程的变化,学习型组织和学习型团队关注组织系统的构成。如图2-3所示。

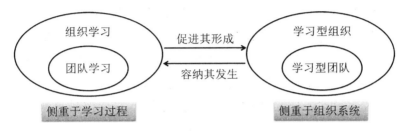

图2-3 团队学习相关概念关系

专栏2-2

荷兰皇家壳牌石油公司的崛起

荷兰壳牌石油公司①(Royal Dutch Shell)是一个拥有一百多个遍及全球的分公司的大型石油企业。在20世纪70年代初欧佩克组织(OPEC,石油输出国组织)采取石油禁运措施而导致能源危机发生前夕,该公司就围绕石油产销长期走势和战略对策问题进行分析研究,统一了全公司上下的脑力模型。

通过学习上下各级经理人员纠正了自己脑力模型中陈旧的看法,改变了过去的世界观,建立了正确统一的新脑力模型。其中包括对全球石油市场的看法和结论,以及相应的措施。

一、稳定的石油供需状况正在发生变化;

二、欧美诸国越来越依赖于石油的进口,而中东石油出口国则担心本国石油储备下降,或已逼近石油生产能力的极限;

三、石油供销体系将最终成为卖方市场,欧佩克或采取行动抵制欧美的石油垄断资本。

---

① 2019年7月22日《财富》杂志发布了最新的世界500强企业排行榜,荷兰皇家壳牌石油公司(Royal Dutch Shell)以总收入3965亿美元位于全球第三位。

1973年10月,第四次中东战争爆发,由于美国对以色列的紧急补给,以军能抵挡住埃及和叙利亚军队,愤怒的阿拉伯世界对欧美诸国实施石油禁运政策。禁运后,石油价格从每桶只有3.01美元上升到每桶11.651美元,提价3~4倍,大大加大了西方大国国际收支赤字,最终引发了1973—1975年的战后资本主义世界最大的一次经济危机。

壳牌石油公司由于早有思想准备,早在石油禁运前就开发一种所谓"情景规划"的新技术,对未来发展的各种可能趋势做了清晰的总结和阐述。石油禁运后,壳牌石油公司没有像其他石油公司那样惊慌失措,而是上下一致,胸有成竹地面对突变:

一、减少对建造原有类型炼油设备的投资,设计建造能炼制其他供应较丰富的原油的炼油设备;

二、加速开发欧佩克组织国家的石油生产;

三、加强总部对各国分公司的约束控制。

1970年,壳牌石油公司位居世界七大石油公司之末,曾被讥为七姊妹中的"丑小妹",然而经历了这场石油禁运危机之后,壳牌石油公司成为世界上实力最强的石油公司之一。1986年,世界石油生产过剩,石油价格突然大幅度下跌,又使各石油公司一时不知所措。然而壳牌石油公司的中央规划部已在半年前提出了一个假想的案例:石油公司如何对付世界石油的突然过剩。并有预见地在各级经理人员中传达,取得共识,从而又一次赢了竞争对手。这一成就归功于壳牌石油公司自20世纪70年代初逐渐自觉运用系统思考、统一脑力模型和共同前景等修炼方法与工具。

二、团队学习的特征

尽管学者们对团队学习的定义有不同的理解,我们仍然可以从中发现某些共同的特征。本书对团队学习的相关文献进行梳理,认为团队学习应具备以下三个基本特征:一、目标特征,个人目标与团队目标相一致;二、互动特征,团队内部知识信息共享;三、结果特征,团队绩效大于部分绩效之和。

1. 目标特征,个人目标与团队目标相一致

Senge(1990)在《第五项修炼——学习型组织的艺术与实务》(*The Fifth Discipline: The Art and Practice of the Learning Organization*)明确指出,"团队学

习"是发展团队成员搭配和实现共同目标能力的过程,它是建立在团队"共同愿景"和个人"自我超越"之上的。很多团队不乏才能之士,却往往在聚集后成为一盘散沙,还不如各自单干,其主要原因就在于成员间没有暂时的共同愿景,个人又不愿意委曲求全,所以无法达成共同学习。团队共同目标的建立,绝非以损害个人利益为前提的,事实上应该是个人目标的延伸形成的合力。所以团队学习形成的关键,或者说是前提,就是要做好整体搭配,个人目标和团队目标需要在团队生命周期内达成共识,或者通过团队学习实现共同目标与个人目标的统一。

组织在今日尤其迫切需要团队学习,无论是管理团队,还是产品研发团队,抑或是跨部门的工作团队。在以往的科层制组织架构中,个人目标和组织目标是分离的,组织需要通过严格程序或命令手段实现对个人的控制,从而达成组织目标的实现。科层制组织架构忽略了对人的重视,但是在团队学习中,个人目标与团队目标是一致的,个体在完成自身目标的同时,也完成了团队的目标,这就提供了个体行动的动力。个体目标和团队目标高度一致是团队学习得以不断推进的强大动力。

2. 互动特征,团队内部知识信息共享

虽然团队学习涉及个人的学习能力,但学习更多是发生在团队层面上的,因此,必须强调团队成员间的互动,而非一味强调个人在团队中的精进。Senge认为,在一个拥有持续开创性学习能力的团队中,"讨论"(discussion)和"深度会谈"(dialogue)是团队中两种必不可少的互动方式。"讨论"有点像打乒乓球,观点就像乒乓球一样在团队成员间来回撞击,从而促成团队间的互动。"深度会谈"则像流淌在两岸间的水流那般,在自由流动中朝共同愿景汇集。在团队学习中,"讨论"的作用在于提供不同的观点以期促进对事实的完整分析,"深度会谈"则在汇聚团队的观点以期提出新的想法。

无论是团队中的"讨论"还是"深度会谈",两者的共识均在于团队学习是一种基于知识和经验的团队成员间的密集互动[①]。团队学习间的互动不仅体现在行为层面上,最重要的是,通过团队成员间的互动实际上促进了知识和经验在个体间的流动,实现了对于知识和信息的整理、分析和共享。在这种知识共享的前提下建立了共享心智模型或者交互记忆系统,试图寻求一种最佳的入职

---

① 毛良斌,郑全全. 团队学习研究综述[J]. 人类工效学,2007,13(4):70-71.

匹配方案,并且对团队绩效和团队生命力有积极的促进作用。

3. 结果特征,团队绩效大于个体绩效之和

团队是学习最佳的单位,团队的智商可以远远大于个人智商,可以做到比个人更有洞察力、更为聪明。甚至有学者提出,思维和创造力本身就是集体的现象。通过"讨论"和"深度会谈",团队成员可以察觉彼此思维不一致的地方,通过互助互促增进团队思维的默契感,这种团队的默契感不仅使团队学习成为可能,对于发挥团队的潜能更是至关重要。

在传统的科层制组织下人和人之间是相互独立的,个体对自己负责,个体间往往会产生竞争,甚至冲突,这就损耗了团队的资源,从而不利于团队绩效的达成。而这时冲突对于团队而言则是双向的,平庸的团队在处理内部冲突时,不是通过表现的和谐掩盖实际的冲突,就是在极端的见解中僵持不下。对于学习型团队,团队内部的冲突往往具有建设性,在"讨论"和"深度会谈"的互动过程中,共同愿景逐渐清晰。拥有团队学习特征的团队,其团队成员在密集互动和知识共享下发生合作,团队成员间熟悉彼此的知识、技能和经验,甚至冲突,并在不断的互动中实现个体成长和团队集体智慧的成长。这会促进团队对于合作模式的自我反思和优化调整,形成适合团队自身的最佳合作模式,开展良性互动,从而使得团队绩效可以达到大于个体绩效之和的效果。

专栏 2-3

团队学习和"盲人摸象"

《大般涅盘经》中记载了这么一个故事,一个国王让一群盲人去摸象,有摸象的身体的,有摸象脚的,有摸象尾的,有摸象头的……

国王问他们:"你们搞清楚大象的模样没有?"盲人们争着说:"我们都搞清楚了!"国王又问:"那么你们所知道的大象是怎样的呢?"

摸着象脚的说:"王啊!象好像漆桶一样。"

摸着象尾的说:"不,它像扫帚!"

摸着象腹的说:"像鼓呀!"

摸着象背的说:"你们都错了!它像一个高高的茶几才对!"

摸着象耳的盲人争着说:"像簸箕。"

摸着象头的说:"谁说像簸箕?它明明像一只笆斗呀!"

摸着象牙的盲人说:"王啊!象实在和角一样,尖尖的。"

其实每个盲人摸到的都是大象身体的一部分,每个人都根据自己的个人经验分别去定义大象,虽然每个盲人说得都有道理,都不是错误的;但是如果不能超越个体认知的局限性,其认知一定是片面和狭隘的。

从团队学习的角度来解读这则故事,如果把这群盲人看作一个团队,这些盲人有个共同目标,就是描述大象的模样。每个盲人的感知能力有限,他们只能用手去摸,只能感知大象的一部分,很难全面地了解大象。如果这些盲人中出现了团队学习行为,大家一起交流,分享信息,反思经验,他们就能够通过认知拼图的方式,完整地描述出大象的样子。

面对复杂的环境和瞬息万变的局势,我们每个人何尝不是"盲人"呢。只有依靠团队学习的力量,我们才能更好地了解环境,把握趋势。

三、团队学习的功能

团队学习的功能可以分为维持、合作、解决问题和创新四种,但并非所有的团队学习都同时具备这四种功能。

1. 维持功能:保持团队生命力

团队学习的维持功能,是指团队学习可以让团队维持自身存在,增强团队的生命力,避免团队的冲突。虽然团队有其生命周期,在完成团队任务后,团队会解散;但是有些团队生命力过于脆弱,在没有完成任务之前会意外夭折,成为失败的团队。

团队夭折有很多原因。有时是因为团队绩效持续不佳,成员对团队前途感到迷茫而纷纷离开;有时是因为团队冲突过于剧烈,成员之间有过多的宿怨,无法合作;有时是因为团队成员沉溺于例行性工作,觉得没有发展,没有进步。

关于团队学习与团队生命力的一些研究表明,团队学习能够提高团队成员的适应团队、自我管理和自我成长的能力,也能够为团队本身提供自我成长的平台,团队成员间源源不断地知识共享和碰撞往往使团队具有强大的生命力。例如,①的研究表明,团队学习能够调节团队互动和团队绩效之间的关系,团队

---

① Edmondson A. The local and variegated nature of learning in organizations: A group-level perspective [J]. *Organization Science*, 2002, 13(2): 128–146.

学习不仅能使团队成员间的互动频率提升,而且可以促进团队不断获取新的知识或采取新的行动,从而维护团队的自我成长与发展。研究表明,具备团队学习能力的团队,能够在工作方法和流程上有所创新,这有助于团队适应更复杂的环境,从而促进团队自身的发展和建设。

2. 合作功能:促进团队合作深化

团队学习的合作功能指团队学习能够促进团队成员间的合作,有效地改善合作模式,创建和谐的合作氛围,促进团队成员间的合作不断深化。具体表现在以下三个方面:①团队学习要求团队成员间的密集互动和知识共享,这有利于加强团队成员间的互动和交流;②团队学习形成了一个团队间的良好互动模式,团队成员能够在团队学习中得到成长,通过对团队学习结果的反馈,加强团队成员对互动和合作的期待;③团队学习提供了一个互动模式,团队学习本身就是团队合作深化的一种表现。

团队学习在促进团队成员间的互动与交流、沟通与合作、成长与发展中发挥了重要的作用,例如,Zellmer-Bruhn 和 Gibson[①]通过实证研究证明,团队通过对团队学习的重视,形成了团队成员间高效率的团队氛围,这为团队成员提供了有效合作的经验,对深化合作有重要的影响。

3. 解决问题功能:提升团队效能,服务组织目标

团队学习解决问题的功能即团队学习有助于团队目标任务的达成。作为科层制的有效补充,团队在组织中发挥了重要的作用。团队之所以能达成以上作用,在于团队具有两个重要的特征。①高度目标导向的密集互动,团队成员的个体目标与团队目标是高度一致的,团队成员紧紧围绕团队目标任务开展密集互动,从而有效地解决问题。团队学习对团队的目标导向和互动效果有更高水平的要求,在目标上,团队学习的目标紧紧围绕团队目标任务开展;在互动上,团队成员围绕目标需要开展知识共享,优化协作模式等。②高度协同下的团队认同。在团队学习中,团队成员处于知识共享的团队氛围中,通过团队成员的共同努力实现个体和团队的共同进步,是在高度协同的条件下实现团队知识系统化的加工。

团队学习解决问题的能力突出表现在对团队绩效的提升作用上,这在一些

---

① Zellmer-Bruhn M, Gibson C. Multinational organization context: Implications for team learning and performance[J]. *Academy of Management Journal*, 2006, 49(3): 501 – 518.

研究中得到了证实,如 Lynn 等人①的研究发现,团队通过开展团队学习,能够建立对于客户需求的认知流动机制,提升对客户需求的准确性判断,从而能够有效地开展新产品的研发,达到预期绩效。Jules②的研究也表明,团队中团队学习的增加更有利于团队绩效的提高,着重体现在团队成员对团队的满意度的提升方面。

4. 创新功能:新方法、新产品、新流程的创造

团队学习的创新功能表现在对新方法、新产品和新流程的创造上。在认知层面,如果把每个团队成员看作一个知识的抽象代表,那么团队学习就是团队内无数个知识结晶的碰撞。每个团队成员都有自己独特的知识、技能和经验,在团队学习的背景下,这些认识结晶得到了共享,并在团队成员的交流碰撞中升华,这些交流碰撞非常有利于新知识的产生,这就是创新。团队在认知层面的突破反映到团队行为层面,即团队新方法的开悟,新产品的诞生和新流程的实现。

团队学习的创新功能在一些研究中得到了反馈,如 Paulus 和 Yang③的研究发现,团队学习可以有效地调节团队成员的创意交换过程和创新绩效,即团队学习的水平越高,团队成员的创新交换和互动对创新绩效的效果就越明显。Wong④等人的研究发现,团队学习还可以进一步划分为内部团队学习和外部团队学习两类,研究结果表明,无论是内部团队学习还是外部团队学习都与团队绩效显著正相关,说明团队学习对团队工作效率和创新效率有积极的促进作用。

---

① Lynn G S, Skov R B, Abel K D. Practices that support team learning and their impact on speed to market and new product success[J]. *Journal of Product Innovation Management*, 1999, 16(5): 439-454.

② Jules C, Kolb D A. Diversity of member composition and team learning in organizations[J]. *The Sciences and Engineering*, 2007, 68(5-B), 3436.

③ Paulus P B, Yang H C. Idea generation in groups: A basis for creativity in organizations[J]. *Organizational Behavior & Human Decision Processes*, 2000, 82(1): 76-87.

④ WongS. Distal and local group learning: Performance trade-offs and Tensions[J]. *Organization Science*, 2004, 15(6): 645-656.

第二节 团队学习的影响因素和功能

在本书第一章中,我们借助 I-P-O 模型对影响团队的变量进行了梳理,学习型团队作为一种有效的团队,其团队学习也会受制于影响团队的各因素。在本章中,除了第一章的各因素外,我们将从个体、团队和组织三个层次重点对直接影响团队学习的因素进行梳理。

一、个体水平的影响因素

个体层面的影响因素主要源于对个体认知的探索。个体既有的认知结构对人的行为和当前事物的认知具有决定作用,形成个体认知的信念或心智模式所包含的认知因素有很多,它可以是存在于个体认知结构中的一个假设、一个偏见,或者一个想象。团队学习由团队的一系列学习行为组成,是由团队成员实现的,每一个团队成员的认知结构都会影响到团队学习的整个行为过程。

本书主要分析习惯性防卫、目标清晰度和成员异质性三个因素对个体水平的影响。

1. 习惯性防卫:团队学习的阻碍

习惯性防卫(habitual defence),指个体习惯性地采取防卫措施使自己免受伤害,一般表现为保护自己的真实想法不被公示以免感到窘迫或威胁。Argyris[①] 提出,杰出团队与平庸团队的区别就在于如何面对冲突和处理随之而来的防卫。他认为之所以会出现习惯性防卫,其根源在于对自己内在思维的恐惧,这种防卫不仅会使自己失去检验自己的机会,还会成为阻碍团队成员沟通的屏障,这对于团队学习来说是破坏性的。Senge 也指出,习惯性防卫在每个团队成员周围形成了一种抗拒性保护壳,它一方面保护我们免于遭受痛苦,一方面却又使我们陷入无知,无法直达内心得知痛苦的根源。

在团队学习中,习惯性防卫有以下三个特点:①习惯性防卫是一种稳定的心理机制,无论个体是否在团队中,它都一直存在;②不同的团队成员都会存在

---

① Argyris C, Schon D A. Theory in practice: Increasing professional effectiveness[J]. *Social Service Review*, 1989, 1(3): 292-293.

或多或少的习惯性防卫,其表现形式是一样的,即阻碍交流和暴露自己的真实想法;③习惯性防卫更多的是个体在长期的生活中由多种因素累积所致,良好的团队氛围会使这种习惯性防卫减弱。

在团队学习中,习惯性防卫一般有四种表现形式:①保护自己,不提自己没有把握的问题;②维护团结,不提可能导致团队分歧性的问题;③重视人情,不向团队其他成员提出质疑性的问题;④左右逢源,为了使更多的团队成员接受自己的提议,多发表折中性的意见。

由此可见,习惯性防卫对于团队学习是十分不利的,团队成员因为对自己真实想法的恐惧而通过习惯性防卫与团队内其他成员隔离开来,不利于团队内部的知识共享和有效沟通,最终会损害团队绩效。

专栏 2-4

课题例会中习惯性防卫的四种表现

课题例会是高校研究生培养的重要方式。例会中具有同一专业学科背景的师生组成了一个稳定性的团队,他们的目标是产出更多的科研成果,课题组成员的个人目标与团队目标具有高度一致性,团队成员存在长期的互动,例会频率一般是一周一次。在这种团队氛围下,团队学习很容易发生,但也会因为习惯性防卫产生一些不和谐的表现。

1. 违心附和,不真实地表达自己的怀疑。课题例会一般是由导师主持的,导师在学生心中具有权威性,当导师提出某种解决方法时,有些学生即使内心有疑虑或者相悖的想法,但害怕自己说得不对或不敢挑战老师的权威,往往选择违心地附和。这使得习惯性防卫削弱了本来可以贡献于共同愿景的团队能量。在陷入习惯性防卫的团队中,成员好像碰上了许多隐形的墙和陷阱,无法进行深度会谈与共同学习,不能正视组织的冲突和矛盾,不能充分认识冲突的破坏性,阻碍了成员共同成长,影响了团队共同愿景的实现。

2. 沉默不言,害怕暴露自己的真实想法。课题例会之所以容易发生团队学习,与团队成员在例会中往往能够进行充分的知识交流和共享密切相关。但一些习惯性防卫很强的同学,或者一些新成员往往比较沉默,不敢暴露自己的真实想法,唯恐遭受同学或者老师的质疑或否定。这样的想法是不正确的,它会使人失去检讨自己想法背后的思维是否正确的机会。他们由于惧怕暴露出真正想法或问题背后的思维模式(结构)而带来的威胁,常常在最深层的基本假设周围形成一层自设的保护壳,实行自我封闭,听不进别人的正确意见,也不能吸取其他人的好想法,无法以别人为镜反省自己,最后,对一切变得麻木,思维僵化。

3. 左右逢源,折中附和别人的想法。有些课题组为了做到充分交流,往往采取轮流发言的策略,确保每名成员都能表达自己的观点。但还是会有些同学紧密封锁自己的内心,当轮到自己发言或需要自己提出意见时,往往左右逢源,折中附和,唯恐得罪其他人。这种做法不仅使自己的真实水平难以表露给老师,给人留下圆滑的印象,更使得其他同学难以听到中肯的意见,最终损害团队学习。

4. 过度客气,致力于团队人情维护。课题组是一个特定的圈子,有些同学会特别注重团队这个圈子的人情维护。课题组会倡导科学的思维和大胆的批判。有些同学表现得却非常客气,将圆滑的处事方式用于课题组中。例会中交流不可避免地产生争论,不同学生就同一问题展开拉锯战本来是学术研讨中常见的事情,但总有一些同学为了维护团队的人情,欲言又止。这种团队成员事事谨慎,处处小心,唯恐得罪他人,大脑经常处于高度紧张状态,长此以往会耗费大量的精力,严重影响群体决策质量。

2. 目标清晰度

目标清晰度(Task goal clarity)指个体对工作目标清晰阐述和良好界定的程度[1]。目标设置理论指出,人们的行为由目标和意愿所驱动,不同水平的目标任务对人们的行为影响是不同的。拥有清晰目标的团队成员更容易完成工作任务,因为清晰的任务目标能够吸引团队成员的注意力,并促进其坚持完成任务[2]。

---

[1] Sawyer, John E. Goal and process clarity: Specification of multiple constructs of role ambiguity and a structural equation model of their antecedents and consequences[J]. *Journal of Applied Psychology*, 1992, 77(2): 130–142.

[2] Anderson N R, West M A. Measuring climate for work group innovation: Development and validation of the team climate inventory[J]. *Journal of Organizational Behavior*, 1998, 19(3): 235–258.

Sawyer[①]强调,个体不仅需要了解任务目标和完成方式,也需要了解个人目标与同事、团队和组织目标之间的关系。如果团队成员目标清晰度高,那么他们能更有效与其他成员沟通,将每个团队成员的任务与其他成员的任务相整合。这种有关任务目标的彼此了解可以促进团队成员对自我目标、团队目标及完成团队目标的共享认知。[②]

目标清晰度主要从难度和明确度两个维度进行区分。从难度上来说,如果目标设定得过低,不利于激发团队成员的积极性,设定得过高则会损害团队成员的努力;从明确度上来说,如果目标设定得太过模糊,则不利于集中团队成员执行任务。所以,目标明确、有难度却不至于太困难是比较理想的目标设定状态,在团队学习过程中,团队成员如果能够在实现目标的同时,对目标有承诺、具备自我反思和调整的能力、有高的自我效能感,以及知道如何实现目标,那么目标的激励效果最稳定。

目标设置理论在一些研究中得到了证实和发展。例如,有研究表明,清晰的目标对团队绩效有更好的促进作用,因为它能够使团队成员的注意力聚焦于明确的问题,并共同寻找实现目标的途径[③];团队学习行为并不是自发产生的,恰当的目标设置能够对团队成员产生激励作用,稍微有难度的目标能够对团队成员施加积极的压力,促使团队更好地进入团队学习过程。

3. 成员异质性

团队成员的异质性是指团队成员在个人特征上的差别,这些特征包括性别、年龄、种族、专业、工作经验、价值观理念等。团队异质性可以从关系取向和观察层次两个维度上对团队异质性进行区分,分为任务取向和关系取向的异质性,易观察特质和深层特质的异质性。[④]

① 任务取向的异质性反映的是在团队中与任务目标有关的特征,如知识、

[①] Sawyer, John E. Goal and process clarity: Specification of multiple constructs of role ambiguity and a structural equation model of their antecedents and consequences[J]. *Journal of Applied Psychology*, 1992, 77(2): 130-142.

[②] Hu J, Liden R C. Antecedents of team potency and team effectiveness: An examination of goal and process clarity and servant leadership[J]. *Journal of Applied Psychology*, 2011, 96(4): 851-862.

[③] Locke E A, Latham G P. Work motivation and satisfaction: Light at the End of the Tunnel[J]. *Psychological Science*, 1990, 1(4): 240-246.

[④] Jackson S E, Joshi A, Erhardt N L. Recent research on team and organizational Diversity: SWOT analysis and implications[J]. *Journal of Management*, 2003, 29(6): 801-830.

技能、能力、经验等；

② 关系取向的异质性反映的是团队中与关系取向有关的特征，主要包括人口统计学因素，如性别、年龄等，还包括一些人格特质，如宜人性等；

③ 易观察特质的异质性指团队成员中通过直接观察就可以得到的一些人格特质，如人口统计学因素，他们在某种程度上代表了个体的价值观；

④ 深层次特质的异质性指需要进一步分析才能了解的代表人格、态度和价值观的深层次差异。

成员异质性对团队学习的影响是双向的：一方面，由于信息、观点多样化，团队成员互动及综合认知能力更强，团队具备更强的创造力、更优的信息处理，以及更高质量的决策可能会提出高质量的解决方案，进而促进团队学习；另一方面，背景、观点的差异化又有可能妨害沟通与团队的整体和谐，导致较低的内聚力和相互理解水平，降低了团队成员的凝聚力和向心力，甚至导致冲突，从而损害团队学习。

鉴于成员异质性对团队学习的多方面影响，Gibson[①] 等人从团队成员人口统计特征方面的异质性探讨了成员异质性对团队学习的影响，他将团队细分为若干个子群，然后对子群间的同质性或异质性进行探讨，研究发现中等强度的子群强度最有利于团队学习，该观点在学界产生了广泛的影响力。一般而言，学习型团队成员的异质性以中等水平为宜，此时能够起到激发团队成员积极性和创造力的作用，过高的成员异质性容易在团队中形成团队成员断裂带，阻碍团队学习。

二、团队水平的影响因素

相对于个人层面和组织层面，人们对团队层面影响因素的研究较多，主要包括团队心理安全感、团队的领导风格、团队凝聚力、团队结构和团队学习取向等方面。

本书主要分析团队凝聚力、心理安全和团队规模三个因素对团队水平的影响。

1. 团队凝聚力

凝聚力的概念可追溯到格式塔学派代表人物勒温（Kurt Lewin）关于团队动

---

① Gibson C, Vermeulen F. A healthy divide: Subgroups as a stimulus for team learning behavior[J]. *Administrative Science Quarterly*, 2003, 48(2): 202-239.

力学的研究,用于表述团队的形成和维持过程中团队成员知觉自身与所在团队的关系,美国社会心理学家费斯汀格(Leon Festinger)将其完善为"作用于团队成员使其留在团队内部的各种因素的合力"。随着团队凝聚力研究的不断深化,其概念出现了分化:Carron(1982)强调团队凝聚力的过程性,将其界定为团队成员为了完成团队目标任务,而紧密团结在一起的动态过程;Forsyth(1983)则关注团队成员心理层面的认知,指出团队凝聚力是成员在团队中彼此关系维系的认同感,是对共同目标和价值的整合性信念及尽力帮助团队的意愿;Michalisin(2004)从更广泛的层面提出了自己的理解,团队凝聚力可以被认为是所有个人的、社会的和情境作用力作用在团队上的结果,这些作用力将团队绑牢在一起,加强了成员留在团队的吸引力。

团队凝聚力有高、低之分,高凝聚力的团队突出表现在分工明确、责任共担、知识共享、气氛融洽等方面,对团队学习有积极的促进作用;低凝聚力的团队表现出分工模糊、责任分担、团队成员彼此孤立、团队气氛不佳等,这对团队学习有阻碍作用。[①]

团队凝聚力表达了团队成员对团队内工作的感知,并通过具体的形式表现出来,当这种感知反馈为积极时,就会表现出高凝聚力的团队行为。有学者研究表明,高水平的团队凝聚力会激励员工表现出积极行为,团队成员间的交换关系也表现得比较良好,从而能够促使团队成员表现出积极的团队行为,其中就有对团队学习的激发。也有研究表明,高凝聚力的团队能够为团队成员带来积极的归属感,从而有利于良好的团队氛围的塑造,促进团队成员间的相互接纳和彼此信任,最终有利于团队学习。[②]

2. 心理安全

团队成员的心理安全指团队成员面临自己所处的环境时,所表现出的一种对自己风险的感知。Schein 和 Bennis 最早对心理安全进行了研究,他们首先在组织变革理论中对心理安全进行探讨,认为只有在团队成员感知到自己是安全的时才会进行具有创造力的变革行为,创建安全的团队氛围和工作环境,能够使团队成员克服自我防御和焦虑,促进团队效能的提升。Edrnondson(1999)在

---

① Carless S A, Paola C D. The measurement of cohesion in work teams[J]. *Small Group Research*, 2000, 31(1):71-88.
② Chase M A, Lirgg C D, Feltz D L. Do coaches' efficacy expectations for their teams predict team performance?[J]. *Sport Psychologist*, 2010:8-23.

一项关于团队歇息的模型研究中正式提出了团队学习背景下的心理安全感,他认为团队心理安全即指团队成员所共有的关于团队的信条,相信在团队中承担风险是安全的。

在团队心理安全与团队学习的相关研究中,有研究表明,在高绩效的团队中,团队成员的心理安全较高,不惧怕表达自己的想法和观点,愿意承担风险,促进团队学习。Edmondson(2004)的研究表明,心理安全对团队成员的行为表现具有重要的影响,团队成员感知到安全的氛围有利于产生积极的学习和创新行为。Edmondson 的研究很好地支持了心理安全感在团队学习中的作用,在后续的研究中他明确了心理安全的概念,即指团队成员所感知的人际风险所带来的结果,随后个体会对这种感知进行判断和预测,当这种判断倾向于安全的认识时,心理安全感就会变高。

心理安全所表达的是一种团队氛围,在这种氛围中,团队成员能够感到一种安全感,不会为自己言行的不当而产生过多的焦虑。表现在团队学习中,团队成员都能够坦诚地表达自己的想法而不必在意他人的负面评价,其他团队成员也能够坦诚地听取和反思他人给出的意见,团队成员都愿意与他人共享自己的知识、经验和技能,整个团队在这种安全的氛围下一起学习,共同进步,这对于团队绩效和团队生命力有重要的作用。

3. 团队规模

团队规模指团队的人员数量、团队规模的大小对团队成员的个人表现和团队学习有重要的影响。这种影响具有双面性,团队规模控制得当可以有效地激励团队成员,促进团队学习,反之,则会产生负面影响。[1]

团队规模一直以来都广受研究者关注,如 Campion[2] 等总结了若干影响团队有效性的因素,发现团队规模是重要变量之一,对团队互动、团队学习、团队氛围、团队绩效等都有重要的影响。Pearce[3] 等通过对团队规模的进一步研究发现,如果团队规模过大,就会使团队成员的满意感降低、参与度下降,团队协

---

[1] 刘惠琴. 团队异质性、规模、阶段与类型对学科团队创新绩效的影响研究[J]. 清华大学教育研究, 2008, 29(4): 83-90.

[2] Campion M A, Medsker G L. Relations between work team characteristics and effectiveness: A replication and extension[J]. *Personnel Psychology*, 1996, 49: 429-452.

[3] Pearce, Craig L, Herbik, Pamela A. Citizenship behavior at the team level of analysis: The effects of team leadership, team commitment, perceived team support, and team size[J]. *The Journal of Social Psychology*, 2004, 144(3): 293-310.

作难以开展,对团队绩效也有负面作用。

然而,Magjuka[①]等人的研究却发现,较大规模的团队有利于团队成员从多样化的视角对问题进行探讨。每个团队成员都有自己独特的社会网络,这就为团队提供了更多的人力资源,因此,规模较大的团队更利于产生新的思想,团队学习产生的效果也就越好,对团队创新有促进作用。

Lindsley[②]的研究表明,团队规模对团队绩效的影响呈倒"U"型,团队规模过大或者过小对团队本身都是不利的,适中的团队规模最有利于团队学习的开展和团队绩效的提高,不同类型的团队对团队规模的适中性要求是不同的,不能一概而论。

三、组织水平的影响因素

组织层面的团队学习影响因素研究相对不足,既有的研究主要体现于企业文化和组织管理者对团队学习带来的影响,有组织环境、组织结构、组织中的人员轮岗、培训、授权、绩效管理、知识管理系统、各项管理体系的规范化和系统化等各个方面。

本书主要分析组织授权、知识管理系统和组织环境三个因素对组织水平的影响。

1. 组织授权

Senge 在《第五项修炼——学习型组织的艺术与实务》(*The Fifth Discipline: The Art and Practice of the Learning Organization*)一书中指出了组织中关于控制的错觉:传统组织中,除了金钱、名声外,驱动决策者的是权力,是想将一切都置于控制之下的欲望,大多数决策者什么都可以放弃,就是不能放弃控制。这种组织控制常常给决策者一种错觉:一切皆在掌控之中。然而,处在金字塔顶端的决策者,或许能够控制组织,却未必能达成组织的目标。在这个时候,放弃那种"一切皆在控制之中"的欲望就变得十分必要。

组织授权指在组织内部共享权力,或将权力委派给下属,以及组织成员对

[①] Magjuka R J, Baldwin T. Team-based employee involvement programs: Effects of design and administration[J]. *Personnel Psychology*, 2010, 44(4): 793–812.

[②] Lindsley D H, Brass D J, Thomas J B. Efficacy-performance spirals: A multilevel perspective[J]. *Academy of Management Review*, 1995, 20(3): 645–678.

该过程的感知[①]。对于组织授权,可以从个人、团队和组织三个层面阐释,分别关注个人对权力的感知及行为变化;团队内部权力的转移及对团队创造力的影响;组织中权力下放的结果及影响因素。然而,无论哪个层面,采取权力下放的组织都可能面临两个困境。①组织运行的方向偏离目标;②组织内部由于权力控制而产生冲突。此时共同愿景就变得十分重要,而这正是团队学习的主要特征,可以说,团队学习既是组织生存之必要,也以组织授权作为基础。组织授权是组织面临复杂多变的环境的必要选择,而团队学习则是组织修炼的必备技能,如此才能达到"没有人在控制,并不意味着没有控制发生"。

目前关于组织授权的研究尚未形成系统,总体上学者们对组织授权持积极态度,并进行了相关的实证研究。例如,Hayek(2010)提出一个组织的效率取决于决策权威和对于决策很重要的知识之间的配置关系,因此,他认为应该给知识型员工授权。Kirkman和Rosen[②]则认为组织授权代表更多的是一种激励行为,它能够激发成员的任务动机,更多的授权能够激发他们更为积极地完成和评价组织任务。Burpitt和Bigoness[③]的研究表明,采取组织授权的组织更具备创新性。Wageman[④]的研究也支持了以上观点,认为具有组织授权的组织相比较于普通组织有更好的自我管理和团队学习水平,有利于实现更高水平的绩效。

2. 知识管理系统

从泰罗的科学管理开始,组织管理沿一般管理、行政组织管理、行为管理、目标管理、权变管理的轨迹发展。随着知识经济时代的到来,信息化、网络化、科技化、全球化的趋势使组织环境发生了根本的变化。人们认识到,技术、知识和智力日渐取代了物质资产的主导地位,成为衡量组织竞争力的主要因素,知识的管理在组织管理的地位凸显。

"知识管理"最早源自美国经济学家加尔布雷斯(John Kenneth Galbraith)于

---

① Lee M, Koh J. Is empowerment really a new concept? [J]. *International Journal of Human Resource Management*, 2001, 12(4): 684-695.

② Kirkman B L, Rosen B. Beyond self-management: Antecedents and consequences of team empowerment[J]. *Academy of Management Journal*, 1999, 42(1): 58-74.

③ Burpitt W J, Bigoness W J. Leadership and innovation among teams: The impact of empowerment[J]. *Small Group Research*, 1997, 28(3): 414-423.

④ Wageman R. How leaders foster self-managing team effectiveness: Design choices versus hands-on coaching[J]. *Organization Science*, 2001, 12(5): 559-577.

1969年提出的"智力资本"一词,他指出智力资本并非仅是一种静态资产,还是一种通过知识活动去达到目的的动态过程。从广义上理解知识管理是与知识相关的所有管理思想和管理方法的统称,从狭义上理解,知识管理是对知识和知识运用的管理。本书采取Vonkrogh[①]的定义,即知识管理是指识别和协调团队中的集体知识,并将其转变为团队的竞争力水平。

关于知识管理系统,Hackbarth[②]的研究表明,知识管理的目的在于增加团队的创新和反应能力。Davenport和Prusak(1998)通过对知识管理系统的研究发现,知识管理系统具有以下三个目标:①确定知识在团队学习中的地位,通过知识管理系统的相关研究方法,比如知识地图和超文本工具等,可以将抽象的知识可视化地展现给团队成员;②发展知识密集型文化,知识管理系统鼓励团队成员对自己拥有的知识、技能和经验进行分享,并鼓励团队成员主动探寻知识和向团队其他成员学习,这有利于团队学习氛围的塑造;③构建知识的基本架构,知识管理系统在对知识进行管理的同时,促进了团队内部人际关系网络的形成,并以这种人际关系网络为基础构建了知识管理系统的基本架构。

知识管理系统的实质是将团队看作一个知识的集合体,将团队成员抽象为知识的抽象代表,这反映了团队研究的经济学思路。通过知识管理系统,团队互动过程的知识得到了梳理、保存和发展。不同团队的内部人员特征、任务分工和团队结构等都有不同,在知识管理系统上则会表现出差异,那些系统化程度高的团队就具备了团队竞争的优势。一些学者认为,以知识为基础的竞争优势,是一个团队长久发展并保持竞争力的关键。[③]

3. 组织环境

团队学习与团队所处环境有关,无论是复杂多变的外部环境,还是风格多样的组织环境,都会直接或间接地影响组织绩效。组织管理的艺术就是将内部平衡和外部适应和谐地综合在一起,团队学习则是组织能够使用的最佳利器。

组织外部环境最显著的特点就是不确定性,包括国家政策、市场变化、科学技术、资源、服务等所带来的变化,这些是影响组织绩效的不确定性源。组织外

---

① Vonkrogh G, Vonkrogh G. Care in knowledge creation[J]. *California Management Review*, 1998, 40(3): 133-153.
② Hackbarth G. The impact of organizational memory on IT systems[J]. *Americas Conference on Information Systems*. 1998(August), 588-590.
③ 蒋蓉华,周永生,李自如. 团队合作与创新激励分析[J]. 系统工程, 2003, 21(5): 38-42.

部环境的不确定性,对组织内的信息获取和更新提出了挑战,组织管理者必须识别机会、察觉和解释问题,并且应对战略和结构的适应。① 因为环境是巨大和复杂的,管理者是有限理性的,他们很难全面了解环境,所以必须将识别和察觉环境不确定性的任务下放给组织内其他成员或团队。Burns 和 Stalker(1994)提出,当环境变化率高,技术与市场的变化不断给组织带来新问题和新机遇时,应采用开放灵活的团队形式,通过团队学习提升组织的适应能力。

而组织的内部环境则是各具特色的,包括组织结构、管理者的品行与作风、管理控制方法、管理者的财会理念、企业文化、人事政策与管理等这些都会对其产生影响。② 相关研究表明,组织内部环境能够激发或阻碍团队成员的学习行为,影响他们进行团队学习的意愿和能力,支持性的组织环境给团队提供了较大的自由空间,给予团队进行自我改良和发展的机会,有利于团队学习的发生和发展。③

---

① Hambrick D C. Environmental scanning and organizational strategy [J]. *Strategic Management Journal*, 1982, 3(2): 159-174.
② 李瑞生,季莉. 企业内部控制的内部环境分析与优化[J]. 会计之友, 2004, 06: 19-20.
③ 张震,马力,马文静. 组织气氛与员工参与的关系[J]. 心理学报, 2002, 34(3): 312-318.

第三章 互动视角下的团队学习

团队的特性在于成员间有相互作用,团队效能很大程度上取决于团队成员间的互动过程。自20世纪60年代"输入—过程—输出"模型(即I-P-O模型,见本书第一章)提出后,大量研究从"输入"和"输出"两个环节探索了制约团队过程和团队效能的诸多变量,团队过程本身的研究相对较少。团队过程作为连接"输入"和"输出"的中间环节,包含两者转变中的所有活动,实则就是团队成员间相互作用的过程。

在团队学习中,互动一直是团队学习的核心过程。从互动视角来看,团队学习有三个特征:个人目标与团队目标相一致的目标特征,是为了给团队互动提供方向和前提,使团队学习不致混乱;团队绩效大于个体绩效之和的结果特征,则是团队互动后水到渠成的结果;团队内部知识信息共享的互动特征才是团队学习的核心所在。可以说,团队学习过程就是紧紧围绕互动展开的,是良性的团队互动。

团队互动的研究对于团队学习十分重要,却恰恰是该领域的"短板",原因在于团队互动过程极其复杂,人际、动机、管理、任务等因素杂融在一起,又受到个体和组织层面的制约,不同学者的研究之间往往存在冲突和争议。

本章综合不同学者的最新研究成果,通过质的研究(访谈法)和量的研究(问卷法)两种方式分别对大学生社团的团队互动过程进行了探讨,希望能够对读者有所启发。

第一节 大学生社团与团队互动

随着团队在不同组织中的出色表现,各组织在各类职位招聘时都表达了对团队型人才的需求,如表3-1所示。

表3-1 不同组织各岗位的招聘要求

企事业组织	招聘岗位	岗位要求之一
华为技术有限公司	硬件技术工程师	富有团队协作精神,敢于承担责任,敢于挑战困难,能承受压力。
腾讯科技有限公司	UI设计师	具有团队合作精神,态度严谨,爱学习新事物,具备创新欲望和责任感。
苏州工业园区管委会	不定岗	有开放思维和创新能力,有较强的语言表达能力和文字功底,具备较好的沟通技巧、服务意识和团队合作能力。
国家电网公司东北分部	不定岗	具备良好的团队意识和沟通协作能力。
北京大学	党政人事岗位	爱岗敬业、甘于奉献,有较强的责任心和服务意识,有较强的组织协调能力和团队协作精神,具有亲和力。

注:以上招聘信息均来源于各组织官方网站。

以上企事业组织的招聘启事对于"团队"的重视可见一斑。然而,我们在与用人单位的沟通过程中常常得到这样的反馈信息:大多数毕业生的专业知识和技能是合格的,但是在敬业精神和团队协作能力方面,往往表现得不尽如人意,大学生没有团队精神,各自为战,如一盘散沙。企事业组织需要团队型人才,或者至少需要有团队协作能力和意识的毕业生,而我们的高校没有专门培养团队精神和能力的课程体系建设。

对于大学生群体而言,学业成绩评价是一种带有个体间竞争导向的测评体系,发生在课堂上的临时学习小组,零散而不成体系,很难上升到团队的层次。而校园中存在的大量的学生社团,是由志趣相投的学生自发组建的密集互动的小型团体,成员间通过长期互动建立规则和信任,这些社团正是团队型人才成长的沃土。

一、社团:大学中的学生团队

以往的团队研究中,有些是以人工团队为研究对象的。人工团队是指研究者将临时征召被试分组后,为完成某种实验任务将其组建成的团队。人工团队可以控制成员的人口学特征,取样方便,成本低。但是这类团队是实验者临时征召、现场组建的,成员之间彼此不够了解,缺乏互动,没有形成团体认同。

很难说人工团队是真正意义上的团队,其成员的互动只是为了完成任务或者达成初步的彼此熟悉,层次浅,时间短,不能反映真实情境中团队互动的状况。而大学生社团是自发产生的真实团队,其互动内容丰富,互动持续长,互动时间相对集中,互动过程易于观察。因此,大学生社团是适合研究团队互动过程的样本。

每年的新生开学季,各种大学生社团的招新海报遍布校园。为了吸引新生加盟,各个社团使出十八般武艺,网络造势、成果展览、现场宣讲……好不热闹,号称"百团大战"。学校主干道旁、寝室楼下、教室走廊等地都活跃着社团成员的身影,充满了青春的活力,成为校园中一道亮丽的风景。

在这些招新活动中,大学生也借助社团的力量充分发挥团队精神。在制订招新计划时,成员们出谋划策,想方设法地让自己的社团变得更加吸引人。在招新过程中,成员们在各自的朋友圈竞相转发招新信息,在学校的各个角落散发招新传单,组成绘画小队共同绘制海报,在现场齐声大喊社团宣传口号……大家都是为了一个目标,给自己的团队注入新的血液,让它得以延续下去。

表 3-2　部分高校学生社团汇总

	学校	社团数量(个)	社团类别(个)
1	北京大学	269	8
2	清华大学	254	6
3	浙江大学	160	5
4	复旦大学	260	18
5	武汉大学	294	4
6	南京大学	127	4
7	苏州大学	325	7
8	西安交通大学	126	6
9	中南大学	142	6
10	厦门大学	107	4

注:以上数据均来源于各高校官方网站,截至 2019 年 7 月 1 日。

事实上,各高校的学生社团数量何止"百团"之众?社团活动已经名副其实地成了学生成长成才的"第二课堂",例如,清华大学现有在册学生社团254家,分为文化、艺术、体育、科创、公益和素质拓展六大类别,会员总数超过3.3万人次,平均每名本科生在校期间加入2.6个社团。

为何社团会有如此大的魔力,让看似一盘散沙的大学生凝聚在一起?

1. 大学生社团的起源与发展

世界上最早的学生社团起源于中世纪的欧洲,即意大利的博洛尼亚大学(University of Bologna)。始建立于1088年的博洛尼亚大学是"学生的大学",它有点类似于"大学生社团"的集合体。由于来这所大学求学的学生得不到世俗政权的法律保护,大学生依照自己的国籍自发组成了"民族团"来维护各自共同的利益。当时的学生可以自发选择求学地点,而向大学提供服务又是当地居民维持生计的主要方式。这让学生们发现了自身的价值,学生们通过"民族团"这个共同体来择地就学,向当地教会和世俗权力这类管理层施压,使得他们不得不对学生的权利给予支持和承认,最终通过法律条文的形式赋予了学生关于住房、食物价格等方面的特权。这种社团的模式迅速地传播到了萨拉曼卡等西班牙国内的大学,并逐渐向外扩散,促进了其他各国学生社团的诞生。①

尽管大学生社团发源地在欧洲,但真正推动社团走向现代化的则是美国。1770年,美国波士顿的哈佛学院见证了现代意义上第一所高校学生社团的诞生——"演说俱乐部"。随后,美国各大高校的学生社团纷纷出现;如1775年维吉尼亚州的威廉与玛丽学院出现的"兄弟会",1794年哈佛大学出现的"食猪社",以及1832年耶鲁大学成立的"骷髅会"等。当时大学生社团的主要活动更多以争取自身利益为主,功能单一,影响面小,学生社团的发展也因此陷入了短暂的停滞。

大学生社团发展上的停滞期持续到美国南北战争结束后。在经历战争的洗礼后,美国的精英阶层渐渐意识到提升公民素质的重要性,意识到大学生社团在提升公民素质中的重要作用,于是开始鼓励大学生社团的创立和发展。此后,大学生社团日益壮大,为大学生参与学校事务提供了平台。有些大学生社团在学校事务上有很大的发言权,甚至可以与学校的行政管理组织和教职工工会比肩,三种力量在大学里呈现"三足鼎立"的态势。

---

① 吕春辉. 西方大学学生社团的发展变迁及启示[J]. 现代教育科学, 2009(1): 12-17.

20世纪60年代的中晚期,受冷战及越南战争影响,学生运动在西方的各个国家中爆发。在这些学生运动中,大学生社团扮演了举足轻重的角色。比如,美国的SNCC(Student Nonviolent Coordinating Committee,学生非暴力协调委员会)揭开了以黑人学生为主体的学生运动序幕,美国SDS(Students for Democratic Society,学生争取民主协会)领导了大学生反对越战运动等。学生社团在罢课、占领学校、示威游行、联系工人罢工的活动中发挥着领导者的作用。在学生运动中,大学生社团组织社会运动、参与政治活动的功能也愈加突出。

专栏3-1

我国的大学生社团——在救亡图存的斗争中破土而出

我国高校学生崇尚组织社团有悠久的历史渊源。从先秦时期的"诸子百家"广收门徒、互相诘辩开始,到宋明时期的书院兴盛,我国知识分子一直有交朋结友、集会联盟的传统。他们或著书立言,或针砭时弊,或干预朝政,都是以团体的形式活动的。所以梁启超在《论学会》中说:"学会起于西乎?曰:非也,中国二千年之成法也。《易》曰:'君子以朋友讲习。'《论语》曰:'有朋自远方来。'又曰:'君子以文会友。'又曰:'百工居肆以成其事,君子居学以致其道。'……先圣之道,所以不绝于地,而中国种类,不至夷于蛮越,曰惟学会之故。"

我国现代意义上的大学生社团,是在清朝末年出现的。当时,国家内忧外患,战火不断。20世纪初,沙俄入侵我国东北三省,烧杀掳掠,激发了东北人民极大的反抗意志。一些大学生纷纷自发成立社团进行抗争,例如师范馆的学生丁开嶂、朱锡麟,译学馆的学生张榕和留学生邹容分别创立了抗俄铁血会、东亚义勇队、关东保卫军和中国学生同盟会;另一些学生则积极加入中国教育会组织的义勇队来抵抗沙俄侵略,甚至进行了武装斗争。

到了五四时期,军阀混战,政局动荡,政客们无心顾及教育,这为大学生社团的发展营造了较为宽松的政治环境;新文化运动提倡民主和科学精神,反对专制和迷信,促进了民众的解放思想的传播,这为大学生社团的发展营造了有利的思想基础。以当时的北京大学为例,校长蔡元培深刻意识到大学生社团是革命战斗的坚实阵地,积极主张通过社团来宣传革命思想,提倡改良封建教育。

因此,在这一时期,大学生社团飞速发展,欣欣向荣。例如,学生救国会和新潮社。学生救国会是由北京大学和其他大学的学生联合组建起来以反对《中日共同防敌军事协定》;新潮社的成立则是为了大力推动"伦理革命",通过出版《新潮》杂志,抨击中国封建伦理道德,反对三纲五常,提倡个性解放。这些大学生社团积极参与革命活动,推动了五四爱国运动的发展,促进了马克思主义在中国的传播。

与西方的大学生社团相比,中国的大学生社团更有社会责任感,更多地参与政治。他们成为新思想与新观念的传播者,新方法与新制度的践行者,启发民智,除旧布新,为推动中国的历史向前发展做出了巨大贡献。

2. 社团的定义和特征

从字面意思上看,大学生社团是社团的一个普通子类,因其成员由大学生组成。这样理解是存在偏差的,由于大学生群体的独特性,大学生社团有独特的互动方式。

(1) 社团的定义

社团是"社会团体"的简称,是指按一定社会关系而结成的集体。

在《社会科学大辞典》中,社团是指人民为了追求某种或多种目的而组成的一个团体,譬如公会、商会、社会学会之类。

《简明政治学词典》指出,社团是指经过法律手续成立的集体,从事经济活动或社会公共事务的社会组织,成立社团必须建立组织、制定规章、确定机关进行登记、依法申请许可。

我国2016年修订的《社会团体登记管理条例》第一章第二条指出:"社会团体,是指中国公民自愿组成,为实现会员共同意愿,按照其章程开展活动的非营利性社会组织。"

学术界对社团的界定相对而言更为具体且专业,不同学者因视角不同而存在阐释差异,按照其关注重点来划分,大致可分为互益说、特殊目的说和公益说三类。

互益说强调社团成员彼此都能从社团活动中获益。美国社会学家Blau[①]将社会组织分成经营型、互益型、社会服务型、公共服务型四种类型。其中,互

[①] Blau P M, Duncan O D. The American occupational structure[J]. *American Journal of Sociology*, 1967, 33(2): 296.

益型组织主要指工会或兴趣团体,即社团。王颖等[1]认为社团就是一些共同特征相似的人相聚而成的互益组织,成员在社团活动中相互受益。

特殊目的说认为社团是成员为了共同的特殊目的而自愿组织起来的。这种特殊目的是满足除生存之外的多种复杂的高级需要,例如拓展人际关系,获得成就感,提高自尊水平等。英国社会学家 MacIver 认为社团是为了达到一定的特殊目的并发挥作用而人为组织起来的,其成员只是部分具有共同意识而已。

公益说关注社团对公共利益的追求。如岳颂东[2]认为社团是以促进社会发展和进步为宗旨,按照一定章程,经过法定程序组织起来,从事社会公益活动的社会组织。

(2) 社团的特征

关于社团的特征,学者们表述不一。本书归纳总结如表 3-3 所示。

表 3-3　社团的特征

观点	具体表述	提出者
二特征	官民两重性	王颖等[3]
三特征	非营利性、非政府性、自愿性	王名[4]
四特征	非营利性、自主性、自愿性、公益性	萨拉蒙[5]
五特征	组织性、私有性、非营利性、自治性、自愿性	孙伟林[6]
六特征	正规性、私立性、非利润分配性、自我治理性、自愿性、公共利益性	李亚平、于海[7]
七特征	组织性、自愿性、合法性、平等性、非营利性、互益性、代表性	徐家良[8]

---

[1] 王颖. 社会中间层:改革与中国的社团组织[M]. 北京:中国发展出版社,1993.
[2] 岳颂东. 市场经济条件下的社团组织[J]. 北京:中国青年科技,1999(3):60–62.
[3] 王颖,折晓叶,孙炳耀. 社会中间层:改革与中国的社团组织[J]. 北京:中国发展出版社,1993:336.
[4] 王名. 非营利组织管理概论[M]. 北京:中国人民大学出版社,2002.
[5] [美]萨拉蒙,贾西津,魏云等. 全球公民社会:非营利部门视界[M]. 北京:社会科学文献出版社,2002.
[6] 孙伟林. 社会组织管理[M]. 北京:中国社会出版社,2009.
[7] 李亚平,于海编选. 第三域的兴起:西方志愿工作及志愿组织理论文选[M]. 上海:复旦大学出版社,1998.
[8] 徐家良. 社会团体导论[M]. 北京:中国社会出版社,2011.

虽然表述各不相同，观点也存在差异，但是学术界基本认同"非营利性"和"自愿性"是社团的基本特征。

非营利性，即社团成立不以谋求利润为目的。社团在运作过程中获得的收益，不能用于成员间的分红或以任何形式转为私人财产，只能作为社团活动和日常维护的资金。《社会团体登记管理条例》中明确规定："社会团体不得从事营利性经营活动。"

自愿性是指公民出于个人需要而自发组建或加入社团、参与社团活动、向社团提供服务。个人的力量是有限的，一些需要单凭个人的力量难以得到满足。因此，个人自愿选择组建或加入社团，通过集体的力量来实现自己的愿望。

3. 大学生社团的独特性

与普通社团一样，大学生社团也具有非营利性和自愿性，但又表现出以下特征。

（1）大学生社团不具备独立法人资格

按照《社会团体登记管理条例》和民政部颁发的社团申报管理办法的规定，社会团体应具备法人条件，在经其业务主管单位审查批准后，由发起人向登记管理机关申请登记。但条例同时指出了以下三类团体不属于其规定登记的范围：

①参加中国人民政治协商会议的人民团体；

②由国务院机构编制管理机关核定，并经国务院批准免于登记的团体；

③机关、团体、企业事业单位内部经本单位批准成立、在本单位内部活动的团体。

《中华人民共和国高等教育法》第五十七条规定："高等学校的学生，可以在校内组织学生团体。学生团体在法律、法规规定的范围内动，服从学校的领导和管理。"大学生社团是属于"机关、团体、企事业单位内部经本单位批准成立，在本单位内部活动的团体"。

因此，大学生社团不是独立的法人组织，也不是国家法定意义上的社团。

（2）大学生社团具有很大的自主性

在《社会团体登记管理条例》中，首先，对社团会员人数、财产数额、发起人等条件做了严格限制。例如，要求社团内应有 50 个以上的个人会员或者 30 个以上的单位会员；地方性的社团和跨行政区域的社团有 3 万元以上活动资金等。其次，有相当一部分社团是由政府机构依照社会需要而建立，或是由政府职能部门转变而来。这些官办或半官办性质社团在管理体制上借鉴了政府机构的管理模式,自上而下,严格管理。

相对而言,大学生社团成立的标准较为宽松。只要不违反国家的法律,遵守学校的规章制度,经过学校社联和团委的批准后,一个正式的大学生社团就能成立。大学生社团的管理部门是学校团委,但学校团委对社团有充分的授权,社团在其内部的事务上有很大的自主性,具体表现在以下三个方面:

第一,大学生社团的内部管理、活动设计和具体发展方向一般均由社团的学生自主决定,学校和指导老师一般只做宏观的原则性指导,很少对其内部事务进行过度干预。

第二,学生既是社团的主人,又是社团的服务对象,学生的立场、利益和意愿,会自然地成为社团的立场、利益和意愿,社团成员和社团本身存在高度的一致性。

第三,大学生社团活动在形式上灵活多样,时间上可自由调整,参与人数也没有固定标准。团队成员间往往能集思广益,通过层出不穷的创意,举行丰富多彩的活动。

(3) 大学生社团的目的在于学生的自我发展

就参加大学生社团的成员而言,其参与社团的初衷基本上都是为了更好地发展自己在某些方面的兴趣、爱好和特长,增强自己的能力和社交范围。由于学生社团成员在年龄、态度、价值观等方面具有高度的一致性,社团内部很容易通过集会产生"共同语言",并逐渐地明晰社团的共同愿景,也很容易调动社团成员活动参与的积极性。

大学生社团还为其成员提供了交往的功能。作为世界观、人生观、价值观还未完全形成的青年学生,在交往上有强烈的主动性,国内的高校也往往为学生提供了交流互动的宽松氛围。在大学校园中,大学生的交往已经不限于班级、专业、学院,乃至于学校的限制,交往的需要迫切要求他们跳出已有的群体,寻找新的交往对象,而学生社团恰恰为学生提供了满足交往需要的新途径和新形式。

无论是出于兴趣、能力抑或交往的需要,通过大学生社团的活动,社团最终促进了大学生各方面的自我发展。兴趣的发展有利于大学生个性的培养;能力的提升增加了大学生竞争的筹码;社交的满足促进了大学生心理健康的完善;社团的互动则增加了大学生团队协作的本领。

专栏 3-2

清华大学的百年社团发展史

一、建校初期(1912—1938):萌芽初绽

1912年起,清华大学成立青年会、体育协会、唱歌队,标志着清华大学学生社团时代的正式开启。随后,"唯真学会""小说研究社""清华文学社"等社团先后成立。

20世纪20年代后,清华大学先后出现了一批学生艺术社团,如菊社、铜乐队、新剧社、剧艺社、歌咏队等。他们高举爱国主义旗帜,在抗日战争时期成为团结同学抗日救亡的一支骨干力量。

早至20世纪二三十年代,清华大学学生社团的数量就已经达到几十家,不仅留下了创办者叶企孙、闻一多、梁实秋等前辈的足迹,更展现了民国时期大学生全面发展、追求卓越的精神风貌。

二、西南联大时期(1938—1946):雨后春笋

1938年4月,清华大学、北京大学、南开大学从长沙西迁至昆明,改称国立西南联合大学。学生进步社团如雨后春笋相继建立。联大话剧团、新诗社、冬青文艺社、南湖诗社等学生文艺社团在这里诞生并创造了辉煌。

1938年年底成立的"群社"为西南联大前期影响最大的学生团体之一,下设学术、时事、康乐、文艺、壁报、服务等群体,组织学术讲座、时事座谈会、球赛、文艺讲座,社员逐渐发展到200多人。

三、解放战争时期(1946—1949):精神勃发

抗日战争胜利后,清华大学复员到北京,以原西南联大"高声唱歌咏队"和原北平合唱团为基础,成立"大家唱"歌咏队,经常参加活动的有100多人。

1947年6月1日,在沙滩北大举行"民主广场"命名典礼时,"大家唱"歌咏队高唱《民主进行曲》等歌曲进入会场,赢得满场欢呼。

"学校里的社团一天比一天多,体育会、壁报社、团契、读书会等纷纷成立,大家在社团里过着如家人聚的生活,一块学习,一块玩,一块工作。从团体生活中大家不但得到了精神的慰藉、健康的生活、正当的工作,而且在学习上求得了长足的进步;这个可以从民主墙上的许多壁报得到证明:壁报上披露出他们

的工作报告、读书笔记、生活检讨,以及对时局的研讨。"(摘自某学生对于复员之初社团生活的讲述)

四、新中国成立(1949—1966):恢复发展

清华园解放后,学生社团、协会工作继续开展。1951年年底,成立军乐团、民舞社、聚娱社、合唱班等文艺团体,由文娱部统一管理。

1953年,整顿和扩大了学生文艺与体育社团,组织了歌咏、舞蹈、民乐、管弦乐、男女篮球、男女体操等十多个文体社团,使参加社团的人数逐步增加。学校安排了社团活动时间,社团开始有计划地活动。1954年10月,成立社团之家,社团的水平不断提高。

1958年成立学生文工团,以后改名学生文艺社团。学生文工团包括军乐、民乐、合唱、话剧、舞蹈、京剧、手风琴、曲艺等12个队,至1965年已有16个队、800多名学生参加。他们创作了大量反映学生生活的作品,深受同学们欢迎。

五、新时期(1967年至今):百家争鸣

改革开放以来,学生社团迅猛发展,规模逐渐扩大。1986年制定了《协会管理条例》,推动了协会工作的正规化管理。1994年成立"清华大学学生社团协会俱乐部",以引导各协会进行自我管理、自我服务和自我教育。2004年,清华大学团委下设社团协会部,原社团协会俱乐部并入社团协会部,对各社团协会进行管理和指导。

截至2019年4月底,清华大学共有文化、艺术、公益、体育、科创、素拓六大类学生社团共计270家,会员总数超过3.3万人次。每学期"百团大战"学生社团联合招新人次逾万,学生社团成为清华学子挥洒青春的舞台。

资料来源:清华大学官网(www.tsinghua.edu.cn)

二、互动:团队学习的核心过程

人的许多学习活动发生在人际交互过程中。"互动是心灵的源泉",即便是"感觉"这种最基本的心理现象,也是"特定共同体的社会互动的结果"[1]。

团队成员间的认知和行为的交互是团队学习的核心过程,作为联结团队输入和团队输出的中间环节,团队互动是团队成员互相依赖,在协调完成工作过

---

① 况志华,叶浩生. 当代西方心理学的三种新取向及其比较[J]. 心理学报,2005,37(5):702-709.

程中所进行的认知、言语、行为等方面的活动,以将团队的投入更好地转化为产出,从而完成共同的目标。它强调团队成员在为完成共同目标、在共同承担责任的过程中相互促进的人际交往价值。结合新近相关研究,我们将团队互动过程分为人际、动机、管理和任务四个因素。

1. 团队互动的人际因素:团队冲突和团队信任

在大学生社团中,成员间彼此意见的不一致可能引发团队冲突,成员间的相互沟通和支持也可能产生团队信任,团队冲突和团队信任一般被认为是构成团队互动的两个重要的人际因素。

(1) 团队冲突

团队冲突(team conflict)是指团队成员所意识到的彼此之间的不一致,如无法协调的意愿或者无法妥协的期望。

传统的观点认为,任何冲突只会给团队带来负面影响,应尽量采取回避的手段。[1] 但是,苍蝇不叮无缝的蛋,学生社团中的成员往往来自全国各地,受不同地域的教育与环境影响,人格和价值观也是千差万别,彼此之间发生冲突在所难免。因此,与其思考如何预防,不如考虑如何管理。Behfar 等人[2]认为团队成员如果能够以一种合理的方式来处理团队冲突,这将会对团队产生积极而非消极的影响。吴铁钧、刘电芝[3]认为团队冲突的建设性或破坏性取决于管理冲突的方式。如果冲突可以促进团队成员明确共同目标,增强团队成员彼此的情感、信任和尊敬,增加团队成员解决问题的能力,那么团队冲突就是有益的,是富有建设性的。

(2) 团队信任

团队信任(trust),亦称为心理安全(psychological safe)。团队信任是"一种共享的信念,即团队成员认为团队是安全的,可以进行人际方面的冒险"。团队中如果建立了团队信任,其成员就敢于在思想还不够成熟的时候在会议上陈述表达,畅所欲言,而不用担心会受到他人的鄙视或嘲讽;或者在方案还不完善的

---

[1] Medina F J, Munduate L, Dorado M A, et al. Types of intragroup conflict and affective reactions[J]. Journal of Managerial Psychology, 2005, 20: 219–230.

[2] Behfar K J, Peterson R S, Mannix E A, et al. The critical role of conflict resolution in teams: A close look at the links between conflict type, conflict management strategies, and team outcomes[J]. Journal of Applied Psychology, 2008, 93(1): 170–88.

[3] 吴铁钧, 刘电芝. 团队学习取向和团队冲突对团队绩效的影响[J]. 苏州大学学报(哲学社会科学版), 2010, 31(6): 181–183.

情况下就敢于做局部尝试和探索,而不会担心受到团队的指责和惩罚。

任何思想和方案都要经历由幼稚到成熟,由错漏百出到不断完善的过程。如果担心粗陋的表达和没把握的尝试会在团队内部遭遇攻击和惩罚,团队互动就有可能陷入臆想式的空谈或者欲言又止的沉闷。

团队信任对团队学习有积极的促进作用。Edmondson[1]发现团队信任对团队学习有积极的促进作用,团队信任在团队结构变量和团队学习之间起到了中介作用。在任务导向强烈、需要迅速应变的团队中,团队信任的作用就更加重要。Edmonson[2]以心脏外科的医疗团队为研究对象,发现成功的创新特质是创造能导致团队信任的流程。面对复杂且紧急的病情,如果没有团队信任,那么医护人员就不敢冒险,而是安于现状,影响治疗。

2. 团队互动的动机因素:团队动机

动机可以分为个体水平的动机和团队水平的动机。相对于个体水平的动机而言,人们对团队水平的动机研究相对较少。也有学者质疑过团队动机这个概念存在的合理性。作为团队成员个人动机的整体表现,团队动机在一定程度上能预测团队行为。

在大学生社团中,稳定的参与动机促成了团队成员间的互动。其团队动机主要表现在两个维度上:关系取向的动机和任务取向的动机。关系取向的动机主要追求人际关系的建立和优化;任务取向的动机主要追求任务完成、目标实现。我们在对大学生社团成员的访谈中发现,他们彼此间的互动更多是由关系取向的动机所驱动的。

3. 团队互动的管理因素:团队领导

在大学生社团中,团队领导更多地关注社团成员间彼此的关系,认为关系好就可以解决一切问题,更多地发挥整合团队内部的人力资源及对其进行分工的作用。尽管这些年轻的领导有着种种不够成熟的行为,但他们的管理还是促进了团队学习的产生,这也体现出在一个团队中领导的重要性。

领导也是组织行为学研究的传统领域,各种领导理论异彩纷呈。在这些理论中,有的关注领导者的特质和领导风格,有的关注领导者及下属的特质,有的

---

[1] Edmondson A. Psychological safety and learning behavior in work teams[J]. *Administrative Science Quarterly*, 1999, 44(2): 350-383.

[2] Edmondson A. The local and variegated nature of learning in organizations: A group-level perspective [J]. *Organization Science*, 2001, 13(2): 128-146.

关注领导者与下属的双向人际关系。

虽然团队有很多优越性,但也有很多团队表现出效能不佳的情形。这种效能不佳,与团队领导行为是密切相关的。团队领导事无巨细都过问,管得过死,会让团队成员丧失自主性和积极性。而凡事当甩手掌柜,指导监督不足者,会让成员丧失方向感,陷入无力感。有学者指出,团队领导的最佳方式是:表现出对团队活动的积极性,并且民主。这种领导行为的目的是帮助团队学会自我指导,建立行动的自主性。

据此,按照两个维度来界定团队领导行为:领导者作为和民主型领导。领导者作为用来描述团队领导者的工作参与度,即领导者能否履行职责,维持团队互动,推动任务完成。民主型领导则用来描述团队领导者的授权情况,即领导者能否让团队其他成员参与决策,这在一定范围内决定工作的方式方法。

4. 团队互动的任务背景:任务互依性和团队目标的明确程度

由于团队互动中的人际因素、动机因素和管理因素对团队互动影响巨大,因此,研究者往往会忽略掉任务背景因素。然而在大学生社团中,成员的任务交互程度和目标明确程度会极大地影响他们的互动频率。任务交互程度低,成员之间便缺少了联系。目标不明确,成员便会选择独自行动,独立完成任务。

(1)任务互依性

任务互依性是指团队成员在完成团队任务过程的合作程度和交互工作的程度。任务互依性描述的是团队成员在完成团队任务过程中相互依赖的程度。研究者发现,任务互依性与许多团队变量存在高度相关。[①] 如果在研究中忽视任务互依性,那么将无法提供关于团队活动的有用信息。

(2)团队目标的明确程度

团队目标的明确程度,对于团队互动有显著的影响。团队目标,是团队行为的航标灯。团队目标不够明确,往往会导致团队成员的迷惘和困惑。

Gibson[②]发现,当任务不确定性高时,团队成员往往独立工作,集体主义倾向低。相反,当团队成员知道自己所要完成的任务要求时,团队成员工作之间

---

① 任婧,王二平. 互依性与团队协作[J]. 心理科学进展,2007,15(1):146-153.
② Gibson C, Vermeulen F. A healthy divide: Subgroups as a stimulus for team learning behavior[J]. *Administrative Science Quarterly*, 2003, 48(2): 202-239.

的依赖性就强,而且集体主义倾向也会提高。Tesluk 和 Mathieu[①]研究了面对困难时团队成员的表现,发现能够预知困难,并在开始时有应对计划的团队更可能克服困难。在这一过程中,清晰且优先等级高的任务目标有利于有效克服困难策略的产生。

第二节 大学生社团是如何互动的
——不同学生社团的访谈研究

本节以大学生社团为研究对象,通过焦点团体的方式获取现场资料,借助扎根理论对其内部互动状况及相关因素进行探讨,力图全面反映大学生社团中团队互动特征及影响因素,为后续的实证研究提供支撑。

一、研究对象:大学生社团

1. 选取标准

在大学里,很多学生群体都以"学生社团"自居。其中不乏商业氛围浓厚的学生合作组织和严谨刻板的半官僚组织。为此,笔者制定了研究对象的选取标准:

(1) 社团规模适中,社团成员数量为 20~40 人。社团规模过小,它有可能是一个正在组建、尚不成熟的社团;社团规模太大,团队成员就不能进行有效互动和交流。

(2) 社团是由学生自发组成的,具有自主性,其运作不会受到校方过多的干预。

(3) 社团正常开展活动,其成员之间有密集的互动。社团不是名存实亡的"僵尸"社团。社团由于退出机制失效,因此,不乏一些"虚胖"的社团。其成员表面上很多,但一办活动就四处缺人,缺乏成员之间的互动,因此,这些社团应予以去除。

2. 选取过程

(1) 首先,向 5 名负责大学生社团组织指导和管理工作的老师介绍团队学

---

① Tesluk P E, Mathieu J E. Overcoming roadblocks to effectiveness: Incorporating management of performance barriers into models of work group effectiveness[J]. *Journal of Applied Psychology*, 1999, 84(2): 200-217.

习的概念和本研究的思路,征求他们的意见。相关老师一致认为,大学生中是存在团队学习的。接着要求这5名老师推荐存在团队学习行为的团体,并列出其核心成员名单,作为候选访谈对象。

(2)其次,与这些大学生社团的负责人进行面谈,了解社团的情况,判断这些社团是否符合研究对象选取标准。

(3)最后,23个团队中,有8个大学生社团,3个官方学生组织,12个课外项目小组(见本书附录一)。

二、研究方法:访谈法

研究者撰写了访谈提纲(见本书附录二)。访谈提纲围绕团队学习的互动过程展开,涉及社团目标、社团的基本结构和工作流程、成员间信息交流方式、社团领导的管理方式及团队绩效等方面。

请学生社团的负责人提名,邀请社团中加入社团两年以上的成员2~3人参与访谈。对每个访谈对象的平均访谈时间为35分钟。

有两位受过专业训练的研究生参与访谈,一位负责提问,另一位在征得访谈对象同意后进行录音,并进行笔录。访谈结束后,两位研究生共同根据访谈笔录对访谈录音进行逐句整理,最终得到10份完整的WORD格式的访谈资料,运用Nvivo 7.0进行了分析处理。

这些资料由两位受过专业训练的研究生分别进行预编码,工作结束后核对结果。对于一些编码不一致的状况,两位研究生根据文献回顾和相关研究讨论决定。如果一些编码还有争议,无法达成一致,就请有关专家给予建议,最终形成编码手册。然后再依照编码手册进行交叉编码,对有争议的地方继续商讨,确保编码的代表性和科学性。Hill等人(1997)将所有受访者都提及的编码称为"普遍的",一半或一半以上提及的编码称为"有代表性的",不足一半的编码称为"偶尔的"。因此,研究中依据此理论将不足一半的、"偶尔"出现的编码删除或整合。最终得到了13个一级编码,并将其归入5个二级编码之下,如表3-4所示。

表 3-4　编码名称及举例

二级编码	一级编码	频次	举例
团队动力	兴趣	35	因为我特别喜欢做这个活动,所以我愿意一直待下去。要做公益活动,兴趣很重要,你要没有这兴趣,肯定就待不下去。(TZYAXXS,英语字母代表不同社团,下同)
	关系	20	因为那时候《大学新闻》报社里的学长学姐非常关心我,大家关系更融洽,所以我选择继续留在了那里。(DXXW)
	共同目标	19	我们目标一致。所以我们在面对某个问题的时候,能在最短的时间内让大家的力量都往一个方向上去使。(SDCX)
团队互动	沟通协调	32	我觉得平时的交流沟通是最重要的,对社团有了更深的了解之后大学生才会来参加活动,如果大学生对这个活动一点都不了解的话,他们肯定不会来。(SXJMS)
	冲突	24	两个男生,一个很正派,容不得在讨论辩题的时候开一些玩笑,另一个就是比较搞怪,都不想和对方一起参加比赛。(DWBLS)
	相互支持	23	我们很信任我们的学长学姐,会讲心里话给他们听,也会向他们抱怨,然后他们会给予我们一些鼓励和疏导。(NCWXS)
团队领导	整合	17	总要有一个人去拍板。拍板的人不一定是固定的,他所决定的意见也就是大家的意见。大家从心底佩服他、支持他。他更多的是协商过程的组织者,负责总结大家的意见。(DWBLS)
	分工	14	之前,我们社团虽然有分部门,但是部门之间几乎没有区别,大家做事乱成一团。后来在我们管理层的商量下,规定了每个部门应尽的职责,例如:新闻中心负责画海报、在网络上宣传;活动中心负责借场地;志愿者中心负责联系志愿者。(DWBHXH)
团队学习	敢于尝试	21	往年一些行政方面的事务总是由不同部门的人负责,因此,为了方便行政管理,我们新增了市场部,做剧社的整体统筹安排。(DWJS)
	寻求反馈	17	比如计划下个阶段办什么活动、要做什么事情,我们就会问一下大家想去哪里啊、要怎么玩啦什么的,跟大家发发信息问一下。正常情况下办什么活动、办什么讲座都是邀请各部长一起讨论,听取大家的一些意见和建议。(JSJXH)

续表

二级编码	一级编码	频次	举例
效果	个人能力提高	18	其他的就是提高组织协调能力,因为是管理一个组织,跟只做自己的事不一样,你需要考虑各个方面,所以对提高管理能力是有一些帮助的。(AXXH)
	个人知识积累	14	加入社团后我了解了很多关于自行车的知识,不入社团我完全不知道。(SDCX)
	团队影响力扩大	12	电脑义诊这项活动比较好,就是免费帮同学们解决电脑的问题。这项活动反响很好。(JSJXH)

三、研究结果:大学生社团中的团队互动特征

基于对访谈资料的分析,大学生社团中团队学习的互动特征主要体现在以下五个方面。

1. 团队互动起源于人际层面的直觉性好感

在大学生社团中,团队成员之间的互动起源于直觉上的好感。

大学新生刚刚入学时,处于人际关系的空窗期,寻求人际接纳成为其迫切需要。而社团里师兄师姐的热情,往往成为他们加入社团的最初动力。

问:你当初是怎样加入社团的?

答:我当初是被强拉进去的,但是社团内的学长学姐非常热情,跟我介绍了很多关于这个社团的知识。在进入社团后,学长学姐们对我很关注,不像我加入的别的社团那样冷冰冰的,所以我就一直留了下来。

2. 互动过程中逐步建立任务导向型的团队动机

Blake 和 Mouton 在管理方格理论中提到关心生产(注重工作效率和产量)与关心人(保持良好的人际关系)两个维度;Jackson 等人将团队结构分为任务导向(与团队的共同目标最直接相关的结构)和关系导向(构成团队的更为普遍的社会关系的结构)两个层次。可见,任务因素和人际因素,是团队研究的两个关注点。

我们把大学生加入社团的动机划分为两类:任务导向型的动机和人际导向型的动机。任务导向型的动机关注社团目标,大学生受社团目标吸引而加入,希望在社团中通过完成任务而获得成长,满足成就性需要。人际导向型的动机关注人际因素,大学生受社团内部温暖的人际氛围吸引而加入,希望在社团中

获得关爱和支持,满足情感性需要。

大学生初入社团时,其互动过程更多地受直觉性好感的影响。在感受到了社团内部良好的互动氛围时,其情感上得到了支持,因此,他们刚开始更多地关注成员间的关系,并以它作为继续留在这个社团内的动力,其动机是人际导向型的。

问:我现在想了解一下,你现在大三,是大一的时候加入《大学新闻》报社的,对吧?那你是因为什么最后决定留在这里?

答:其实吧,我一直都蛮犹豫的,因为我的专业是学新闻的嘛,大一的时候加入了《苏大青年》和《大学新闻》报社。大一的时候想过要退,大二的时候也想过。大一的时候感觉从事新闻工作不是自己之前想象的那样,也很累,尤其是……因为《大学新闻》和《苏大青年》是同时出报纸,所以那段时间会特别特别累,感觉没有时间去做自己想做的事情,就觉得为什么一定要把时间和精力放在一些社团事务上呢?当时我是都想退出的,然后《苏大青年》那边就退掉了,《大学新闻》这边,有学长学姐关心我,劝导我,而且整个《大学新闻》报社里大家关系都很好,最终我便选择留在了《大学新闻》报社。(DXXW)

这类关系导向性动机会激发团队成员之间的相互支持。新闻社的成员在写新闻稿的时候,难免会因被指导老师批评而产生消极情绪,其他成员会帮他们分析原因;辩论社成员在比赛时会紧张,其他成员会倾听他们的苦恼,鼓励他们,帮助他们找准方向、树立信心。通过这些相互支持的行为,团队成员之间更可能产生团队信任,从而促使他们在对任务进行讨论时敢于进行人际方面的冒险。

问:哪些事让你印象比较深刻?

答:讲一个我大一时候的故事,当时学长学姐会听我们辩论。和学长学姐对辩的时候,感觉非常辛苦,白天查资料,晚上进行对辩,行程蛮紧张的,但是学长学姐们很亲切,舒缓了我们的紧张情绪。(DWBLS)

在共同完成任务的过程中,团队成员体验到了任务的意义,体验到了完成任务的成就感,从而产生并强化了任务导向型的动机。

问:在你看来,你们社团的目标是什么?

答:我最开始认为只要大家关系好,大家在社团里开开心心的就好。但我后来在与大家的交流沟通中才意识到,我们是一个剧社,追求的就是演出话剧,传播戏剧价值,传递戏剧理念,这才应该是我们社团的目标。(DWJS)

3. 团队中自由的互动易滋生冲突和混乱，团队领导的作用至关重要

在大学生社团内，成员都来自不同的地方、不同的专业，有各自的价值观和看待问题的不同视角。这些个体差异在团队互动的过程中体现出来，难免会引发冲突。

问：那么其他人之间有矛盾吗？

答：就是两个男生，一个很正派，容不得在讨论辩题的时候开一些玩笑，另一个就比较搞怪，两人都不想和对方一起参加比赛。（DWBLS）

总体上来说，团队冲突对团队绩效具有消极的影响。如果处理得当，团队冲突也可能会产生积极的作用。在冲突处理中，社团领导的作用非常重要。冲突发生后，社团领导为冲突双方平息消极情绪，重建互动平台，确立互动规则，以任务为中心，重新认识和评估彼此的观点差异。在这个过程中，冲突双方逐渐开始了解对方的观点，彼此体谅，解除心结，最终达成共识。

问：后来是怎么解决的？

答：后来我经常带上他们两个一起活动，互相经常敞开心扉聊天。现在他们关系可好了。人在刚加入团队时总是喜欢跟自己性格相近的人在一起，后来时间久了，人们会发现与自己性格迥异的人其实也蛮好的，大家表达的都是自己真实的想法，日子久了，每个人的棱角都削弱了一点，但都保留了彼此的个性。（DWBLS）

团队冲突有时起源于任务分配和任务流程。团队领导者的协调可以避免和平息这些冲突。

问：你们的活动从开始到结束的运作是怎样的？

答：一般是发现一些办活动的机会后，由前社长联系，因为之前都是他在联系，别人都知道他的联系方式。他联系人家或人家联系他之后由我们来写策划，通常都是我们四个负责人写策划。

问：都是你们聚在一起写策划吗？

答：有时聚在一起，有时在网上讨论，或者我写一个总的，大家再修改。接下来就由新闻中心画海报，在网络上宣传；活动中心去借场地；志愿者中心负责联系志愿者，木渎志愿者、动物园志愿者、宠物比赛（去年举办过两次，我们国内一次，国际上一次，之后去做场地志愿者）这些志愿者活动交给志愿者中心去联系，他们发通知，统计报名人数，通知活动时间和地点；活动办完以后新闻中心去写通讯稿、总结。这样，整个活动差不多就办完了。

问：你们写策划会有分歧吗？

答：意见不一样就协调一下嘛，我们有什么不同意见就好好商量一下。(DWBHXH)

4. 大学生社团在互动过程中发展出了团队学习的行为

Edmondson[①]界定了团队学习中的五种典型行为，分别是寻求反馈(feedback seeking)，寻求帮助(help seeking)，讨论失误(discussing error)，敢于尝试(experimenting)，反思经验(reflecting on experiences)。笔者在访谈中发现，大学生社团中存在大量的团队学习行为。

(1) 寻求反馈

社团成员在互动过程中愿意彼此交流沟通，将自己的工作成果与他人分享，从而得知他人对自己的评价，吸收经验和教训。

问：你们社团内成员之间的感情怎么样？

答：社团里大家的感情非常的好，其他成员对我的帮助非常大，一些成员还会指出我的缺点，比方说指出我的声音过大。(DWBLS)

(2) 寻求帮助

社团成员在互动过程中遇到了问题和困难时，会寻求彼此之间的帮助，或者一起寻求团队外的帮助。

问：你们在活动组织策划中是否遇到过问题？你是怎样解决的？

答：有。比如上次去周庄的活动。我之前在策划活动的时候就遇到了一些小问题，于是就问前社长，他们找旅馆是怎么找的，那边景区门票是什么时候免票，这些问题、注意点我事先都会问好，然后再开展活动。(SDCX)

(3) 讨论失误

社团成员在互动过程中难免会经历一些失败，感受到挫折。这时候，成员之间能够推诚布公，讨论失误。

问：我想多听听在活动过程中你印象深刻的一些事情。

答：大一上学期我接手社团以后办的第一个活动是户外拓展活动。那个活动，我们很重视，大家帮了我很多。但是我个人觉得那次活动的效果不是太好。因为我刚刚接任，各方面协调能力、控场能力不够。所以那次活动过后，我跟大

---

① Edmondson A. Psychological safety and learning behavior in work teams[J]. *Administrative Science Quarterly*, 1999, 44(2): 350-383.

家说我没有能力来担任社长,那天晚上,副社长和部长们就一起找我谈了很多,包括对那次活动的评价,他们不仅指出我在一些地方的不足,并且对我进行了心理疏导。(SXJMS)

(4) 敢于尝试

社团成员敢于创新,敢于走前人没有走过的路,去尝试一些新的想法,不怕犯错。

问:这么一个历史悠久的社团,你觉得在你手上的这段时间,从 2011 年你进入弄潮开始到最后做社长,所做的工作有哪些方面对前任的工作有突破或者创新?请举一到两例。

答:因为以前弄潮的一些活动文学性特别浓,没有和外面商家展开一些大的合作,因此,我现在进行了一些创新,活动的形式更大胆一点,比如以前活动都要和文学有关,现在扩展到了绘画,比如涂鸦,而且我还会去找一些大的公司来赞助我们。(NCWXS)

(5) 反思经验

社团成员并不是一味地埋头苦干。在经历过大大小小的活动后,大家能够一起反思和总结,取其精华,去其糟粕。

问:当你在活动中遇到一些问题的时候,通常会怎么解决?

答:做公益活动多了,经验就多了。而且平时上网时看别的组织举办一些活动、策划其他一些项目,通过观察别人是怎么做的,从中也学到了很多方法;此外,就是大家集体讨论,看看前一次活动有什么经验可以借鉴,或者避免犯与上次类似的错。(TZYAXXS)

5. 大学生社团中团队互动的效果

(1) 团队层面的绩效提高

社团在团队互动中,新点子和新创意不断涌现,活动质量会有明显提高。活动质量高的社团,容易引起校内外的关注,既提升了社团影响力,也增强了社团内部的向心力和凝聚力。

问:社团做了哪些事情,是对绩效有促进作用的?

答:比如我们去年举办的青年戏剧节。这个对于我们来说是一个双赢的工作,不仅督促我们创作更好的戏剧,也提升了我们的知名度。

(2) 个体层面的能力提升

通过团队互动,社团成员获得了新知识、掌握了新能力。社团的成员来源于不同的专业,在社团活动中大家利用不同的专业优势,八仙过海、各显神通,每个人都能从别人那里学到更多。

问:你个人有什么收获?

答:我开阔了视野,学到了一些之前不了解的文学知识。(NCWXS)

在团队互动中,社团成员锻炼了沟通能力和领导能力。

问:你自从加入这个社团后有什么收获和成长?

答:我觉得这个社团锻炼了我的领导能力和沟通能力,也就是跟社团的成员一定要多沟通、多交流,这样大家才会对社长、对社团有更进一步的了解。(SXJMS)

四、讨论

1. 大学生社团是成长中的团队,在团队互动中逐步具备团队的特征

如前所述,团队具备三大特征,目标导向的行为特征,灵活多变的结构特征,彼此认同的心理特征。大学生社团在团队互动中,逐步具备了这些团队的特征。

最初,成员重视彼此之间的关系,团队目标不够清晰。在互动中,社团成员的关注点渐渐由彼此关系转移到了团队目标,逐步具备了目标导向型的行为特征。

大学生最初往往是凭直觉加入社团的,有些人加入社团后才发现并不符合自己当初的想象,因此,会游离于社团边缘或者退出社团。在经历了人员上的进进出出之后,社团拥有了相对稳定的队伍,形成了相对固定的分工。在面对复杂任务时,社团成员能超越分工,彼此帮忙,显示出灵活多变的结构特征。

社团成员在互动中,由生疏变得熟悉,由隔膜变得亲密,由龃龉变得默契,心理安全感和团队凝聚力开始建立,体现了彼此认同的心理特征。

2. 团队学习的成熟有赖于团队互动中的人际因素、动机因素、管理因素的共同作用

团队互动中的人际因素是团队学习产生的起点。大学生社团中的互动源于人际层面的直觉性的好感。这种好感虽然不够理性,也不够稳定,却是把不同专业不同年级的同学聚合在一起的最初动力。社团组建初期,团队学习的内容往往集中在团队成员彼此的适应和磨合方面。

团队互动中的动机因素是团队学习成熟的关键。团队学习是用来指导团队行为,实现团队绩效的。当大学生社团的团队动机由关系导向型转变为任务导向型时,团队学习的内容就越来越关注如何优化团队运作,实现团队目标了。

团队互动中的管理因素是团队学习效果的保证。大学生社团中成员地位平等,互动氛围宽松自由,可以畅所欲言。而这种宽松自由也容易引发混乱和无序,导致议而不决,争吵不休。团队领导的组织和规范,就成为团队学习效果的保证。

第三节 大学生社团中团队互动与团队学习——模型建构

一、研究对象

大学生社团是大学生依据兴趣和爱好自愿组成,按照章程自主开展活动的非法定社团。大学生社团按照其组织方式,可以分为自我管理团队和行政管理团队。自我管理团队是学生自发组成的,以共同的兴趣、共同志向为目标的团队。

自我管理团队虽然接受学校的领导,但其有更强烈的"民间"气息,内部事务大多由团队自己决定,学校不为其提供活动场所,通常也不为其提供活动经费。例如,网球社、辩论社、摄影协会都属于自我管理团队。

行政管理团队是由学校出面组织建立的,以服务同学为目标的团队。行政管理团队虽然有一定的自主权,但是其运作往往是在学校的框架下进行的,学校也为其提供办公场所、活动场所和活动经费。例如,社团联合会、学生创就业协会、学生科学技术协会就属于行政管理团队。

表3-5 学生团队的差异比较

	自我管理团队	行政管理团队
发起人	学生自主发起成立	学校出面组织成立
日常运行	自我管理,学校很少干预	学校直接领导,学生有一定自主权
经费提供	自筹为主	大部分由学校提供
团队生命周期	不确定	稳定存在,生命周期长

笔者联系各个学院主管学生社团工作的老师,说明研究目的、意义和方法,争取到其支持。在各学院主管老师的帮助下,取得了73个社团负责人的联系方式,并与其联系,争取到其支持。由社团负责人组织,邀请社团核心成员到采访点(往往是会议室)填写问卷,集体施测。填写问卷时均由受过训练的高年级研究生在场担任主试,负责维持秩序、答疑解惑和回收问卷。总共发出问卷485份,回收467份,其中有效问卷457份,有效回收率为94.2%。

以73个大学生社团为研究对象。其中,54个为自我管理团队,19个为行政管理团队。如表3-6所示。

表3-6 参与者情况

	团队数量	发放问卷	收回问卷	有效问卷
自我管理团队	54	302	297	292
行政管理团队	19	183	170	165
总计	73	485	467	457

二、研究假设

假设1. 团队人际因素变量(团队冲突、团队信任),团队动机因素变量(关系取向型动机、任务取向型动机),团队领导因素变量(民主型领导、领导者作为)都对团队学习产生显著的影响。

假设2. 团队动机因素是团队人际因素和团队学习之间的中介变量。

假设3. 团队领导因素是团队人际因素和团队学习之间的中介变量。

如图3-1所示。

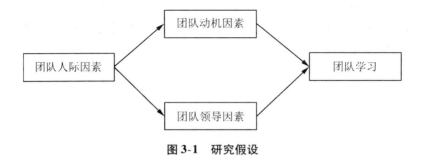

图3-1 研究假设

三、研究方法

1. 问卷

主要通过该领域的成熟问卷,部分变量采取自编问卷,对团队学习及团队互动的各因素进行测量(见本书附录三)。

(1) 团队学习问卷

采用 Edmondson(1999)编制的团队学习导向行为问卷(邱家彦译)。问卷测量了五种典型的团队学习行为:寻求反馈和寻求信息,寻求帮助,讨论失误,敢于尝试,总结经验。使用利克特 7 点计分法。问卷共 7 个题目,单一维度,克隆巴赫 α 系数为 0.78。

(2) 团队冲突问卷

采用 Jehn 和 Mannix[①] 编制的团队冲突问卷(邱家彦译)。使用利克特 7 点计分法。问卷共 9 个题目,由三个维度构成:关系冲突(3 题)、任务冲突(3 题)、流程冲突(3 题),克隆巴赫 α 系数为 0.85。

(3) 团队信任问卷

采用 Edmondson(1996)编制的团队信任问卷,采用回译(back translation)技术将其翻译成中文。使用利克特 7 点计分法。问卷共 7 个题目,单一维度。克隆巴克 α 系数为 0.82。

(4) 任务互依性问卷

采用 Pearce 和 Gregersen[②] 编制的工作相互依赖问卷(阳志平译)。使用利克特 5 点计分法。问卷共 8 题,分为两个维度,第一个维度反映工作相互依赖的程度(5 题),第二个维度反映成员独立完成工作任务的程度(3 题)。计算总分时,将第二个维度的题目反向记分,再与第一个维度的分数合成总分。克隆巴赫 α 系数为 0.85。

[①] Jehn K A, Mannix E. Effect of mitigation measures on the long-term evolution of the debris population[J]. *Advances in Space Research*, 2001, 28(9): 1427 – 1436.

[②] Pearce J L, Gregersen H B. Task interdependence and extrarole behavior: A test of the mediating effects of felt responsibility[J]. *Journal of Applied Psychology*, 1991, 76(6): 838 – 844.

(5) 团队目标明确程度问卷

采用 Sawyer[①] 编制的目标明确程度问卷(阳志平译)。使用利克特 6 点计分法,共 5 题,单一维度。克隆巴赫 α 系数为 0.92。

(6) 团队领导问卷

自编问卷。分为民主型领导和领导者两个维度。民主型领导维度主要描述领导者与团队成员分享权力的程度。例如,团队的领导能充分与团队成员协商,然后做出决策。领导者作为维度主要描述领导者履行职责、推动任务完成的程度。例如:团队领导能有效地帮助团队成员完成工作。问卷总共 9 题,其中民主型领导作为维度有 4 题,领导者作为维度有 5 题。使用利克特 7 点计分法。

(7) 团队动机问卷

自编问卷。分为关系取向和任务取向两个维度。关系取向维度主要描述在团队内部建立和维护人际关系的动机强度。例如,在团队中结交到朋友,是最大的收获。任务取向维度主要描述在团队内部完成任务的动机强度。例如,通力协作完成团队的任务,是我们心目中最重要的事情。问卷共 12 题,其中关系取向维度 6 题,任务取向维度 6 题。使用利克特 7 点计分法。

2. 数据处理

(1) 数据录入

将数据录入电脑,并导入 Excel 2010 和 SPSS 17.0。对问卷中的反向题分数进行修正。

(2) 个体数据转化为团队数据

本研究是以团队作为分析单位的。因此,在数据分析前,必须把各个团队成员个体变量转化为团队变量,这种转化可以用平均数来完成。但是这样转化是有条件的,即各变量在团队成员内部有一致性,各变量均为团队水平的变量。

本研究采取 Rwg 系数作为衡量变量是否为团队水平变量的指标。Rwg 系数是 1984 年由 James 和 Demaree 及 Wolf 等研究者创造出来的一种一致性指标,用来考察两个或多个个体在一个或多个项目上评分的一致性程度;区间在 0~1,越接近 1,说明一致性程度越高。如果 Rwg 达到 0.7,则证明该变量可以看成是团队水平的变量。

---

① Sawyer, John E. Goal and process clarity: Specification of multiple constructs of role ambiguity and a structural equation model of their antecedents and consequences[J]. *Journal of Applied Psychology*, 1992, 77(2): 130–142.

Rwg 系数的计算公式：

$$Rwg(J) = \frac{J\left[1 - \frac{\overline{S_{xj}^2}}{\sigma_{EU}^2}\right]}{J\left[1 - \frac{\overline{S_{xj}^2}}{\sigma_{EU}^2}\right] + \left[\frac{\overline{S_{xj}^2}}{\sigma_{EU}^2}\right]} \qquad \text{公式 1}$$

$$\sigma_{EU}^2 = \frac{A^2 - 1}{12} \qquad \text{公式 2}$$

公式中，J 表示项目数量，S_{xj}^2 表示所有项目方差的均值，A 表示评分等级。

在自我管理团队的数据中，除了28号团队的"团队冲突"变量外，所有变量上的 Rwg 系数均超过了0.7，所有变量都是团队水平的变量。可以用团队成员个体得分均值代表团队得分。由于28号团队的"团队冲突"变量未达到规定的 Rwg 值，个体数据无法转化为团队数据，所以28号团队的数据不参加后续的统计分析。

在行政管理团队的数据中，除了5号团队的"团队信任"变量外，所有变量上的 Rwg 系数均超过了0.7，所有变量都是团队水平的变量。可以用团队成员个体得分均值代表团队得分。由于5号团队的"团队信任"变量未达到规定的 Rwg 值，个体数据无法转化为团队数据，所以5号团队的数据不参加后续的统计分析。

（3）问卷的信度检验

对本次测量中各问卷的信度进行检测，如果如表3-7所示。

表 3-7　问卷的内部一致性信度

问卷名称	克隆巴赫α系数	问卷名称	克隆巴赫α系数
团队学习	0.82	团队目标明确程度	0.88
团队冲突	0.88	团队领导	0.74
团队信任	0.60	团队动机	0.69
任务互依性	0.55		

四、研究结果

1. 数据的描述性统计

本次测量中各问卷的描述性统计如表3-8所示。

如表3-8所示，团队人际因素（团队冲突，团队信任）、团队动机因素、团队领导因素与团队学习均存在显著相关。假设1得到了验证。

表 3-8 描述性统计

	M	SD	1	2	3	4	5	6
1 团队学习	5.61	0.43						
2 团队冲突	2.58	0.48	-0.35*					
3 团队信任	4.03	0.31	0.67**	-0.47*				
4 任务互依性	3.66	0.25	0.42**	-0.47*	0.42**			
5 目标明确程度	5.17	0.34	0.46**	-0.21	0.51**	0.36**		
6 团队领导	5.36	0.40	0.82**	-0.31*	0.57**	0.36**	0.45**	
7 团队动机	5.42	0.31	0.78**	-0.46*	0.66**	0.45**	0.42**	0.61**

2. 中介效应的检验

本研究中,团队互动变量分为四类:任务特性(任务互依性、团队目标明确程度)、团队动机因素、团队人际因素(团队冲突、团队信任)、团队管理因素(团队领导)。

本研究将团队类别、团队成员加入团队的平均时间、团队任务特性(任务互依性、团队目标明确程度)作为控制变量,用回归方程检验团队动机因素、团队管理因素在团队人际因素和团队学习之间的中介效应。结果如表3-8所示。

根据Baron和Kenny[①]检验中介效应的建议:①自变量对中介变量的回归系数显著;②自变量对因变量回归系数显著;③自变量、中介变量对因变量做回归,如果自变量的回归系数变得不显著,那么存在完全中介效应;如果自变量的回归系数显著,但显著性相对下降,则存在部分中介效应。

模型1列出了团队学习对控制变量(任务特性)的回归方程。模型2将团队冲突加入方程之后,团队冲突的回归系数不显著($\beta=0.11, p>0.05$)。模型3将团队信任加入方程,团队冲突的回归系数显著($\beta=0.47, p<0.01$)。因此,只需检验团队动机和团队领导在团队信任和团队学习之间的中介效应。

模型4、模型5表明,两种类型的团队动机均在团队信任和团队学习之间起部分中介效应。模型6表明,民主型领导在团队信任和团队学习之间不存在中介

---

① Baron R M, Kenny D A. The moderator-mediator variable distinction in social psychological research: Conceptual, strategic, and statistical considerations[J]. *Journal of Personality and Social Psychology*. 1986, 51 (6): 1173-1182.

效应。模型 7 表明,领导者作为在团队信任和团队动机之间存在部分中介效应。

假设 2 部分地得到了验证。

如表 3-8 所示。

表 3-8 团队互动对团队学习影响的回归分析

	模型 1	模型 2	模型 3	模型 4	模型 5	模型 6	模型 7
团队类型	-0.36**	-0.35**	-0.30**	-0.21**	-0.22**	-0.26**	-0.09
加入团队平均时间	-0.07	-0.05	-0.06	-0.07	-0.01	-0.03	0.01
任务互依性	0.29**	0.24**	0.16	0.09	0.09	0.12	0.10
目标明确程度	0.30**	0.30**	0.12	0.14	0.06	0.08	-0.05
团队冲突		-0.11					
团队信任			0.47**	0.31*	0.30*	0.39**	0.20*
团队动机:关系取向				0.36**			
团队动机:任务取向					0.40**		
团队领导:民主型领导						0.36**	
团队领导:领导者作为							0.65**
F	12.37**	10.13**	17.64**	20.13**	19.93	22.20**	29.63**
R^2	0.40	0.40	0.55	0.63	0.62	0.65	0.71
ΔR^2		0.00	0.15	0.23	0.22	0.25	0.31

注:* 表示 $p < 0.05$,** 表示 $p < 0.01$。

五、讨论

1. 大学生社团中,任务特性可能是团队冲突发生的诱因

在控制了任务特性变量后,团队信任对团队学习的影响依然显著,但团队冲突对团队学习的影响变得不显著。

大学生社团成员之间的关系比较单纯,并没有太多利益的对立;团队内部的冲突很可能源于对团队目标的认同和对团队任务的理解。这也就导致了单纯考察团队冲突与团队学习之间的关系,二者之间关系显著;但是控制了任务特性的变量后,团队冲突就不能显著预测团队学习了。控制大学生社团中的冲突,尽早明确团队目标,细化团队任务,也许是一个可行的好方法。

2. 团队动机和团队领导在团队信任与团队学习中产生中介效应

访谈研究表明:大学生社团中互动起源于直觉性的好感。社团之间的亲密和信任,从一开始似乎就存在。但是最初的好感似乎也很脆弱,容易破裂,并不一定会最终促进团队学习。

团队信任部分地通过团队动机才能导致团队学习。关系取向型的动机能避免意气用事,任务取向型的动机能促进对团队目标的关注;关系取向型的动机能够减少阻力,任务取向型的动机能够增加动力,在这两种动机的作用下,团队信任才有效地转化为团队学习。

团队领导的两个维度中,民主型领导在团队信任与团队学习之间不存在中介效应,而领导者作为存在部分中介效应。大学生社团中,成员平等,结构灵活,并不缺乏民主氛围;而无序的互动易导致混乱。领导者应弥补团队的不足,领导者的敢作敢当,也许就变得更为重要了。

六、结论

大学生社团互动中的人际因素、动机因素、管理因素均显著影响团队学习。团队人际因素部分地通过团队动机因素和团队管理因素影响团队学习。

第四章 涌现视角下的团队学习

教育学或教育心理学中所论述的学习,是"个体基于经验而产生的行为的永久改变",是个体层面的学习。而团队学习则是"团队成员在互动中获取知识、相互分享、整合行动的过程",是团队层面的学习。团队学习的效果要远远超越个体学习,个体层面的零散的、碎片化的认识,经由团队互动,会生发成系统化、体系化的知识和行动方案。团队的智慧来源于个体智慧,又超越了个体智慧。

在本书第三章,我们以大学生社团为例对团队学习的内部互动状况进行了探讨,着重分析了团队内的人际、动机、管理、任务等因素。事实上,团队学习的互动状况远不止此,团队的互动也绝非若干因素的简单累加。团队学习来源于个体学习,最终实现了质的突破,团队学习作为一个整体性现象,具有各部分或部分总和不具备的现象、特征、属性、行为等,这种整体具有而部分不具有的东西,在系统科学中被称为涌现(emergency)。

涌现的产生,得益于学习型团队的两种特性。

一、复杂性。虽然所有的团队都在强调共同目标和良性互动,也都会制定相应的规则以保证团队的运转,但几乎很少有团队能够实现团队学习。原因在于团队成员并非机械的物体,而是有不同年龄、性别、情绪、人际、经济状况等各种特征的复合的人,不可能保证恒久不变、完全统一,或绝对理性。团队建设也并非砌砖头、盖房子,团队成员既不会任你使唤,也不一定能保证人职匹配,而复杂多变的组织环境更是团队建设的重重障碍。

二、适应性。团队成员是适应性主体,能够完成个体、团队和组织三个层次的交流,同时在此过程中学习并积累经验,根据学到的经验进行自我调整。这种个体层面的主观适应性,最终转换为团队的适应性。学习型团队的适应性,可以让团队不断应对组织环境的不确定性,并在不断地调整中实现团队目标。从涌现的视角出发,团队互动不再是零散的、片面的和机械的,而是一个系统的、完整的和自适应的过程。

在本章中,我们将以涌现的视角,系统地审视团队学习。团队不再是一群人的简单组合,而是作为一个复杂的适应性系统,团队学习则是该系统涌现的产物,其最大的特征就是"整体大于部分之和"。我们将探讨团队中个体的学习行为,是通过何种神奇的过程,发展为复杂性、多样性、丰富性远远超越个体学习的团队学习的,并以中学生教师共同体为例,从实证的角度进行理解。

第一节 教师共同体与涌现

在我国中学教育体系中,普遍存在各种类型的教师共同体,如教研组、年级组、校际联盟、名师共同体、科研互助小组等,这些名称之间彼此相关,存在一定程度的重叠,其目的在于达成教学目标和教学科研任务,交流共享,互相促进,最终促进学生进步、教师成长、学校发展。与企业和其他事业单位不同,学校组织中学科、年级的差异十分明显,且往往难以协调,迫使其必须采用团队的形式完成组织任务,应对教育环境和学生迭代的变化。在我国,教师共同体已经形成了成熟的自我调整的机制,相比于散漫自由的学生团队、呆板固执的事业组织团队,以及企业中任务单一、周期较短的工作团队,教师共同体则是涌现研究的优质样本。

一、共同体:中学教师的团队

1. 教师共同体及其特征

"共同体"(community)概念最早是由德国的社会学家斐迪南·滕尼斯(Ferdinand Tnnies)提出的,其基本含义是任何基于协作关系的有机组织。在《共同体与社会》这部著作中,滕尼斯运用两分法的分析范式抽象概括出人类群体生活中的两种结合类型——"共同体"与"社会"。

共同体应该是"持久的和真正的共同生活,社会只不过是一种短暂和表面的共同生活"。共同体是由个体自由组合而成的,个体在共同体内发生互动,产生协作关系,是一个有机的组织,统一对内对外发挥作用。滕尼斯把共同体看成一种群体,具有某种关系,由个体意志决定。雅斯贝尔斯则从生存哲学出发,认为"共同体"是内在的"生存共同体"(existential community),其中,人与人的结合使他们能够找到自己的本质自我存在。

共同体概念引入中国后被费孝通等学者翻译为"社区",与"社会"相对应。传统社会的村落就是一种典型的共同体。共同体是一个象征互助、和谐、信任的褒义词,其本质是传递一种安全、愉悦和令人神往的满足感。共同体不是一个角逐利益的场所,并不是各个利益团体争夺自身利益的舞台,而是在尊重他人利益的基础上,对共同价值的追求。

本章以中学教师的教学共同体为研究对象。

中学教师教学共同体,是指以中学教师为主体,以达成教学目标和教科研任务为使命,交流共享,互相促进,最终实现学生进步、教师成长、学校发展的群体。

本章所关注的"中学教师教学共同体",有三个典型特征。

第一,成员的单一性。中学教师教学共同体以中学教师为主体构成。区别于师生共同体和高校教师、中学教师跨界组成的共同体。

第二,使命的清晰性,以完成教学目标和教科研任务为愿景。区别于使命含糊的学习共同体。

第三,最终目标的具体性,以促进学生进步、教师成长和学校发展为目的,区别于目标宏大多元的教育共同体。

2. 我国教师共同体的历史沿革

中华人民共和国成立后,我国中小学均设置了教研组,尤其中学长期实行学科教研组体制,即同一学科的教师为一个教研组。教育部于1952年颁布的《中学暂行规程(草案)》中明确规定:"中学各学科设教学教研组,有各科教员分别组织,以研究改进教学工作为目的。各组设立组长一人,主持本组教导研究会议,研究改进教导内容和教导方法,并交流和总结经验。"1957年1月,教育部发布《中学教学研究组工作条例(草案)》,对教研组的名称、任务、工作内容及组织问题做了原则性的规定。该草案指出,教研组是各科教师的教导研究组织,任务是组织教师进行教学研究工作,总结、交流教学经验,提高教师思想业务水平,以提高教育质量。进入20世纪90年代中后期,我国的中学办学规模逐步扩大,学校管理事务越来越复杂。学校教育的专业化分工也越来越明显,完全中学逐渐分化为初级中学与高级中学。在此背景下,单一的教研组管理已经无法满足实践需要,于是年级组应运而生,并逐步取代教研组成为学校管理中的基层行政单位。在教师的教学评价、职称评聘等方面,虽然年级组并不拥有最终的决定权,但他们提供的材料与信息,已经成为最终评定的重要依据。

随着办学规模的扩大,教师数量越来越多。为了促进教师之间的专业沟通,同时加强行政管理,备课组开始出现了。备课组是由同一年级、同一学科教师组成的,兼具教学职能与行政职能的团队。教研组、年级组、备课组的产生、存在及其自身特点有各自的时代背景,并随着教育形势的需求而发展。如表4-1所示。

表4-1 教研组、年级组、备课组比较

	教研组	年级组	备课组
产生时间	20世纪50年代	20世纪90年代	20世纪90年代
人员构成	同一学科老师	同一年级老师	同一学科同一年级老师
团队性质	教学研究组织	教学管理组织	教学研究与管理并存
工作内容	教学研究	年级教学任务,教学管理	课堂教学的研究和准备

我国的教师共同体传统,是建立统一的教学研究管理系统的重要措施,也是在学习苏联经验建立统一的教学制度的结果。自那时起,中小学逐步并全面建立了学科教研组,主要在同年级建立年级组以处理年级管理事务等,每门学科各个不同年级的备课组共同组成该学科的教学教研组,各区县和省市也建立了相应的各学科教研室。由此形成了一个纵(学科教研组)横(年级备课组)结合的统一的教学研究管理系统。

可以说,我国已经具备教师共同体合作的良好基础,但也必须看到,这种合作的宗旨是相当行政化,而且强调统一规格的,并非以教师专业发展为宗旨。复杂的教育环境,要求把那种过于行政式的、注重教学规范的组织内涵,转化为以教师专业发展为核心的、激发教师在教学创新方面的内在潜能和动力。

二、涌现:团队学习的系统解释

涌现(emergency)是指局部、微观层次的互动导致整体、宏观层次的模式或结构的产生。贝塔朗菲(Bertalanffy, Ludwig Von)于20世纪中期将"涌现"引入一般系统论,将其定义为"整体大于部分之和"。因为其与哲学中的整体论思想联系在一起,在各个流派的批判中逐渐成熟。Prigogine的耗散结构论、Thom的突变论、Haken 的系统演化论等一些自组织理论推动了"涌现"理论的发展。①

1. 涌现性及其特征

在客观世界的各个领域,特别是生命、社会、思维领域,普遍存在这样一类现象:诸多部分一旦按照某种方式形成系统,就会产生系统整体具有而部分或部分总和所不具有的现象、特征、属性、行为等,一旦把整体还原为互不相干的各部分,这些现象、特征、属性、行为便不复存在。系统科学把这种整体具有而部分不具有的东西,称为涌现性。②

复杂的事物,都是由小而简单的事物发展而来的;涌现这个概念,就是试图描述这一"由小生大,由简入繁"的现象及其规律。组织及组织中的团队是复杂的,其间存在大量的涌现现象。涌现性有两种基本的表述方式:其一为构成说,以贝塔朗菲借用亚里士多德的著名命题"整体大于部分之和"为代表;其二为生成说,以约翰·霍兰(John. H. Holland)的简单表述"多来自少"为代表。我国思想家老子的著名观点"有生于无",就蕴含了涌现性的思想:整体或高层次具有的新性质产生于原本没有这种性质的低层次或部分。不同学者关于涌现的概念表述不一,但有两点共识性特征。

(1) 非加和性

涌现的非加和性,即整体不等于部分之和。涌现指整体具有而分解(还原)到部分就不存在的那类现象、特征、属性、行为等,或者高层次具有还原到低层次就不存在的现象、特征、属性、行为等,这意味着从低层次到高层次、从部分到整体发生了质变,即系统整体出现了部分所没有的新质或新量。

(2) 方向性

涌现的方向性,强调上下层次或部分和整体之间的关联问题。人们在某一层次上观察到的非加和式现象、特征、属性、行为等,其根源首先来自下层的要素、关系、运动,是由下向上产生的。在下一层次观察不到,但在上一层次可以观察它、把握它。

---

① 张忠维. 涌现及其内在机理初探[D]. 广州:华南师范大学硕士学位论文,2002.
② 叶培华,徐宝祥. 企业知识生态系统的复杂适应性研究[J]. 情报杂志,2008,27(2):99-103.

专栏

客观事物中的涌现

涌现现象的存在是客观的、普遍的,凡系统,皆有涌现。从自然界到人类社会,从天然事物到人工事物,从实体到符号,从物质领域到精神领域,从科学概念体系到文艺形象体系,只要是系统,就呈现出整体涌现性。

大自然中的系统,如河流、山脉、湖泊、大气、生态等,都具有整体涌现性。一些古代河流干涸后它的河床走向仍然保留着,地质工作者勘察过它的各个地段而未能发现,原因在于他们掌握的只是众多局部信息的总和,从中无法认出关于对象的非加和整体性。而人造卫星拍摄到的是包括整个河床在内的大范围地理环境,包含有关干涸河流整体的特征和走向的信息。苏轼《题西林壁》一诗中所说的"庐山真面目"是庐山这个自然系统的整体涌现性,仅仅横、侧、远、近、高、低地分别考察是不能识别的。

社会系统都具有整体涌现性。一群20世纪40年代的冀中农民,在日本鬼子的疯狂侵略面前无能为力;一旦按照八路军的原则、方针、方法组织起来,建立平原游击队,就能够开展地道战、伏击战、袭扰战,攻城略地,在抗日战争中演出一幕幕威武雄壮的活剧,这种作战能力就是平原游击队作为系统的整体涌现性。从家庭、社区、公司到军队、国家、国际组织,都呈现出各自的整体涌现性。

人工事物都具有整体涌现性。一辆宇宙飞船的所有零部件已全部加工完毕,一个螺钉、一根导线都不缺,如果存放在库房里,不过是一堆零部件而已,不具备飞船的任何特征;一旦组装成完整的飞船,就能够发射升空、遨游苍穹、从事科学研究、收集情报等,这些令人惊异的特性和功能都是其零部件总和不具备的整体涌现性。从手表、自行车到故宫、三峡大坝,它们都显示出各自作为系统的整体涌现性。

文艺形象系统都具有整体涌现性。一首诗是由文字编排组织而构成的文学艺术作品,诗歌作为系统,诗意、神韵、境界就是它的整体涌现性。唐人金昌绪的诗歌《春怨》云:"打起黄莺儿,莫叫枝上啼。啼时惊妾梦,不得到辽西。"构成这个文学系统的20个元素都是普通汉字,无任何文学性可言。然而,一经作者按照五言绝句的规则和自己独创的艺术手法写成诗,一个情痴似傻、天真可爱的少妇的艺术形象便跃然纸上,不仅抒发了她怀念征夫的感人情思,而且传递出深刻的时代气息。反复吟诵,你就会沉浸在它所创造的美学韵味中;如果还原为元素集合:不、打、到、得、儿、黄、叫、惊、辽、梦、莫、起、妾、上、时、啼、西、莺、枝,这一切便不复存在。

2. 作为复杂适应系统的团队

既然凡系统必具有整体涌现性,涌现的存在就是普遍现象。普遍性的东西一定分为不同类型,各具有自己的特殊性,需要分门别类地研究。但涌现的分类是一个新问题,目前远远达不到给出完备分类的程度,甚至尚未明确提出涌现的分类问题。[①] 现代科学意义上,第一个系统研究涌现问题的是约翰·霍兰,他提出了涌现分类:一类可以简化表述为由规则控制的涌现,如弈棋游戏、基因指导下的生物发育等,圣塔菲学派研究的复杂适应系统中的涌现现象都属于这一类;另一类是无控制规则的涌现现象。

复杂适应系统(Complex Adaptive Systems,简称为 CAS)理论是霍兰于1994年提出,并将其界定为"由用规则描述的、相互作用的主体组成的系统",这些主体"在形式和能力方面是千差万别的","随着经验的积累,通过不断变换其规则来适应环境中的其他主体"。团队正是由形式和能力差异很大的人组成的(正如我们在本书第一章提出的,团队由多名相对固定的成员组成,团队成员知识技能互补),这些成员间有充分的社会互动,密切配合,互相依赖,责任共担,通过不断的经验调整适应团队。因此,我们可以将团队看作一个复杂的适应系统。

(1) 团队的复杂性

在团队研究中,I-P-O 团队效能模型是公认的经典模型,认为团队运作是由输入因素影响过程、过程再作用于输出结果。20世纪末期,随着组织环境中的不确定因素增多,团队的复杂性突显,不能对团队效能进行简单预测。I-P-O 模型的简单线性系统、静态理论推演、缺乏时间因素等,受到了质疑和补充。

近些年,团队研究者开始探讨新的团队认知观、建立新的理论模型,试图揭示团队动态发展过程中的复杂性,认为团队的运作看起来更像一个复杂适应系

[①] 苗东升. 复杂性科学的认识论探索——毛泽东《实践论》与复杂性研究[J]. 中国人民大学学报, 2008, 5(2): 146-152.

统的发展过程。①

Ⅰ. 团队构成的复杂性

McGrath(2000)对团队的复杂性进行分析,认为团队具有三类构成因素:成员、目标和资源,团队的运作就是通过三者间的互动形成一个平衡的协调网络。围绕三类因素的团队互动形成了六种子网络,分别是成员、任务、资源、劳动力、角色和工作。

在McGrath提出的适应性系统中,团队因素构成的六个子网络影响团队的系统运作。成员网络发生在团队个体之间,代表团队关系和氛围;任务网络发生在目标任务之间,代表团队运作的工序流程;资源网络发生在团队资源之间,代表相匹配的硬件或软件;劳动力网络发生在成员与任务之间,代表任务的分配;角色网络发生在成员和资源之间,代表个体的工作路径;工作网络发生在任务和资源之间,代表任务的投入成本。由于团队构成因素的交织,形成了团队构成特征的复杂性,因此,团队的系统必须在其间形成动态平衡。

Ⅱ. 团队目标的复杂性

在团队研究中,目标具有个体和团队两个层次的二元属性。DeShon②认为,团队成员向着共同的、有价值的目标而努力,但都有自己的角色和责任,个体能随着时间和环境的变化引导和调整自己的目标定向。个体目标和团队目标完成团队运作中的动态平衡是一个复杂的过程。

DeShon指出,在个体和团队层次上都存在两类目标定向。一是学习目标定向,关注对任务的掌握和理解,以及个体能力的发展。二是绩效目标定向,关注任务的达成,获得对自我能力的肯定。在个体层面上,两者可能是存在冲突的;在团队层面上,因为团队的结构和任务的特性,两者可能相互冲突,也可能相互补充。团队成员所追求的共同目标是在有限的认知水平上达成的,个体和团队都需要不断对目标进行调整。

---

① Allred C A, Burns B J, Phillips S D. The assertive community treatment team as a complex dynamic system of care[J]. *Administration & Policy in Mental Health & Mental Health Services Research*, 2005, 32(3): 211–220.

② Deshon R P, Kozlowski S W, Schmidt A M, et al. A multiple-goal, multilevel model of feedback effects on the regulation of individual and team performance[J]. *Journal of Applied Psychology*, 2004, 89(6): 1035–1056.

Ⅲ. 团队互动的复杂性

传统的 I-P-O 模型对团队要素之间的线性推论是片面的,无法解释团队运作的复杂动态特征。Ilgen 等人[①]认为众多因素在团队互动中起中介作用,应该用中介(Mediator)替代过程(Process)。最后,团队输出应该对输入有一定的反馈性联结,提出了 IMOI 模型。

Ilgen 指出,团队的互动过程是复杂的,应该至少包括三个阶段,形成阶段、运作阶段和结束阶段,而每个阶段可能包括情感、行为和认知三种类型的互动。在形成阶段,主要的互动在于建立成员间的信任,建立团队共享的心智模型和记忆系统;在运作阶段,协调成为主题,培养成员间的亲密感、对团队的归属感和团队学习的氛围;在结束阶段,互动主要体现在团队效能对个体情感、行为或认知多方面的影响。

Ⅳ. 团队产出的复杂性

在团队产出上,经典的团队定义往往以强调任务绩效为主,如 Katzenbach 认为:团队是由一群具有互补的技能、共享的愿景的人组成,有一系列的绩效目标,彼此负有责任。在涌现视角下,Katzenbath 将团队产出进行了系统化的拓展,使团队产出呈现复杂的特征。

McGrath 指出,团队的产出应具备以下三种功能:完成项目任务、实现团队成员的期望、保持系统的完整性。这三种产出通常被称为任务绩效、成员满意度和团队生命力。团队系统完整性的达成,是建立在完成项目任务和实现团队成员的期望之上的,且能够对两者进行调节,以使团队适应环境变更的要求。

(2) 团队的适应性

复杂系统必须应对变化着的环境,根据这些变化的激烈程度,团队必须识别并储存环境变化的信息,在必要时适应地改变其结构。在相关文献或书籍中,有学者将这种适应性称为自组织性,如南非学者保罗·西利亚斯(Paul Cillers)的界定:自组织是复杂适应系统的一种能力,它使得系统可以自发地、适应性地发展或改变其内部结构,以更好地应付或处理它们的环境。团队的适应性表现为以下方面的特征。

① 团队结构的非预设性

团队的内部结构并不是预先设计的结果,也不是由外部组织所决定的,它

[①] Ilgen D R, Hollenbeck J R, Johnson M, et al. Teams in organizations: From input-process-output models to IMOI models[J]. *Annual Review of Psychology*, 2005, 56(1): 517-543.

是个体、团队和组织相互作用的结果。并且团队的内部结构可以动态地适应环境的变化,即便这些变化没有规律。

② 团队结果的非线性

团队的结果,不是对环境变化的机械反馈,也不是可以通过线性描述的。它包含了较复杂的互动、非线性的过程。虽然我们由于研究的限制,只能对影响团队的部分因素进行研究,但是因素的累加并不能有效地预测团队的结果。

③ 团队涌现的整体性

涌现性质是相对于团队整体而言的(如团队学习),团队中的成员行为是依靠局部信息并遵循一般规则的。团队层面的涌现,是通过团队成员的简单行为相互作用而产生的,然而通过还原主义描述团队是不可能的,因为团队成员并不知道团队整体发生了什么规模效应。

④ 团队经验的学习性

团队的复杂性能够增长,团队必须"学习",并将新的经验与"记忆"中先前的情形进行比较。如果更多先前的信息可以被存贮,系统能够更好地进行比较,这种复杂性的增长对于团队适应环境的变化是必不可少的。

3. 团队学习是发生在团队中的涌现现象

团队的成功依赖于成员间紧密联系的方式和相互作用的程度,其运作是复杂系统不断自适应的过程。团队学习是一种提高适应性的团队过程,团队成员通过分享信息、利用信息、指导团队行为,以实现团队持续适应环境变化,是发生在团队中的涌现现象。

(1) 团队目标的复杂性,决定了团队学习的涌现特性

目标是团队存在的理由,在复杂适应系统下尤其重要。在团队研究中,目标具有个体和团队层次的二元属性,这看似背离了团队精神对于目标一致性的要求,实则是对目标二元对立的不断探索,决定了团队学习的涌现特性。

团队成员个体是团队复杂系统可变易的适应主体,而且能够对外部刺激信息做出合乎逻辑的判断与选择,进而做出相应的反应,具有学习和调节自己行为的能力与潜力。DeShon(2014)进一步将目标分为目标定向和任务定向,在Carver(1998)自我调节理论的基础之上,通过团队情境的反馈,完成目标在个体层次和团队层次之间的融合。从团队层面上,这是一个动态平衡的复杂过程,也是团队学习不断进行的互动过程。

(2) 团队互动的复杂性,让团队学习的涌现特性得以充分展开

团队是一个复杂的动态系统,存在于一定的情境之中,随着时间和环境的变更,团队及团队成员都不断发生互动。团队互动存在于团队运作的各个阶段,Ilgen(2005)指出互动的形式包括情感、行为和认知三种类型。可以说,所有的团队要素都参与到了团队运作某个阶段或某个类型的互动,正是这些密集的互动行为使团队学习的涌现特征得以充分展开。

团队学习的互动是变量间的动态交互过程,通过对个体、目标和资源的协调,可以促进团队的有机演化。McGrath(2000)对团队互动的主体进行过了拓展,认为团队互动超越了一般研究将人作为互动主体的局限,团队互动具有系统动态的特征。团队学习中,个体因素所引发的局部动态会引发团队的整体动态,团队的冲突、结构、氛围等因素也会对局部进行塑造和控制,从而使团队行为取得最优化的调节,达到整体大于部分之和的效果。

(3) 团队产出的复杂性,是团队学习涌现特性的集中表现

传统 I-P-O 范式通过对团队输入和过程变量的控住,借助一定的数理模型对团队输出进行预测。该理论在复杂系统下不能得到有效适用,团队输出并非由固定的要素所决定的,各要素间是动态适应的,而团队输出也不仅仅表现为任务绩效,还有团队成员的期待与团队系统的完整性。

团队的产出不再可以被简单地预设,它具备复杂性的特征,是团队学习涌现特征的集中表现。作为复杂系统的团队是一个不断适应的动态过程,在团队互动过程中会不断生成新的结构和模式,完成目标在个体层面和团队层面的融合。这就意味着不能把团队看作一个简单的机器,而是各要素的有机组成,在团队学习的过程中不断交互,最终实现个体和团队目标。

4. 团队学习涌现的阶段及其转化

团队学习通常被定义为一个持续的行动和反思的过程。① 它通过团队获得,结合和运用知识。这个过程通常表现为提出问题、寻求反馈、随机应变、讨论偏差,具有挑战性的假设,并反映在特定的结果上。②

个体作为起点,团队学习离不开对个体成员行为的认知。但是,个体学习

---

① Edmondson A. The local and variegated nature of learning in organizations: A group-level perspective [J]. *Organization Science*, 2002, 13(2): 128-146.

② Edmondson A. Psychological safety and learning behavior in work teams [J]. *Administrative Science Quarterly*, 1999, 44(2): 350-383.

者不一定也不会自动导致团队学习发生。值得关注的是,这些团队成员的独特的想法、见解和行为是如何构成一个团队的水平的现象。①

团队学习建立在团队成员个体的认知活动基础上,通过团队成员之间的互动,将个体成员的知识转化为团队共同的知识。团队学习是一种涌现现象,而涌现及其相关理论并没有具体说明个体层面的认知是如何转化为团队层面的知识的。

团队学习中的涌现,最初起源于认知、情感、行为,或其他个人层面特质,经由个体间的相互作用,逐步放大,表现为一种更高层次的、集体的现象。

个体的认知和行为是团队学习的基础。然而,团队内的个体并不是存在于真空中,他们的认知和行为受到周围环境的影响与制约。Morgeson 和 Hofmann(1999)描述了个体行为是与其所处环境的交互涌现。团队成员分享信息和资源,分享情绪,明确目标,执行方案;在这一过程中成员间持续互相影响,产生连锁反应。连锁反应再以循环反复的模式持续,于是一个集体行动的结构出现了。这个结构超越了个体学习,发展为更高一级的结构。②

Kostopoulos 和 Spanos 及 Prastacos③ 借鉴了 Crossan 等人(1999)组织学习理论中的观点,将团队学习看作一种涌现现象(emergent phenomenon)。Kostopoulos 及他的合作者界定了团队学习的四个阶段:直觉(intuition)、解释(interpretation)、整合(integration)、编码(codification)。

(1)直觉

直觉是"基于经验对于事物发展模式的潜意识层面的认知"。直觉是个体层面的,往往是那些经验层面中隐隐约约,若即若离,可以感知到但是难以言说、难以清晰表达的部分。借助直觉,个体可以随机应变,成功地研发出策略,有效地解决问题;但是很难传递给他人。

(2)解释

解释将个体层面的学习和团队层面的学习有效地联结起来。解释是通过

---

① Kozlowski S W J, Ilgen D R. The science of team success[J]. *Scientific American Mind*, 2007, 18(3): 54-61.
② Morgeson F P, Hofmann D A. The structure and function of collective constructs: Implications for multilevel research and theory development[J]. *Academy of Management Review*, 1999, 24(2): 249-265.
③ Kostopoulos K C, Spanos Y E, Prastacos G P. Structure and function of team learning emergence: A multilevel empirical validation[J]. *Journal of Management Official Journal of the Southern Management Association*, 2011, 39(6): 1430-1461.

言语或行为,将自己的洞察和想法进行澄清与说明的过程,是将自己的认知传递给其他人的过程。

在解释过程中,团队成员开始建立他们自己的认知地图(cognitive map),开始梳理混乱的、没有结构的想法,整理不成熟的思想碎片,将若隐若现的灵感清晰化。解释过程可以让团队成员之间建立共享的认知和共同的话语体系,使团队成员的认知资源聚焦到团队面临的问题情境中去。

(3) 整合

整合是发生在团队层面的学习过程。[①] 整合是通过团队内部彼此协调,让共享的认知有效地转化为协同行动的策略。借助整合过程,团队成员在持续的沟通和实践中,由各行其是的分散式行动到慢慢聚合,最终形成协同行动的默契。

(4) 编码

编码是团队把学到的知识付诸实践,并总结和反思团队学到了什么的过程。编码过程表现为团队把自己的讨论、实践、思考记录下来,以保证团队学习能不断持续下去。如果没有编码过程,团队学到的知识、经验、策略会随着成员更替和岁月流逝而日渐消散,团队层面的知识经验无法留存,团队的实践也只能在低水平上简单重复。

团队学习并不是直觉、解释、整合、编码这四个过程的简单相加,而是这四个过程相互作用的产物。团队学习起始于个体的直觉,通过解释和整合被强化,最终通过编码被物质化。

第二节 中学教师共同体的调查

本节以中学教师共同体为研究对象,论述团队学习的涌现特征。中学教师共同体中存在大量的互动行为,这些互动行为是如何由小到大,由简到繁的?在这种复杂化的过程中,存在哪些特征?为尝试回答这些问题,我们结合质化的访谈研究和量化的问卷调查,设计了混合研究。

---

① Bontis N, Crossan M M, Hulland J. Managing an organizational learning system by aligning stocks and flows[J]. *Journal of Management Studies*, 2002, 39(4): 437-469.

一、研究方法及过程

1. 质的研究:半结构访谈

访谈研究部分,采用了扎根理论建构(Grounded Theory Building,简称为GTB)的方式,进行了半结构访谈。围绕教学团队存在方式(是什么)、活动过程(做了什么)、活动结果(做得怎样)编制了访谈提纲(见本书附录五)。

在苏州市教育质量监测中心的帮助下,我们联系到苏州市的6所学校,并进行了访谈。在选择受访学校时,我们尽量保证受访学校在类型、地域上具有代表性。受访学校既包括重点中学,也包括普通中学,既包括在城市核心区域的学校,也包括在城市边缘、城郊接合部的学校。

访谈之前,我们电话联系了受访学校,请求其安排教师参加访谈。为了保证受访教师的代表性,我们特别请求受访学校在安排受访教师时,既要包括资历深的老教师,也要包括工作不久的新教师;既要包括担任行政职务的领导,也要包括普通一线教师。在访谈方式上,我们请求受访学校尽量采用个别访谈。如果个别访谈有可能影响正常的教学秩序,也可以采用群体访谈。每个受访学校的访谈时间在1.5~3个小时。访谈过程中现场录音,访谈后根据录音整理成Word文本。由两位研究者对访谈文本独立地反复阅读,然后进行编码(见本书附录六)。

2. 量的研究:探索性调查

访谈研究结束后一个月,我们启动了问卷调查。结合访谈研究结果,自编"中学教师共同体调查问卷"(见本书附录七),问卷重点关注中学年级组、教研组的活动情况,兼顾其他教学团队。问卷发放采用纸质问卷发放和网络问卷发放两种方式。

纸质问卷发放在8所学校进行。在进行问卷调查前,我们电话联系受访学校,把印制好的问卷送达学校联络人,并向联络人介绍问卷的调查目的和发放要求,由联络人选择合适的时间和场合向年级组、教研组等团队的核心成员发放问卷。共发出问卷160份,回收109份,其中有效问卷为109份,有效回收率为68.1%。

网络问卷发放利用星网络问卷平台进行。在中学教师QQ群、微信群等网络社交媒体发送问卷链接。总共收到问卷238份,其中有效问卷为111份,有效回收率为46.64%。

二、研究结果

1. 从性质上看,团队学习是中学教师共同体的主要行为特征

教师共同体的三大基本职能是行政管理、教科研、教师的职业发展。无论是行政管理,还是教科研,抑或教师的职业发展,都涉及大量的知识获取和共享、反思经验、研发策略、寻求帮助等行为。团队学习是中学教师共同体的主要行为特征。

(1) 学校行政事务:年级组发挥主导作用

年级组是学校管理中的基层行政组织,在德育和学生管理方面发挥主导作用。日常的行政事务、学生管理都由年级组主导。

年级组是学校三级管理中最低的一级。年级组是(专门)负责管理的,和教学没有关系(G 学校 B 教师)。

许多学校办公室的安排都是以年级组为单位的;同一个年级组的教师共享同一间办公室,或者被分配在相邻的 2~3 间办公室里办公。办公空间的共享或相邻可以方便年级组教师在处理繁杂的行政事务时,进行密集深入的协调和沟通。

(2) 教学管理和教科研:教研组、教研共同体发挥主导作用

教研组负责日常教学的组织、实施和评价。具体来说,教研组负责制订教学计划、安排教学任务、监控教学的实施、对教学效果进行评价。"(教研)组长先把教学要求在会议上公布一下,然后分工到各个备课组,由备课组长针对某个备课组或者某一年级具体实施,我们学校基本上就是按照这个模式来的"(H 学校 A 教师)。

除了教学管理之外,教研组还承担了组织教科研的职能。"教研组主要是承担学校的教科研任务,包括教学改进、论文写作、课题申报等"(G 学校 C 教师)。

教研共同体和校际联盟共同体在联合考试的出题、阅卷方面做了大量的工作。"像正规的大型的期终考试是区教研员组织的,像期中考试是'碧波联盟'负责出卷、考试和阅卷的","各个年级组要做到平时考试、复习、竞赛辅导等同步进行"(H 学校 B 教师)。

（3）培训和教师成长：多种教学共同体协同发挥作用

① 指导、督促、支持

教学工作是一项实践性非常强的工作。即使有丰厚的理论知识，如果缺乏教学技能和教学经验，也不能成为好老师。

"教学共同体的作用主要体现在培养青年教师上面"（B学校B教师）。

指导，体现在资深教师向新教师展示教学技能，传授教学心得。督促，体现在教学共同体帮助教师克服惰性，不断精进业务。支持，体现在教学共同体为教师的专业成长提供物质、信息和智力资源。

② 交流和相互学习

教学共同体极大地促进了教师之间的专业交流。尤其是年级组，同一年级组的教师往往共用一间办公室，共享空间方便教师们在课余时间进行非正式的碎片化交流。碎片化的交流随时随地都可以发生，参与交流的教师又共享同一教学情境；碎片化交流在方便性、顺畅性上要优于正式的交流。

校际联盟共同体打破了学校界限，对跨学校的经验交流发挥了积极的作用。尤其是近年来，某些区域出台了校际联盟共同体内教师定期流动的制度；这便于教学经验的交流，促进了教师之间的相互学习。不仅是新教师能从中获益，老教师也能从这种交流中收获很多，比如老教师能从新教师那里感受到青春的活力，更新自己的教学理念。

2. 从类型上看，中学教师共同体变得越来越复杂

年级组、教研组是最早出现的中学教师共同体，是中学教师共同体最基本的形态。从学校的权力结构来看，行政权力和学术权力是中学的两大权力系统。中学行政权力演变为由"教育局—校长—处室主任—年级主任—班主任"组成的行政系统；中学学术权力演变为由"教育局—教研员—教研组长—备课组长"组成的学术系统。[①] 行政系统的指令最终要落实到年级组上，学术系统的教学构想最终要布置到教研组中。日常的学生管理活动和教学活动，都是依赖年级组和教研组才得以完成的。纵向行政系统中的年级组，横向学术系统中的年级组，构成了中学教师共同体的基本框架。

在年级组和教研组的基础上，中学教师共同体慢慢发展出新的类型，变得越来越复杂。

---

① 周彬."名校集团化"办学模式初探[J].教育发展研究，2005(16)：84-88.

笔者在访谈中发现,中学教师共同体可以分为四大类:传统团队(年级组、教研组)、教研团队、校际联盟、非官方团队。

问卷中,我们对答卷教师列举的团队名称进行分类,可以顺利地归为以上四类,如表4-2所示。

表4-2 中学教师共同体的分类

类别	组建者/管理者	团队名称
传统团队	学校	年级组,班主任会议,教研组,备课组
教研团队	教研室、教研员	市物理中心组,区教改活动组,名师团队,名师工作室,区语文教研团队,数学课改组,学科核心组
校际联盟	教育局、加盟学校	城西办学联盟,碧波办学联盟
非官方团队	资深教师	晋诺工作室,书友会,读书联盟,书法社,九九雅集

(1) 教研团队:以教研员为核心的学术团队

市教育局和区教育局,都设立有教研员。教研员岗位是按照学科设立的,教研员作为某一学科的专家,负责指导辖区内该学科的教学和教科研。为了更好地开展工作,教研员往往会组织辖区内该学科的教学骨干组成教研团队。这些团队名称各不相同,学科协作组、学科中心组、教改组、名师团队、名师工作室都属于教研团队。由于教研员有不同的行政级别(区级、市级),由他们负责的教研团队也就有了相应的行政级别。

教研团队对教学和教科研起到了引领与示范的作用。但是,教研团队成员范围小,惠及面窄。C学校B老师曾经这样描述教研团队:"这个(名师团队)层次比较高,毕竟参加的人比较少,可能受益面还比较窄。不同层次的教师有不同层次的需要;刚才组长也提这个问题。为不同层次的老师建立不同的教学团队,这样才会更好一些,可以各取所需,大家都受益。"

(2) 校际联盟:以地缘关系为核心的综合性团队

校际联盟,是由几所地域相近的学校组成的学校层面的团队;校际联盟的加盟学校之间会开展较为紧密的业务合作,存在广泛的知识交流、技能交流,甚至是人员交流。

校际联盟团队存在三个明显的特征。

第一,加盟学校处于同一区域,存在显著的地缘关系。校际联盟团队显著的地缘关系让这些学校在区域亚文化、生源构成上有很大的相似性,联盟团队内部容易产生共同话题;组织活动时由于彼此临近也减少了路途上的时间消耗。

第二,在"校际联盟团队"这个概念被正式提出之前,这些加盟学校曾经有过长期合作的历史传统。例如,某区教育局在校际联盟团队出现之前,曾把地域相近的学校组合成"片",设立负责人(片长),同属一片的学校联合开展教育教学活动。

第三,校际联盟团队得到了教育局的认可。有时,教育局积极倡导学校之间结成联盟团队,甚至亲自出面组织协调校际联盟团队的事务。

校际联盟团队打破了学校之间的界限,促进了校际交流。但是,校际联盟团队在组织上相对松散,权力责任关系不够明晰,容易引发一些管理上的问题。H学校的C老师这样描述他所在的校际联盟:"(教育局)只指定联盟中某个学校是盟主,盟主学校校长安排联盟活动的所有事务。这个有点为难啊,一个校长能把自己学校管理好就不错了,哪有时间管辖学校外的事情?即使管得好,我们觉得其权威性也是不够的……教育局弄出来一个(校际联盟)团队,它所倡导的方向和理念却没有预先告知……"

(3)非官方的团队:自发组织起来的学术团队

教师这个职业,具有很强的专业性。教师具有强烈的学术发展和业务精进方面的内生性需要。由官方组织和管理的教师共同体,虽然也非常关注和尽力促进教师学术与业务的发展,但其着眼点在于达成组织关注的教学指标;而对没有被教学指标涵盖的方面,则缺乏关注。

教师自发形成的非官方的团队弥补了这方面的不足。非官方团队以资深教师为中心,开展知识交流、技能演练和观摩、业务探讨等活动。如某校的师徒结对、某区的九九雅集就属于非官方的教师团队。

在访谈中有受访者这样描述非官方的教师团队:"非官方的教师共同体比较典型的是园区教师发展中心××老师倡导的九九雅集。九九雅集让我非常受益。因为是非官方的教师共同体,没有强制性,所以每次去交流都是一种享受。教师们带着兴趣和爱好组合在一起,这让教师们更有自觉性。"

3. 从活动来看,团队学习的形式变得越来越复杂

传统的教师共同体(年级组、教研组)体系架构成熟,在制度层面保证了其活动的数量和规模。有的学校实现了年级组和教研组活动的"三固定":时间固定、地点固定、人员固定。

教研团队、校际联盟、非官方团队的活动不频繁,活动次数有时多、有时少。G 学校 B 教师谈到校际联盟的活动时说:"活动的频率大概一学年两到三次,主要看教学安排。"H 学校的名师工作室的活动有很强烈的任务导向,"活动的组织在有任务时非常密集,任务做完了大家就会歇上一段时间"。

传统教师共同体(年级组、教研组)的活动形式主要是听课评课、集体备课、教学研讨。

教研团队、校际联盟、非官方团队的出现,让教师共同体的活动形式日益丰富起来;专家讲座、名师示范、读书会、课改理论学习、微课题研究等新的活动形式不断出现。传统团队也开始逐步采用这些新的活动形式。

问卷调查中,问及教师对团队活动形式的态度,结果如表 4-3 所示。

表 4-3 教师对团队活动形式的态度(%)

	最喜欢的活动形式/%		最讨厌的活动形式/%	
	纸质问卷	网络问卷	纸质问卷	网络问卷
听课评课	33.9	24.0	5.5	3.8
集体备课	23.9	16.0	0	3.8
教学探讨	8.3	11.3	3.7	7.1
读书会	8.3	7.1	13.8	3.8
名师示范	16.5	35.7	0	0.4
课改理论学习	2.8	0	34.9	30.3
微课题研究	2.8	2.5	0	3.36
其他	3.7	3.4	42.2	47.5

经典的活动形式依旧得到了较为普遍的认可。新型的团队活动形式则褒贬不一,可能新型的团队活动还需要更多的设计、磨合和完善。

4. 从学习效果上看,整合了教师个体的智力资源,让整体大于部分之和

教师共同体在互动中,能彼此督促,克服人性中的怠惰。

有受访者在访谈中提及:"上一次名师工作室在我们学校搞活动,其中有一节课就是让我来上公开课。应该说,这个事情给我的压力比较大。因为参与活动的都是名师……自己只能在备课上狠下功夫,多琢磨。这个过程对我是很有用的。"这种督促,不仅发生在年轻教师身上,资深教师也感受到了来自教学团队的督促。"校际联盟对中年以上的教师是有促进作用的,你看到青年教师上课上得那么好(会有危机感)……通过活动,可以学到技巧、方法。知识点的学习都是次要的,关键是获得了一种理念层面的东西……随着我们年龄的增长,自己的教学方式和教学理念都有一点老化,所以我们每次参与活动,都能更新理念,开阔视野。"

教师共同体能彼此提供支持、启发灵感,产生新的思路。为了维护集体的荣誉,教师共同体中有人参加教学比赛,或者开设公开课,都是整个团队共同参与,互相提供信息支持、情感支持和技能支持。团队成员之间的讨论,甚至争执,能迸发出思想的火花,产生新的智力成果。

三、中学教师共同体中团队学习的涌现特征

中学教师共同体在教学中一直发挥着不可替代的作用。它的存在不是一种简单的个体教师的机械结合,而是复杂的、动态的团队形态。团队学习,是中学教师共同体的主要行为特征。中学教师共同体中的团队学习,具备涌现的基本特征。

1. 从小到大,由简到繁

涌现的最本质特征是从小到大、由简到繁。

教师共同体是由小而简单的事物中发展起来的,具备了比原先的事物更为复杂的特征。从历史上看,教师共同体起源于教研组,这是一个由同学科教师组成的教研组织,结构简单,功能单一。随着教学规模的不断扩大,发展出了年级组、备课组。随着教学任务的复杂化和多元化,教研团队、校际联盟等非官方团队开始出现。

教师共同体从规模和构成上都变得更为复杂,所承担的职能也越来越多。教师共同体中的团队学习,也呈现出从小到大、由简到繁的特征。

2. 整体大于部分之和

涌现是一种具有耦合性的前后关系的相互作用,是适应性主体相互作用的结构。即整体行为模式不能根据个体行为规则进行预测,具有整体有而部分无的特质。

教师共同体不是个体教师的简单组合,它具备团队特有的属性、特征、行为和功能。教师共同体的团队学习,增强了教师间的凝聚力和归属感;这不是若干单个教师的学习行为叠加所能产生的。教师共同体的团队学习能促进思想的碰撞,产生新的智力成果,这也不是若干个体教师苦思冥想的集合所能获

3. 层次性

涌现在其既有结构的基础上，可以生成更多组织层次的结构。一种相对简单的涌现可以生成更高层次的涌现，而且对更高层次的认识会比相对简单或基础的层次要容易一些。且高层次的整体宏观现象无法还原为低层次的现象。

中学教师的团队学习行为存在层次性。从结构上来说，有学校层面（年级组、教研组）的小规模团队学习，也有跨学校层面（校际联盟）的中等规模的团队学习。从内容上来说，有基本教学技能的传授（听课评课），也有对教学方法的深入探讨（名师示范），还有对教学规律的深入研究（微课题研究、教改理论探讨）。

第三节 中学教师共同体团队学习的过程

一、研究方法和研究程序

1. 研究对象

选取苏州市 7 所中学为调查对象。在调查开始前，电话联系学校的校长或教务处（教科室、学术处）主任，介绍问卷调查的内容、方式、意义、作用。然后把印制好的问卷和详细的问卷发放说明送至学校。由校长或教务处（教科室、学术处）主任利用开会或者集中培训时间发放问卷。

2. 测量工具

问卷总共分为两种：年级组问卷和教研组问卷。两份问卷的内容基本一致，只是把题目中的"年级组/教研组"做了相应的替换（见本书附录八）。

以团队学习涌现、团队冲突、工作满意度问卷作为测量工具。

（1）团队学习涌现

团队学习涌现采用 Kostopoulos 和 Spanos 及 Prastacos（2011）编制的团队学习涌现（team learning emergence）问卷。问卷分为四个维度，分别是直觉（intuition）、解释（interpretation）、整合（integration）、编码（codification）。总共有 12 道题目，每个维度 3 题。采用 Likert 7 点记分法，从 1（非常不符合）到 7（非

常符合)。问卷在年级组和教研组中的内部一致性信度分别为0.96和0.95。

(2) 团队冲突

团队冲突采用Jehn和Mannix[①]编制的团队冲突问卷。问卷分为三个维度,分别是关系冲突、任务冲突和流程冲突。问卷总共有9道题目,采用Likert 7点记分法,从1(非常低)到7(非常高)。问卷在年级组和教研组中的内部一致性信度分别为0.94和0.91。

(3) 工作满意度

工作满意度(overall job satisfaction),采用Brayfield和Rothe[②]编制的工作满意度问卷。这个问卷有18题版本和6题版本。本研究使用其6题版本。问卷为单维度,采用Likert 7点记分法,从1(非常不符合)到7(非常符合)。问卷在年级组和教研组中的内部一致性信度分别为0.63和0.66。

问卷中还要求答卷者填写人口学变量,包括性别、从教年限、学历。

3. 共同方法偏差

共同方法偏差(common method biases)指的是由同样的数据来源或评分者、同样的测量环境或项目语境及项目本身的特性等所造成的预测变量与效标变量之间的认为共变。共同方法偏差是一种系统误差。

共同方法偏差可以采取程序控制的方式加以避免。本研究中,采取问卷匿名设计、分批测试的方法来控制共同方法偏差。Harman提出可以用单因子检验的技术来检测共同方法偏差。这种技术假设如果共同方法偏差大量存在,在进行因子分析时,要么析出单独一个因子,要么一个公因子解释绝大多数变异。采用验证性因子分析来检验共同方法偏差,设定单一因素的公因子为1,如果模型拟合不好,则说明共同方法偏差不严重。[③]

模型拟合指数为$\chi^2/df = 30.99$,$RMSEA = 0.26$,$NFI = 0.73$,$CFI = 0.73$,$PNFI = 0.44$。模型拟合情况不理想,说明本研究共同方法偏差并不严重。

---

① Jehn K A, Mannix E. Effect of mitigation measures on the long-term evolution of the debris population [J]. *Advances in Space Research*, 2001, 28(9): 1427 – 1436.
② Brayfield, A. H. &Rothe, H. F. An index of job satisfaction [J]. *Journal of Applied Psychology*, 1995. 35, 307 – 311.
③ 周浩, 龙立荣. 共同方法偏差的统计检验与控制方法[J]. 心理科学进展, 2004, 12(6): 942 – 942.

二、研究结果

按照 Crossan 等人[①]的构想,团队学习涌现分为直觉、解释、整合、编码四个阶段。直觉是个体层面的变量,解释是个体层面向团队层面过渡的变量,而整合和编码是团队层面的变量。下面分别从个体水平和团队水平来分析变量。

1. 个体水平的数据分析

(1) 描述性统计

共有 457 名教师参加了问卷调查。其中,男教师 200 人,女教师 257 人;从教年限 2 年以下的 23 人,2~5 年的 17 人,6~9 年的 29 人,10~14 年的 167 人,15~20 年的 99 人,20 年以上的 122 人;中专学历 3 人,大专学历 8 人,本科学历 385 人,研究生学历 62 人。

个体层面其他变量的描述性统计结果如表 4-4 所示。

表 4-4　个体层面其他变量的描述性统计

	最小值	最大值	平均数	标准差
直觉	1.67	7.00	5.91	0.94
解释	2.00	7.00	6.23	0.89
工作满意度	1.67	7.00	5.30	0.72

(2) 配对 T 检验

将个体数据中的"直觉"与"解释"进行配对 T 检验,结果显著($t = -10.44$,$p < 0.001$)。"解释"的得分显著高于"直觉"的得分。

(3) 回归分析

以"解释"为因变量,分别以从教年限、工作满意度、"直觉"为自变量,做回归分析。结果如表 4-5 所示。

[①] Crossan M M., Lane H W, White R E. An organizational framework: Learning from intuition to institution[J]. *Academy of Management Review*, 1999, 24(3): 522–537.

表 4-5　以"解释"为因变量的回归分析

	模型 1	模型 2
从教年限	-0.10^{**}	-0.14^{**}
学历	-0.02	-0.03
工作满意度	0.61^{**}	0.22^{**}
直觉		0.62^{**}
F	91.46^{**}	181.21^{**}
R^2	0.38	0.61

注：*表示 $p<0.05$，**表示 $p<0.01$。

模型1中，从教年限可以显著地负向预测"解释"，工作满意度可以显著地正向预测"解释"，学历不能显著地预测"解释"。将"直觉"加入回归方程之后，"直觉"可以显著正向预测"解释"，其他变量的显著性没有明显变化。

2. 将个体变量转化为团队变量

研究中许多变量是团队水平的变量，应该以团队（年级组或教研组）为分析单位。因此，在数据分析之前，必须把各个年级组或教研组成员的个体变量转化为团队变量。通常用计算平均数的方式实现这种转化。

个体变量转化为团队变量有先决条件：各变量为团队水平变量。

通常采用 $ICC1$, $ICC2$, Rwg 系数来衡量变量是否为团队水平变量，是否可以转化。如表4-6所示。

$ICC1$ 和 $ICC2$ 计算公式如下：

$$ICC1 = \frac{MSB - MSW}{MSB + (K-1)MSW} \qquad ICC2 = \frac{MSB - MSW}{MSB}$$

MSB 指组间均方（mean square between groups），MSW 指组内均方（mean square within groups）。K 是组内个体的数量，如各组数量不一，可取平均量。

$$Rwg = \frac{J\left(1 - \dfrac{\overline{S_{xj}^2}}{\sigma_{eu}^2}\right)}{J\left(1 - \dfrac{\overline{S_{xj}^2}}{\sigma_{eu}^2}\right) + \dfrac{\overline{S_{xj}^2}}{\sigma_{eu}^2}} \qquad 公式1$$

$$\sigma_{eu}^2 = \frac{A^2 - 1}{12} \qquad 公式2$$

J 代表题目数量，$\overline{S_{xj}^2}$ 表示所有题目方差的均值，A 表示评分等级

如果 $ICC1 > 0.05$，$ICC2 > 0.5$；或者 $Rwg > 0.7$，则认为变量为团队水平变量。

表4-6 问卷得分的 $ICC1$、$ICC2$ 和 Rwg

		年级组问卷			教研组问卷		
		ICC1	ICC2	Rwg	ICC1	ICC2	Rwg
团队学习涌现	解释	0.08	0.41	0.90–1	0.17	0.56	0.91–1
	整合	0.08	0.52	0.86–1	0.18	0.57	0.88–1
	编码	0.04	0.47	0.89–1	0.18	0.59	0.81–1
团队冲突	关系冲突	0.06	0.55	0.76–1	0.08	0.55	0.44–0.99
	任务冲突	0.08	0.42	0.83–1	0.03	0.56	0.4–1
	流程冲突	0.04	0.37	0.92–1	0.02	0.44	0.88–1

从整体上来看，大部分变量的 $ICC1$ 和 $ICC2$ 都比较理想。所有研究变量的 Rwg 指数都比较理想。

3. 团队水平的数据分析

（1）描述性统计

各变量的最小值、最大值、平均数、标准差如表4-7所示。

表4-7 各变量的最小值、最大值、平均数、标准差

		最小值	最大值	平均数	标准差
团队学习涌现	解释	4.00	7.00	6.24	0.55
	整合	4.00	7.00	6.21	0.58
	编码	3.78	7.00	5.92	0.68
团队冲突	关系冲突	1.00	6.56	1.63	0.50
	任务冲突	1.00	3.33	2.00	0.52
	流程冲突	1.00	3.22	1.61	0.47

团队学习问卷采用的是利克特7点记分法，分数越高，表明团队学习越明显。团队冲突采用的是利克特7点记分法，分数越高，表明团队冲突越激烈。

由表4-7可知，团队学习的四个维度（直觉、解释、整合、编码）得分较高，团队冲突的三个维度（关系冲突、任务冲突、流程冲突）得分较低。

各变量的相关矩阵如表4-8所示。

表 4-8　各变量的相关矩阵

	1	2	3	4	5	6
1 解释	1					
2 整合	0.92**	1				
3 编码	0.88**	0.84***	1			
4 关系冲突	-0.32**	-0.32**	-0.28**	1		
5 任务冲突	-0.35**	-0.37**	-0.36**	0.74**	1	
6 流程冲突	-0.42**	-0.47**	-0.40**	0.67**	0.74**	1

注：* 表示 $p<0.05$，** 表示 $p<0.01$。

(2) 配对 T 检验

配对 T 检验显示："解释"与"整合"的得分（$t=1.03, p>0.05$）不存在显著差异；"整合"与"编码"的得分（$t=7.00, p<0.001$）存在显著差异，整合的得分（$M=6.21$）显著高于编码的得分（$M=5.92$）。

(3) 回归分析

以创新行为为因变量，团队类型（年级组/教研组）为控制变量，团队学习的四个维度和团队冲突的三个维度为因变量，做回归分析，如表 4-9 所示。

表 4-9　回归分析

	整合	整合	编码	编码
团队类型	0.18	0.03	0.21	0.07
关系冲突	-0.09	0.03	-0.04	0.03
任务冲突	-0.04	-0.01	-0.16	-0.13
流程冲突	-0.36**	-0.12	-0.24	0.06
解释		0.87**		0.81**
整合				
F	6.03**	80.92**	5.00**	35.96**
R^2	0.21	0.84	0.17	0.70

注：* 表示 $p<0.05$，** 表示 $p<0.01$。

在以"整合"为因变量的回归方程中，在"解释"没有进入回归方程之前，流程冲突能显著地正向预测"整合"；而在"解释"进入回归方程之后，流程冲突的显著性消失了，"解释"单独正向预测"整合"。

在以"编码"为因变量的回归方程中,在"整合"没有进入回归方程之前,团队冲突的各个维度均无法显著预测"编码","整合"可以对"编码"进行显著的正向预测。

三、结论与讨论

1. 在中学教师共同体中,团队学习的涌现主要体现在从"直觉"到"解释"这个环节中

根据Crossan等人(1999)的理论,作为涌现现象的团队学习,是从个体层面的"直觉"发展为从个体到团队过渡的"解释",再演进到团队层面的"整合",最终达到"编码"。四个环节层层递进,展现出团队学习的涌现属性。

问卷调查显示,中学教师共同体的团队学习,在"直觉"到"解释"的环节有显著增长,而"解释"到"整合"环节没有显著差异,"整合"到"编码"环节存在显著的衰退。也就是说,中学教师共同体的团队学习主要体现在个体经验向团队经验的转化上,在团队经验转化为团队协同环节有止步不前的趋势,在团队协同到文本化环节则较为薄弱。

2. 从教年限、工作满意度对"解释"有显著的影响

在从教年限、工作满意度、"直觉"共同进入以"解释"为因变量的回归方程时,三变量均显著。这显示了从教年限、工作满意度和"直觉"能够显著预测"解释"的变异。

从教年限显著地负向预测"解释",提醒我们注意丰富的教学经验可能存在的负面效应。多年以来,教师共同体一直强调资深教师对年轻教师的传、帮、带。丰富的教学经验确实对促进教学有帮助。然而,资深教师也可能存在知识结构和话语体系陈旧的情况,这容易成为团队学习中有效"解释"的阻碍。

工作满意度显著正向预测"解释"。这强调了态度因素在团队学习中的重要地位。只有具备了对工作的积极态度,才会促进有效的学习。

3. 从"整合"到"编码"的转换,可能是中学教师团队学习的短板

问卷中"编码"得分显著低于"整合",显示了从"整合"到"编码"的过程存在明显的衰退。

教师职业是行为导向非常强的职业,教师们整日忙于教学和学生管理。教师共同体的主要任务也是讨论与处理教学与管理中出现的新问题和新现象。

然而,教师共同体在团队学习过程中研发出的策略和方法,如果不能系统地记录与文本化,这些宝贵的智力资源将会随着人员的流动而消散,无法成为教师共同体中可传承的知识和技能。

在前期访谈研究中,有些受访者抱怨教师共同体活动在特定水平停滞,不能向前推进的状况。"整合"向"编码"转换过程的不顺畅,可能是这种停滞现象出现的原因。

第五章 创新视角下的团队学习

伴随着日新月异的科技发展和激烈的市场竞争,越来越多的组织意识到技术、产品、服务、系统和工作流程的创新是确保组织长期生存发展的关键因素。一代产品一代神,诺基亚公司以"创新概念,全新体验"的手机产品,在全球手机市场稳做霸主14年之久,可面对智能手机的崛起,诺基亚手机业务锐减并逐渐退出历史舞台。随后,三星公司标榜的智能系统风靡全球,苹果公司以极具创意和审美的 iPhone 产品引领潮流,OPPO 公司以卓越的拍照系统开启手机自拍美颜时代。

创新,已成为科技发展的代名词,面对"要么创新,要么被淘汰"激烈的市场环境,组织在追求产品、技术、服务创新的同时,也意识到了组织系统和工作流程在创新中所发挥的不可替代的作用。正如 Sundstrom 等学者[1]所述,"随着企业的全球化发展,组织正以更快的频率,综合跨越众多特殊领域的知识,建立工作团队"。进入21世纪以来,几乎所有的企业都在尝试进行团队建设,并将企业创新的任务寄托于团队建设。

几十年来的企业实践和科学研究表明,并非所有的团队都能实现创新,反而容易出现"一人成龙,三人成虫"的负面效应。在若干影响创新的因素中,团队学习往往能够促进创新,并能够对其他变量产生影响。[2]《财富》杂志曾指出,"21世纪最具创新力的企业,是那些基于学习型组织的"。

---

[1] Sundstrom E, De Meuse K P, Futrell D. Work teams: Applications and effectiveness[J]. *American Psychologist*, 1990, 45(2): 120-133.

[2] Zellmer-Bruhn M, Gibson C. Multinational organization context: Implications for team learning and performance[J]. *Academy of Management Journal*, 2006, 49(3): 501-518.

在本章中，我们将从创新的视角探讨团队学习，通过实证研究探索团队学习究竟会对创新带来什么影响。我们将把目光聚焦于企业中的团队建设，因为在当下，创新对于企业而言，不仅仅是一种价值追求，更是实实在在的生存考验。

第一节 企业团队、学习和创新

如果把团队比作企业生存的器官，那么团队学习就是能让器官鲜活的血液，而创新则是企业最具生命力的表现。

人是知识的载体，也是创新的实践者，个体创新能力会直接影响到组织创新能力，个体创新是组织创新的基础。[1] 创新行为可能是员工自发的，也可能来自组织或环境的压力[2]，更多研究表明，创新行为似乎是个人特质和工作环境要素结合的产物。

为了更好地进行创新，越来越多的组织开始放弃或改变传统的金字塔结构，在传统组织模式下，个体主要完成所安排的角色内事务，创新并不是主要的工作内容，而被定义为角色外行为，创新行为纯粹是自发自愿的，并且一般不会被组织内正式的奖励系统所认可。[3]

现代组织开始采取更为扁平化的组织结构，团队以其特有的灵活性和卓有成效的执行力脱颖而出。[4] 根据传统 I-P-O 理论模型，研究者发现，团队对创新的影响极具差异性，同样的人才、资金和授权的投入，所获得的回报结果却大相径庭，团队的发展过程尤其是团队学习在其中发挥了至关重要的作用。

---

[1] Amabile T M. A Model of creativity and innovation in organizations[J]. *Research in Organizational Behavior*, 1988, 10(10): 123-167.

[2] Amo, Kolvereid. Organizational strategy, individual personality and innovation behavior[J]. *Journal of Enterprising Culture*, 2005, 13(1): 7-19.

[3] Organ, D. W. A Restatement of the satisfaction-performance hypothesis[J]. *Journal of Management*, 1988, 14(4): 547-557.

[4] Suchan J, Hayzak G. The communication characteristics of virtual teams: A case study [J]. *Professional Communication IEEE Transactions on*, 2001, 44(3): 174-186.

一、团队,企业创新学习的基本单位

21世纪是一个充满动荡与不确定性的时代,企业随时面临技术进步、竞争激烈的挑战,学习团队管理对于现代企业来说变得前所未有重要。过去的数十年中,通过团队的跨职能沟通及其所带来的扁平结构,很多管理人员感到团队增强了组织的灵活性与创新能力,使组织能更快、更好地做出决策。人们越来越多地运用团队来处理不可预见的环境变化、完成复杂的任务,同时保持灵活性。

我国在建立市场经济体制的过程中,也有越来越多的企业开始构建团队。尤其是随着技术复杂性的提高,以个人独立完成任务为基础的工作方式正逐渐被以团队集体完成任务为基础的方式所取代。根据目前学术界对企业团队的研究成果,我们选取最热门的四种类型的团队做简单介绍。需要注意的是,这四个团队是根据研究主题热度甄选的,团队类别间可能存在部分重合的现象。

1. 项目团队

项目团队是企业中最主要的团队存在形式,是以项目为导向、相互联系、同心协力进行工作,并能够与外部环境协调、满足项目利益相关者需求的正式群体。[1]

企业活动,按照劳动性质可以简单地分为两类,一类为具有重复性劳动特征的日常工作,另一类为以非重复性劳动为主要特征的,被称为项目。项目是指一系列独特的、复杂的,并相互关联的活动,这些活动有一个明确的目标或目的,并且必须在特定的时间、预算内,依照规范完成。具有临时性和独特性,其目的是为了推出某种新产品或新服务。

项目团队具有团队的一般特征,但又不同于一般形态的团队。

其一,项目团队目标非常明确,必须在规定的时间内按照规定的标准交付满足利益相关者需求的项目成果。

其二,项目团队的任务具有一次性和独特性的特征。

其三,项目团队是一种临时性的、动态性的组织,项目团队成员的流动性比较强。

---

[1] 张鸿雁. 关于项目团队建设中进行有效沟通的思考[J]. 铁道物资科学管理,2004(02):16-17.

其四,项目团队成员具有互补的知识或技能。

其五,项目团队成员在共同愿景的引导下发挥系统功能,能够迅速地将各类资源整合到一起以形成强劲的生产能力。

2. 创业团队

创业团队一直饱受学界关注,虽然其发展迅速,但在概念界定上分歧较大。大多学者认为,创业团队是联合起来创立一个企业的两个或两个以上的个体,这些个体有共同的财务利益,而且在企业的前创业期就已经存在。

Kamm 等人[1]认为创业团队是指两个或两个以上能够共同组建企业并存在财务利益关系的一群人。Gartner 等人(1994)在此基础上进行了扩展,认为创业团队理应包括对组织战略有直接影响的一群人。Ensley 和 Carland[2]通过整合这两种观点提出了创业团队界定的标准,他们认为只有具有以下三个条件的个体才可列入创业团队的范畴中:一是共建企业,二是彼此具有财务利益关系,三是直接影响企业的战略选择。Schjoedt 和 Kraus[3]则认为,在创业初期履行职责、执行任务的成员都可被认为是创业团队的成员。

创业团队的创业绩效要优于个体创业者的创业绩效。[4] Obermayer(1980)的研究表明,在旧金山等地 33 家成功创业的高科技公司中,有 23 家是创业团队创办的。Cooper 和 Bruno[5]的调查发现,超过 80%的高增长公司是由创业团队创办的。Timmos[6]发现,个人创办的公司,业绩很难超过百万美元。Teach(1986)的研究表明,创业团队人数的规模对于创业企业的成功非常重要,规模越大的创业团队越成功。

对于为什么创业团队的创业绩效要优于个体创业的创业绩效,Gatner

---

[1] Kamm J B, et al. Entrepreneurial teams in new venture creation: A research agenda [J]. *Entrepreneurship Theory and Practice*, 1990, 14 (4): 7 – 17.

[2] Ensley, Michael D, Carland, JoAnn C, Carland, James W. Assessing founder status in entrepreneurship: A definitional perspective[J]. *Journal of Business & Entrepreneurship*, 1998, 10: 37 – 52.

[3] Schjoedt L, Kraus S. Entrepreneurial teams: Definition and performance factors[J]. *Management Research News*, 2009, 32(6): 513 – 524.

[4] Francis D H, Sandberg W R. Friendship within entrepreneurial teams and its association with team and venture performance[J]. *Entrepreneurship Theory & Practice*, 2000, 25(2): 5 – 26.

[5] Cooper A C, Bruno A V. Success among high-technology firms[J]. *Business Horizons*, 1977, 20(2): 16 – 22.

[6] Timmons J A. Careful self-analysis and team assessment can aid entrepreneurs[J]. *Harvard Business Review*, 1979, 57 (6): 198 – 206.

(1985)的研究发现,高技术行业要求更多的技能,而这些技能是单个创业者难以具备的,创业团队就有效地满足了这一要求,使得创业得以成功。Vesper(1990)的研究也指出,创业团队可整合不同的个性、知识、技能和能力。Cooper和Daily(1996)认为,以团队的形式创业,使得创业企业对某个个人的依赖程度降低,可减弱因该人的缺陷或离开所造成的负面影响。

综合不同学者的观点,创业团队一般具有以下四个特征。

(1) 绝对异质性

创业团队的异质性是指团队成员在性别、年龄、种族、专业知识、经验、资源观、价值观、资源禀赋和人格等个人特征方面的差异性,以及团队成员在创业目标、责任与使命、行为模式、风险倾向、风险感知等方面的差异性。在现实生活中,创业者的特质、行为理念各有差异,不可能完全相同,这种异质性是创业团队表现中最重要的指标,是影响创业团队绩效的重要维度。

(2) 相对完整性

创业团队的完整性是指创业团队成员构成一个整体,在资源、经验方面能满足创业企业生存与发展的需要。对于一个创业团队而言,无论创业项目的风险性如何,都不可能全靠自身来实现资源的绝对充实、经验的绝对丰富,也不可能确保创业团队运作绝对有效,特别在创业风险的干扰下,在创业团队内部职能或角色冲突的背景下,创业团队的完整性是难以保障的,因此,创业团队具有相对完整性,这种相对完整性包括职能完整性、技能丰富性和资源充实性。

(3) 有限开放性

基于创业团队的完整性的相对性视角,可以认为,为了应对持续存在并且不断变化的创业风险,创业团队需要不断充实资源、补充技能。其中,充实资源既可以通过创业团队内部资源整合实现,也可以通过一定的途径(包括吸引具有某种新资源的新创业者加入团队)从团队外部获取;补充技能既可以通过创业团队内部学习或培训实现,也可以通过一定的途径(包括吸引具有某项新技能的新创业者加入团队)从团队外部获取。

(4) 持续适应性

创业团队的适应性也就是在创业过程中,创业团队不断调整结构、机制、行为,以抵御创业风险,适应环境与创业生态,提升创业绩效。创业风险具有不可预见性,创业环境具有可变性,在这种背景下创业,团队的适应性显得尤其重要。创业团队的适应性主要表现在通过学习、交流、再构、磨合等方式,实现技能结构、角色结构、权力结构等的持续优化,实现团队合作机制、沟通机制、冲突机制、学习机制等的持续改进,实现决策行为、经营行为、市场开发行为等的持续调整。

3. 高管团队

企业要想在海量的信息中做出高效、正确的战略决策,不仅依赖于 CEO 的特征、行为和背景,还要求高层管理者构建一个团队,并充分利用团队优势,进行高效协作、集体决策,从而更好地适应市场环境的变化和要求。

高层管理团队(Top Management Team,简称为 TMT),又称"高管团队",是"处于企业最高层,拥有战略制定、决策与执行权,负责整个企业的组织与协调高层经理群体"[1]。高管团队负责整个企业的组织与协调,决定企业在市场竞争中的应变能力和决策能力。他们所做的决策是影响企业长期发展、影响企业绩效、关系企业兴衰的战略决策。优秀高管团队被视为企业一种重要的战略资源和核心竞争力,具有稀缺性、高价值性和不可模仿性等特点。他们通过团队协作,能充分发挥团队决策力和协调组织能力,提高决策质量。

全球最具创新力和成功的企业,大多依靠团队的领导和团队决策。全球创新公司 Frog 一直在践行团队决策模式:管理者每周都通过电话进行交流或磋商,每月都参加管理层会议,并在会上解决短期和长期问题。要发送给全体员工的邮件需经多名高管审核,以确保邮件所传递信息与公司目标一致。IBM 一直重视团队领导和团队建设,正是依赖于公司建立的强大的高管团队,才使得公司非但没受明星 CEO 郭士纳(Lou Gerstner)的离职影响,反而继续繁荣。

团队决策的必要性正日益彰显,并逐步取代一言堂。Frog 总裁多林·洛伦兹(Doreen Lorenzo)精辟概括这一情形,即"随着商业环境日益复杂化,创新型企业必须从孤胆英雄向团队领导模式转变,要充分实现有价值的创意,必须通过团队决策"。

4. 研发团队

研发团队已经成为企业技术创新普遍使用的组织单元[2],是依据特定的方式,由一群相互依赖的成员个体为实现创新目标而组建的正式群体,已经成为企业技术创新中最重要的组织形式。

---

[1] Amason A C, Sapienza H J. The effects of top management team size and interaction norms on cognitive and affective conflict[J]. *Journal of Management*, 1997, 23(4): 495–516.

[2] Faraj S, Yan A. Boundary work in knowledge teams[J]. *Journal of Applied Psychology*, 2009, 94(3): 604.

研发团队往往是根据一定的研发工作需要,由来自不同工作领域中的各类人员组建而成。为了有效完成组织交付的研发任务,研发团队必须具备高水准且多样化、配置合理的知识与智能结构,这就要求研发团队的构成人员应具备相辅相成的知识与技能,具有共同的奋斗目标,并且共同承担责任。研发团队的特点主要表现在以下四个方面。

(1)团队成员属于知识型员工,创新能力强

研发团队成研发人员一般是高学历拥有者,文化层次高,具有高度专业化的技能,属于典型的知识型员工。[①] 他们自身人力资本存量较高,拥有企业发展所需要的技术创新知识,具有价值增值的能力,是处于科学研究塔尖的群体,是技术创新变革的主要推动者。

(2)团队成员的流动性较强

研发团队成员属于专用性和稀缺性很强的人才资源,加之知识型员工所具有的独立自主性特点,使他们在企业间的人才争夺战中呈现出较强的流动性。

(3)工作的协同性

对于研发工作而言,其有待解决的问题涉及不同学科和领域,并且问题错综复杂,在这种情况下更需要集体协作去解决,这样培养了研发团队成员相互协作的团队意识。

(4)知识的共享性

由于研发团队成员基本上都是某一方面的专家,研发团队活动的高效开展,就需要通过制度安排及团队文化的支持,实现研发团队成员之间的知识共享。这种知识的共享,不仅表现在团队成员间的共享,还表现在协作企业(组织、个人)间的知识共享。

二、创新,团队学习的有效产出

1. 创新的概念界定

创新是被跨学科、多角度研究的一个概念,它在商业、技术、艺术及社会学领域的研究中占有非常重要的地位。创新概念的起源可追溯到1912年熊彼特的《经济发展概论》。熊彼特在其著作中提出:创新是指把一种新的生产要素和

---

① 袁晓婷. 企业 R&D 团队内部社会网络与团队知识创造关系研究[D]. 广州:华南理工大学,2010.

生产条件的"新结合"引入生产体系。它包括五种情况:引入一种新产品、引入一种新的生产方法、开辟一个新的市场、获得原材料、实现一种新的组织方式。

关于创新的界定,学者们是有争议的。台湾地区学者蔡启通(1997)总结了前人对创新的定义,提出了 4 种对创新定义的角度。①产品观点:指组织设计或产生新的产品,可以用具体的新产品数量来衡量组织创新。[①] ②过程观点:认为创新是一种过程,创新的过程具有阶段性,依据过程而非产品的"结果"来定义创新。③产品与过程相结合的观点,强调创新涉及新产品及新流程的设计与配合。[②] ④采用兼顾技术与管理的角度来定义创新,对管理政策和管理创新层面进行重视。

事实上,学者们对于创新的理解也在不断深化之中,本研究列举了部分学者关于创新的经典表述,如表 5-1 所示。

表 5-1　国外学者对"创新"的定义

提出者	团队定义的表述
Schumpeter, 1912	创新是指把一种新的生产要素和生产条件进行"新结合",它包括五种情况。
Forehand, 1963	创新是指解决问题新的方式,具有灵活多变、新颖等特点。
Dosi, 1988	创新指对新产品、新流程等的探索、实验、运用等一系列过程。
West, Farr, 1989	个人产生、引进、应用有益的新奇事物在组织上的活动。
Farr, Ford, 1990	在工作角色内有意识地引入有用想法、过程、产品或流程。
Annouk, Rudy, 2000	个人试图引入和应用新的概念、方法、产品或流程,并且这些新事物能够给个人、团队或组织带来好处。
West, 2002	创新是一个不断变化的动态过程,要求组织推陈出新、产生并成功运用新方法
Amo, Kolvereid, 2005	员工在组织内引入新流程、开发新产品、打开新市场或以上几种结合的活动

学者们对创新主要表达了以下三个观点:①创新不仅是生产要素的产生,更是与生产条件如新方法、新服务、新效益的结合;②创新是一个动态变化的过

---

① Blau J R, Mckinley W. Ideas, Complexity, and innovation[J]. *Administrative Science Quarterly*, 1979, 24(2): 200-219.
② West M A, Farr J L. Innovation at work: Psychological perspectives[J]. *Social Behaviour*, 1989, 4(1): 15-30.

程,它往往具有阶段性,包含新观点的产生和实施;③创新是一种有益于组织的活动,能够使组织更具竞争力。

2. 创新与创造力

创造力(Creativity)和创新(Innovation)是两个经常被互换使用的词,但它们所代表的意义并不完全相同。

Tsai(1992)指出创造力并不等同于创新,创新的界定主要分为两种不同取向,一种聚焦于新观点的产生,另一种聚焦于新方法的实施。Robbins 和 Coulter(1999)认为,创造力是一种独特的解决问题的意见与想法,或将行动与想法建立新颖联系的能力;创新则是指取得某一想法并将其转化成一项有用的产品、服务,或生产方法的过程。West(2002)认为,创造力只是创新过程的第一阶段,创造力是想法的产生,而创新则是想法在实践中的应用。

创造力更多地表现在理论层面,如 Roger(1954)将创造力定义为由于个人或情境的独特性而产生的新颖的相关产出。Koesler(1964)指出,创造力类似于一个双边的社会性过程,经过深思熟虑,将两种本不相关的想法或事物联系在一起,从而产生新的见解或发现。

Bledow[①] 提出了创新的二元性理论,指出创新必须兼顾表面冲突的需求,并同时开展看似相反的活动,例如探索活动和利用活动。所以完整的创新应该是一个复杂的过程,包括创造和实施两个阶段,其中又包含了探索和利用两类活动的交替循环。通过对文献的整理和研究发现,创造与实施,探索和利用,经常作为一对概念被提出。

从整体上看,创新既包含新想法的提出,又包含对这些想法的实施,而在创造和实施这两个阶段中,很明显需求是相互冲突的。如果某一观点的提出过于新颖,在实施上就会大打折扣,如果将新观点实施的便利性考虑在内,就会对新观点的创新性有所局限。有无新观点的实施是区别创新和创造力的标志。[②]

3. 团队创新的产生

关于团队创新的概念,目前学界比较主流的有两阶段说和三阶段说,前者

---

① Bledow R, Frese M, Anderson N, et al. Extending and refining the dialectic perspective on innovation: There is nothing as practical as a good theory; Nothing as theoretical as a good practice[J]. *Industrial & Organizational Psychology*, 2010, 2(3): 363 – 373.

② De Dreu C K W. When too little or too much hurts: Evidence for a curvilinear relationship between task conflict and innovation in teams[J]. *Journal of Management*, 2006, 32(1): 83 – 107.

认为创新由建议和实施两阶段组成,后者还包括了创意的产生部分。①

根据 West(2002)的理论,本研究将团队创新(Innovation)定义为在团队工作中引进和应用对工作有用的新思想、新流程或新产品。团队创新有别于创造力(Creativity),创新不仅意味着产生新颖和有用的点子,还包括把这些创意付诸实施以产生有利于个人、团队和组织的产品与服务。

专栏 5-1

小米的创新模式

小米公司是众所周知的创新型公司,然而,如果我们罗列一下小米旗下的产品就会发现,小米的产品竟然没有一个是原创性的。对此,小米公司创始人雷军表示,小米的创新是最典型的互联网+,用互联网模式做硬件,是一种高维度的创新,有三个最关键的点。

第一,和用户真心交朋友。

这一点说起来简单,但是不容易做。互联网有一个最大的好处,我们在初期带领所有人在社区里倾听用户的声音,收集了 2.1 亿个帖子的建议和资料,我们把互联网快速迭代引入了硬件产品的研发,把手机系统做到了每周迭代,当时做出来的时候许多人很惊讶,我们坚持到今天主要是因为针对两三百万的铁杆粉丝做每周升级。

这一套模式的核心是"感动人心、价格厚道",其实每一个公司的发展都会经历一段价格厚道的时期,每个公司在起步的时候都用过价格战,都是这么一步一步成长起来的,但是这些公司把性价比当成战术,而没有当成价值观。我也特别害怕 10 年后、20 年后小米变成像我曾经憎恨的公司那样,于是在上市之前我们出台了一套"宪法",小米对用户永久性承诺,小米每年整体硬件业务的综合净利率永远不会超过 5%,如果超过,我们都将回馈给用户。我们把这一条作为公司的硬性规定,每年请审计公司审计我们的利润率。

第二,做感动人心的好产品。

想和用户交朋友除了态度和利润率外,更重要的是生产出感动人心的好产

---

① 李锡元,刘艺婷. 基于心理过程的企业创新团队运作机制研究[J]. 科技进步与对策,2011,28(011):148-152.

品。公司创业初期我们的创始人班子100%是研发工程师背景，平均都有20年行业经验。在创立这个公司的时候，所有人都是技术背景出身，整天在想怎么做好产品。做好产品最核心的是创新和研发，小米的创新力被世界各个知名机构和媒体评价为"在中国的创新都是顶级的"。前不久《财富》杂志评选小米在中国的创新排第三名。

第三，高效率的商业模型。

中国的产品为什么做不好，还有最重要的一点——效率。各个环节效率很低，我们做好一个产品的成本很高，需要卖得非常贵才能挣钱。提高效率以后，我们可以卖得非常便宜，但是把钱主要用在研发上，这样可以用很便宜的价格买到质量非常好的产品。一个商品的价格包括原材料和制造成本、研发设计分摊成本、市场推广与广告、销售及渠道成本和利润。你们买到的任何一款商品，核心是两块：原材料及制造研发、设计成本。我们的关键点是怎么降低和消解这两项核心成本。这里面含有两条重要的内涵：第一条，极致的效率；第二条，严于律己，死磕自己。

总结一下小米的创新，其关键点在于两个方面：①流程创新，尽可能地节约成本，提高产品的性价比；②理念创新，重视用户的体验，达成与用户的共识，抢占用户的认知空间。

资料来源：2019年4月雷军清华演讲实录（有改动）

三、从个体创新到团队创新：时代的选择

如果要为创新选择一个代言人的话，我们最先想到的或许是"发明大王"爱迪生，他凭借自己卓越的智慧，一生发明了2000多项成果。然而今日，当我们听到某个领域的重要突破，如iPhone、Facebook、Twitter时，我们很难将其定义为某个人的发明创造，现在的创新更多地依赖团队而非个人的力量。

伴随着生产方式的发展、知识专业化的进步、环境迭代的变化，从个人创新到团队创新，发挥集体的力量进行创新已经成为时代的必然选择。

1. 生产方式的变化，对合作有更高的要求

合作在促进人类文明发展的过程中起到了至关重要的作用，人类文明的进化史从某种程度上可以看作合作的演进史。历史上，生产方式经历了几次重要的变革，其中，以工业革命的影响最为深刻。

经过三次工业革命的推送，人们的生产方式越来越精细化，亚当·斯密

（1776）很早就指出，由于"劳动时所表现出的更大的熟练、技巧和判断力，劳动分工是必然的产物"，"分工是一种联合劳动"。马克思（1847）也指出，"分工以协作为前提或者只是协作的一种特殊形式"。

分工合作可以显著提高劳动效率，劳动者专业技能的精进及避免不同工作之间转换的时间损耗，都是其重要原因。今天，我们生活的方方面面都是专业化分工生产的产物。如一部 iPhone 手机的生产流程：美国公司提供创意，德日韩企业提供核心零件，中国富士康把它组装起来，如果算上原材料和配件的生产，参与的国家可达十几个。

合作同样反映在团队中。为了完成共同的团队目标，团队各成员必须技能互补，分工协作，发挥各自的优势，共同完成团队任务。

2. 知识的专业化发展，个人所掌握的知识有限

"如果我们假设经济社会中任何人都是全知全能者，那么我们可以宣称社会处于均衡状态。然而这个均衡的含义没有任何经验的意义，在真实世界中，任何人都不知道所有事件及发生原因的真相，每个人所拥有的知识占全社会知识总量微不足道的一部分。"

随着知识经验的不断积累，人类文明的知识储备已经相当丰富，而且知识增长的速度也越来越快，像亚里士多德那样的百科全书式的学者已经不复存在了。即使是一些伟大的科学家，他们可能对某个或某几个领域知之甚多，但他们绝对不可能完全了解所有的知识，这即类似于劳动分工的"知识分工"（the division of knowledge）。

知识日趋专业化的发展趋势，使得每个人都只能掌握特定的知识和经验。反映在团队中，采用团队的形式集体决策，发挥团队内部各个体不同的知识和经验优势，进行知识共享——集体决策比团队内部各个体单独决策更具优势。

3. 环境迭代变化，对创新有了更高的要求

人类早期的创新活动受制于知识积累和信息沟通能力，往往表现为某些天才的灵光闪现，是一种无组织、缺乏有效方法支撑的创新。工业革命后，人们逐渐意识到创新可以带来巨大的财富回报，企业家开始进行有组织的创新活动，使创新活动规模化、制度化。

在农耕时代，社会环境的变化是相当稳定的，环境对创新的要求并不高。如今在客户需求快速变化、市场竞争日益激烈的环境下，企业必须快速创新才能避免被淘汰的命运。据统计，谷歌每 3 个月升级一次 Android 版本，小米手机的 MIUI 系统一周实现一次功能更新,腾讯微信在推出的第一年内实现迭代开发 45 次。

如此高频的创新需求,迫使企业采取更加灵活的对策——团队完成创新任务,主要出于两方面的考虑:一是相较于冗杂的组织系统,团队能够快速捕捉环境变化的信息并进行适应性调整;二是团队内成员技能互补、知识共享,再加上组织的授权,能够大胆地在特定领域实现突破。

四、团队学习对团队创新的促进

1. 团队学习是团队创新的关键

团队学习行为是团队成员获取知识的重要方式之一,是团队成员的认知和行为共同发挥作用的过程。[1] Ellis(2003)将团队学习行为定义为一种由团队成员分享各自的经验而引起团队层面的知识和技能有了相对持久的变化。

团队成员是团队进行学习的主体,因此,团队学习行为能显著影响团队内的个体获取知识、增强创新的能力。团队学习行为能有效促进团队成员间的知识共享,从而增加了团队内的个体成员的知识积累。

团队学习是团队成员之间基于知识和信息交流的过程,这种过程有助于提高团队的生产效率和团队的互动质量,增强彼此间的理解,提升团队成员的满意度[2],使团队适应外部多变的环境,并能够对工作方法和流程进行创新[3]。

2. 团队学习与团队创新的相关研究

关于团队学习和团队创新的关系,学界的观点比较一致,认为团队学习对团队创新有积极的促进作用,主要包括对团队成员个体创造力和团队整体创新绩效两方面的影响。

在对个体创造力影响方面,Edmonson[4]认为,在团队进行学习的过程中,团

---

[1] 陈国权,赵慧群,蒋璐. 团队心理安全、团队学习能力与团队绩效关系的实证研究[J]. 科学学研究, 2008, 26(6): 1283-1292.

[2] Wageman R, Hackman J R, Lehman E. Team diagnostic survey: Development of an instrument[J]. *Journal of Applied Behavioral*, 2016, 41(4): 373-398.

[3] Bunderson J S, Sutcliffe K M. Management team learning orientation and business unit performance [J]. *Journal of Applied Psychology*, 2003, 88(3): 52-60.

[4] Edmondson A. Psychological safety and learning behavior in work teams[J]. *Administrative Science Quarterly*, 1999, 44(2): 350-383.

队内的个体成员的知识得以分享和升华,这有助于提高个体创造力。*Paulus* 和 *Yang*[①] 发现,团队成员之间差异化知识的高频交换,能提高团队吸收及利用知识的效率,从而提高创造力。Giles Hirst(2009)发现,对于本身就倾向于学习的个体(如学习目标导向),以及在较小程度上的绩效证明导向个体来说,团队学习行为有助于他们"发挥出最好的水平"并能提高创新倾向。

在团队整体创新绩效方面,团队学习行为增加了成员间的了解,减少了不必要的误会,促进了整体的知识整合。March(1991)发现,团队学习行为能使团队更加及时、准确地发现外部环境的变化,并整合更新知识,使得团队创造力增强。Edmonson(1999)认为,团队成员的自我疏导、经验共享等学习方式,有利于促进团队整体的"联合创新"。Wong(2004)指出,团队学习行为保留了团队的共同知识,为未来从事类似任务提供了知识积累。

专栏 5-2

创新公司:皮克斯的团队学习

皮克斯动画工作室,简称"皮克斯",是一家专门制作电脑动画的公司。自 1986 年史蒂夫·乔布斯(Steve Jobs)成立皮克斯公司以来,《玩具总动员》《飞屋环游记》《寻梦幻游记》等精彩动画影片层出不穷,每年出品的皮克斯视频都是奥斯卡奖的热门。

在动画制作领域,创意就意味着市场,而皮克斯凭借精彩的创意和先进的技术成功了。皮克斯动画的总裁在《创新公司:皮克斯的启示》一书中提出:皮克斯真正厉害的地方不仅是生产创意,而且独创了一套管理创意团队的机制,让天才们能够毫无障碍地通力合作。

第一,设立"智囊团"。皮克斯的智囊团人员从来不是固定的,只要你擅长讲故事、熟悉电影制度,都能加入皮克斯智囊团,包括导演、编剧、故事总监、文化顾问等。每部电影进行到一定阶段,智囊团就会碰头,讨论新的创意。

第二,追求最佳效果,不怕"推倒重建"。皮克斯的电影即便已经制作完毕,一旦有更好的想法,也会推倒重建。如《机器人总动员》,原结局是瓦力救下了

[①] Paulus P B, Yang H C. Idea generation in groups: A basis for creativity in organizations [J]. *Organizational Behavior & Human Decision Processes*, 2000, 82(1): 76-87.

心爱的机器人伊娃,但智囊团认为原结局没有冲击力,这才改为了伊娃违背程序设定,毅然救下瓦力的结局。

第三,明确要求员工给出建设性批评。我们常会听到这样的批评,"这个活动很无聊""这个方案没有打动我",但就是不知道到底是哪里不够好。这就是非建设性的批评——只说感受而不点明问题所在。皮克斯为了杜绝这种现象,明确要求每次样片修改时,大伙儿都要点出问题并且指出改进的方向。比如,"这是重点台词,但现在的表达不够简单有力"。

第四,注重真实,进行"考察旅行"。皮克斯在这一点上做得更彻底,直接让主创人员到故事背景地考察旅行。比如以墨西哥为背景的《寻梦环游记》,主角是一个鞋匠世家,主创特意拜访了墨西哥当地著名的鞋匠,了解做鞋的各种工艺。片中的万寿菊、剪纸等物品,也都是现实中墨西哥街头常见的装饰物。

第五,确保制作中只有导演才有最终决定权。一个项目参与的人越多,就越容易出现很多人给出意见、话语权混乱的情况,甚至还可能导致由高层"外行指导内行"。在皮克斯,绝不允许这种情况发生,公司明文规定导演在制作中有最终决定权,即便是高层的建议,导演也可以合理回绝。

第六,不浪费时间,尽快试错。皮克斯不会原地纠结,认为一个方案不行就及时否定,然后尽快尝试其他方案,而不是等待最佳方案。比如影片《怪物电力公司》就经过了无数次否定和不断尝试的过程,主角设定从一个30岁的男人,变成小男孩,最终又改为小女孩,才进入剧本阶段。

第七,营造团队安全感,公开分享失误。皮克斯由领导层带头,公开分析自身犯错的原因。这让整个公司有良好的氛围,员工都愿意公开表达意见,避免类似的问题再次出现。

第八,重视新老员工的传承,制定培训制度。皮克斯明文规定,资深导演每周都要和新人进行交流,并设置了一套新人培训课程,确保新老员工不断层。

第九,改善办公环境,打破层级来交流。皮克斯的大会议室摆放了一张能围坐30人的长桌,开会时每个人都有座位牌,但后来人们发现,这让坐在中间的人的意见显得更重要,反而强化了层级,交流效果不好。因此,皮克斯就取消了长桌和座位牌,换成10个人左右的小桌,更利于自由沟通。

第十,设立"点评日"集思广益。很多公司会收集员工对公司的建议,但大多是私下场合的零碎建议。皮克斯从2013年起,制定了专门汇集意见的"点评日"传统——全体员工当天暂停工作,只做一件事:讨论如何把皮克斯建设得更好,比如"如何搭建一个跨项目的共享资料库""如何消灭特权现象"……经过讨论,公司再选出优秀方案试行。

皮克斯公司出色地发挥了团队学习的作用,我们不难发现,皮克斯公司在内部知识共享做得很彻底,除了规范日期、选拔人员外,连座位排列和表达方式都极其考究,而知识共享正是团队学习的核心所在。

第二节 团队学习与团队创新的作用机制

随着团队在组织中的广泛应用,团队层次的学习行为成为近年来研究的热点。"团队,而非个体,是现代组织中最基本的学习单元"。团队学习因其对于创新的重要性,得到学者们的广泛关注。

个体的创新行为往往是在团队背景下发生的,了解团队因素如何影响个体创新,考察个体与团队的动态互动过程,是研究团队创新的重要课题。[①]

一、团队创新的可能影响机制

1. 团队过程对团队创新提供多方面的影响

团队过程是一个复杂的影响变量,对团队创新的影响也是多方面的。其中,团队学习对于知识的整合,减少团队成员误会,提高团队互动质量等方面有重要的作用,对于团队创新有积极的促进作用。

团队冲突对于团队创新的影响可能是多维度的,一方面可能导致团队成员间关系更为紧张、成员间的合作性行为降低,另一方面可以防止群体思维的产生,从而改善团队战略性决策与创造性的绩效。

2. 工作特征为团队创新提供了有机环境

工作特征泛指工作本身及与工作相关的因素或属性。该构念最早源于 Taylor 所提出的"科学管理"四原则,即工作的专业化、系统化、简单化和标准化。工作构成的方式对员工的内在动机和工作中的创造性输出是非常重要的。工作特征之所以对员工创新行为产生积极影响,其可能的原因在于:工作中的

---

① Hirst G, Dick R V, Knippenberg D V. A social identity perspective on leadership and employee creativity[J]. *Journal of Organizational Behavior*, 2009, 30(7): 963–982.

复杂性问题的解决需要员工创造性地投入,工作的多样性往往能够提供员工更多解决问题的视角,工作的互依性为员工之间的知识共享提供了机会。

一些研究结果支持了以上观点。例如,Shalley等人(2004)也认为当个体从事复杂的工作时,会产生更多的创新行为。Hatcher等人(1989)的研究结果表明,工作复杂指数与员工为组织建言项目提出的新想法数量显著正相关。Amabile和Gryskiewicz(1989)验证了员工自我报告的创新性与自由度、挑战的工作之间显著相关。Shalley等人提出并验证了如果给予更多的发展反馈,员工会表现出更大的创造力。国内学者王端旭和赵轶[①]也验证了工作自主性、技能多样性两类工作特征维度有利于激发员工创造力。

二、研究的假设

1. 工作特征影响团队创新

假设1:工作的复杂性、多样性、互依性对团队创新氛围有正向影响。

假设2:工作的复杂性、多样性、互依性对团队创新行为有正向影响。

2. 团队学习在工作特征和团队创新之间的中介作用

假设3:团队学习是工作特征和团队创新氛围之间的中介变量。

假设4:团队学习是工作特征和团队创新行为之间的中介变量。

3. 团队冲突的调节作用

假设5:团队冲突是团队学习和团队创新氛围之间的调节变量。

假设6:团队冲突是团队学习和团队创新行为之间的调节变量。

三、研究设计与数据处理

1. 研究对象

本研究以团队创新为因变量,因此,要选取以创新为重要目标的团队作为研究对象。科研工作的重要目标之一就是创新,科研团队作为本研究的研究对象是非常合适的。

在两所综合性高校选取了77个大学生科研团队。这些科研团队中,30个

---

① 王端旭,赵轶. 工作自主性,技能多样性与员工创造力:基于个性特征的调节效应模型[J]. 商业经济与管理, 2011, 1(010): 43-50.

承担省级科研课题,47个承担了校级科研课题。所有的大学生科研课题立项都在一年以上。每个科研团队的成员都是高年级的本科生,团队的人数在5~12人,平均4.6人。

2. 研究工具

使用已发表的成熟问卷作为研究工具。

(1) 团队创新行为问卷

Soctt和Bruce(1994)编制了创新行为问卷,本研究采用该问卷的修订版本。该问卷共由5题组成,单一维度,使用利克特5点评分法。量表从创意产生,到寻求创新支持,再到创新计划落实等方面来描述创新行为。

(2) 团队创新氛围问卷

采用Anderson和West[①]编制的创新氛围问卷。该问卷共有37道题,由五个维度构成,分别是愿景目标(vision,11题)、任务导向(task orientation,7题)、创新支持(support for innovation,8题)、参与安全(participative safety,8题)、互动频率(interaction frequency,3题)。使用利克特5点计分法。

愿景目标指团队有一种清晰的价值构想,可以激励团队成员努力工作。任务导向是指团队成员为了达到预期结果,通过评估、修正、控制来关注高质量的绩效。创新支持指团队期望并赞同其成员提出的创新观点,并为此提供实际支持。参与安全指团队鼓励其成员参与决策,成员并不会因为参与决策而导致人际方面的威胁。互动频率指团队成员之间交流研讨的频繁程度。

(3) 团队学习问卷

采用Edmondson(1999)编制的团队学习导向行为问卷。邱家彦翻译。该问卷测量了5种典型的团队学习行为:寻求反馈和寻求信息、寻求帮助、讨论失误、敢于尝试、总结经验。使用利克特7点评分法。该问卷共有7个题目,克隆巴赫α系数为0.78。

(4) 工作特征问卷

采用Dean和Snell(1991)编制的工作特征问卷。该问卷共有17道题,由三个维度构成:工作复杂性(job uncertainty,3题)、工作多样性(job variety,7题)、工作互依性(job interdependence,7题)。采用利克特7点计分法。

---

① Anderson N R, West M A. Measuring climate for work group innovation: Development and validation of the team climate inventory[J]. *Journal of Organizational Behavior*, 1998, 19(3): 235-258.

(5) 团队冲突问卷

采用 Jehn 和 Mannix[①] 编制的团队冲突问卷。邱家彦翻译(2005)。问卷共有 9 题,由三个维度构成:关系冲突(3 题)、任务冲突(3 题)、流程冲突(3 题)。采用利克特 7 点记分法。

3. 研究过程

(1) 问卷的发放和回收

通过学生科研课题的主管教师联系到学生科研团队的负责人,向其说明本研究的目的和意义,争取到其配合。由科研团队负责人组织,邀请其成员在午休时间或者自习时间到指定地点(如会议室)填写问卷。在问卷填写过程中由受过训练的高年级本科生担任主试,负责维持秩序,回答问题,回收问卷。问卷填写结束后赠送小礼物给学生科研团队成员以感谢其支持和配合。

共发放问卷 240 份,收回 223 份,有效问卷 223 份,有效回收率为 92.9%。参与调查的大学生中,男生 82 人,女生 141 人;一年级学生 9 人,二年级学生 61 人,三年级学生 126 人,四年级学生 27 人;文科专业学生 103 人,理工科专业学生 120 人。

77 个大学生科研团队中,有 57 个团队有 2 名或 2 名以上的成员参与了调查,另外 20 个团队仅有 1 名成员参与了调查。

(2) 将个体变量转换为团队变量

本研究是以团队作为分析单位的。因此,在数据分析之前,必须把各个团队成员个体变量转化为团队变量。这种转化可以用计算团队成员得分的均值的方式来实现。但是这样的转化是有条件的,即各变量在团队成员内部有一致性,各变量均为团队水平的变量。

本研究采取 Rwg 系数作为衡量变量是否为团队变量的指标。Rwg 系数是由 James,Demaree 和 Wolf[②] 提出的一种一致性指标,用来考察两个或多个个体在项目评分上的一致性程度,区间在 0~1,越接近 1,说明一致性越好。如果 Rwg 系数达到 0.7,则证明该变量可以看作团队水平的变量。

将 52 个有 2 人及 2 人以上的成员参加调查团队的数据,计算研究变量的

[①] Jehn K A, Mannix E. Effect of mitigation measures on the long-term evolution of the debris population [J]. *Advances in Space Research*, 2001, 28(9): 1427-1436.

[②] James L R, Demaree R G, Wolf G. Estimating within-group interrater reliability with and without response bias[J]. *Journal of Applied Psychology*, 1984, 69(1): 85-98.

Rwg 系数,发现均大于 0.7。可见 52 个团队所有的研究变量均为团队水平的变量。

大学生群体本身同质性比较高,再加上 52 个有多人填写问卷的团队所有变量均为团队水平变量。本研究假设,20 个仅有 1 人填写问卷的团队,其数据很可能足以代表团队的整体状况。因此,本研究将这 20 个团队的个体数据视为团队数据,参与后续统计分析。

四、研究结果

1. 描述性统计结果

如表 5-2 所示,工作复杂性与团队学习($r=0.28$,$p<0.01$)、团队创新行为($r=0.27$,$p<0.05$)之间存在显著相关;工作互依性与团队学习($r=0.46$,$p<0.01$)、团队创新氛围($r=0.34$,$p<0.01$)、团队创新行为($r=0.24$,$p<0.05$)之间存在显著相关。工作多样性与团队学习、团队创新氛围、团队创新行为之间均不存在显著相关。

假设 1 和假设 2 得到了部分验证。

表 5-2 描述性统计表

	M	SD	1	2	3	4	5	6	7	8
1 工作复杂性	5.11	0.72								
2 工作多样性	4.37	0.55	0.18							
3 工作互依性	4.36	0.61	0.15	0.27						
4 关系冲突	2.43	0.92	0.12	0.18	-0.01					
5 任务冲突	3.31	0.94	-0.03	0.06	-0.01	0.71**				
6 流程冲突	2.24	0.88	-0.09	0.16	-0.08	0.74**	0.58**			
7 团队学习	5.16	0.8	0.28	0.13	0.46*	-0.12	-0.28*	-0.17		
8 团队创新氛围	4.1	0.45	0.1	0.08	0.34**	-0.29*	-0.35*	-0.32*	0.64**	
9 团队创新行为	3.98	0.51	0.27	0.13	0.24*	-0.02	-0.12	-0.02	0.51**	0.70**

注:* 表示 $p<0.05$,** 表示 $p<0.01$。

2. 分层回归假设检验

（1）团队学习在工作特征和团队创新之间的中介效应

根据 Baron 和 Kenny(1986)提出的检验中介效应的方法：①做中介变量对自变量的回归，自变量系数显著；②做因变量对中介变量的回归，中介变量系数显著；③做因变量对自变量、中介变量的回归，中介变量系数显著，如果自变量的系数是不显著的，那么存在完全中介效应，如果自变量的系数是显著的，但是相比②有显著下降，则存在部分中介效应。

分别检验团队学习在工作特征与团队创新行为，工作特征与团队创新氛围之间的中介效应。

如表5-3所示，模型1和模型2显示：团队学习在工作复杂性和团队创新行为之间存在完全中介效应。模型3和模型4显示：团队学习在工作多样性和团队创新行为之间不存在中介效应。模型5和模型6显示：团队学习在工作互依性和团队创新行为之间存在完全中介效应。

表5-3 团队学习在工作特征与团队创新行为之间的中介效应

	模型1	模型2	模型3	模型4	模型5	模型6
工作特征：复杂性	0.28**	0.13				
工作特征：多样性			0.13	0.06		
工作特征：互依性					0.24*	0.01
团队学习		0.48**		0.51**		0.51**
F	5.72**	14.40**	1.19*	13.49**	4.50*	13.25**
R^2	0.06	0.26	0.01	0.25	0.04	0.24

注：* 表示 $p<0.05$，** 表示 $p<0.01$。

如表5-4所示，模型5和模型6显示：团队学习在工作互依性和团队创新氛围之间存在完全中介效应。而模型1—4显示：团队学习在工作复杂性与团队创新氛围之间、工作多样性与团队创新氛围之间不存在中介效应。

表5-4 团队学习对工作特征与团队创新氛围之间的中介效应

	模型1	模型2	模型3	模型4	模型5	模型6
工作特征:复杂性	0.10	-0.09				
工作特征:多样性			0.08	-0.01		
工作特征:互依性					0.34**	0.06
团队学习		0.66**		0.63**		0.61**
F	0.67	25.66**	0.50	24.87**	9.64**	25.13**
R^2	0.01	0.40	0.01	0.39	0.10	0.39

注:*表示$p<0.05$,**表示$p<0.01$。

(2) 团队冲突的调节作用分析

为了检验团队冲突在工作特征和团队学习之间的调节作用,采用温忠麟、侯杰泰和张雷(2006)提出的检验有中介的调节(mediated moderation)方法来检验团队冲突的调节作用:①做因变量对自变量,调节变量和自变量乘积的回归,调节变量和自变量的乘积显著;②做中介变量对自变量,调节变量,调节变量和自变量乘积的回归,调节变量和自变量的乘积显著;③做因变量对自变量,调节变量,调节变量与自变量乘积,中介变量的回归,中介变量显著。

在上面的分析中,由于团队学习在工作多样性和团队创新行为之间不存在中介效应,因此,只检验团队冲突在以工作复杂性、工作互依性为自变量,团队学习为中介变量,团队创新行为为因变量的模型中是否存在中介效应。

如表5-5所示,模型1、模型3、模型4显示:团队冲突在以工作复杂性为自变量,团队学习为中介变量,团队创新行为为因变量的模型中,存在中介效应。

表5-5 以团队创新行为作为自变量的模型中,中介效应的检验

	团队学习		团队创新行为			
	模型1	模型2	模型3	模型4	模型5	模型6
工作特性:复杂性	0.07		0.17	0.12		
工作特性:互依性		0.15**			0.09	-0.03
团队冲突	-1.78**	-1.70	-0.79**	0.34	-0.80**	0.45
团队冲突×团队学习	1.79**	1.72**	0.83**	-0.32	0.85**	-0.41
团队学习				0.64*		0.74**
F	193.48**	228.28**	7.63**	7.15**	6.84**	6.70
R^2	0.88	0.90	0.21	0.25	0.19	0.52

注:*表示$p<0.05$,**表示$p<0.01$。

模型2、模型5、模型6显示:团队冲突在以工作互依性为自变量,团队学习为中介变量,团队创新为因变量的模型中,存在中介效应。

在上面的分析中,由于团队学习在工作复杂性与团队创新氛围之间,在工作多样性与团队创新氛围之间均不存在中介效应。因此,只分析团队冲突在以工作互依性为自变量,团队学习为中介变量,团队创新氛围为因变量的模型中是否存在中介效应。

如表5-6所示,团队冲突在以工作互依性为自变量,团队学习为中介变量,团队创新氛围为因变量的模型中,不存在中介效应。

表5-6　以团队创新氛围作为自变量的模型中,中介效应的检验

	团队学习	团队创新氛围	
	模型1	模型4	模型5
工作特性:互依性	0.15**	0.14	0.13
团队冲突	-1.70**	-1.27**	-1.12*
团队冲突×团队学习	1.72	1.05**	0.90
团队学习			0.09
F	228.28**	22.51	16.71
R^2	0.90	0.46	0.45

注：* 表示 $p<0.05$，** 表示 $p<0.01$。

五、讨论

(一)工作多样性与团队学习、团队创新行为、团队创新氛围不存在显著相关,可能与团队分工有关。

(二)工作互依性与团队创新行为、团队创新氛围都存在显著正相关,而工作复杂性仅与团队创新行为存在正相关。这可能意味着工作复杂性更多地体现团队协作的客观要求,而工作互依性更多地增加团队协作的内部动力。

(三)团队学习是团队创新的重要生成机制,它可以把外在的工作特征,转化为内部的团队创新氛围和创新行为。

(四)团队冲突在模型中存在中介效应,负向调节工作复杂性、工作互依性和团队学习之间的关系。这再次凸显了团队冲突的负面作用。

六、结论

团队学习是工作特征和团队创新之间的转化机制。工作复杂性和互依性对团队创新行为的影响是以团队学习为中介而产生的。工作互依性以团队学习为中介影响团队创新氛围。

团队冲突对团队创新存在消极作用。团队冲突负向调节工作复杂性、工作互依性与团队学习的关系,团队冲突对工作复杂性、互依性与团队创新行为的调节作用是以团队学习为中介而产生的。

第三节 不同组织类型中的团队学习与团队创新

一、组织类型及其隐含的意义

创新理论经过不断演进和发展,已经很难从单纯的技术要素角度或非技术要素角度进行分析,更多地转向基于系统的角度对不同创新要素进行关联性分析。[1] 团队创新一般是在组织系统内发生的,组织的类型、文化、制度和战略都可能对团队创新产生重要影响。

创新进化论的创立,推动了创新技术要素创新和非技术要素创新的融合,开始启发人们更多地将创新置于系统论的框架之内。在这样的背景下,创新作为一个系统整体的概念,组织类型对创新有非常重要的影响。

二、组织类型对团队学习、团队创新的影响

1. 组织类型目标决定了团队学习的内容

不同的组织类型往往是通过不同的组织目标进行区分的。目标一直是组织理论研究的重要话题,虽然其定义基础而又模糊,但研究者仍用它来强调所

---

[1] 许合先. 企业组织的创新类型、组织类型及其管理风格的选择[J]. 科技管理研究, 2005, 25(12): 155-158.

关注的组织问题。① Clark 和 Wilson② 等自然系统的代表者则强调目标的"动机"功能:目标是组织成员认同与动因的来源。Scott(2003)则指出目标提供了从可选择的行为方向中进行创造和选择的标准,目标在为决策和行为提供指导的同时,也将限制决策和行为。

多种功能的混杂决定了目标的复杂性。③ 组织目标的达成是通过组织中个体、团队、组织和环境的互动实现的,随着组织日益扁平化和团队的流行,复杂的组织目标一般需要分解为若干的团队目标,并通过团队的形式实现。

事实上,组织目标对团队行为的影响是复杂的。在将组织目标划分为团队目标时,两者间往往存在矛盾,突出表现为经济利益与共同愿景结合点的不统一。④ 根据目标设定理论,目标的明确度和难度也会对团队行为产生影响。组织目标往往是形式目标和实际目标的结合体,如何恰当地将组织目标转化为团队或个人的行为就变得十分重要。⑤

并不是所有的团队都可以发生团队行为的,Fligstein⑥ 的研究表明,稍微有难度的目标能够对团队成员施加积极的压力,促使团队更好地进入团队学习过程。目标的激励力量已有大量研究可以证实:在团队学习中,目标必须得到清晰的定义,确保所有团队成员理解该目标。

2. 不同组织类型对创新有不同的要求

关于组织类型,学者们往往根据自己的研究目的进行区分,这种区分方式有经验划分和维度划分两种方式。例如,Burns 和 Stalker⑦ 将组织划分为三个维度:层级标准的数量、知识和控制集中于组织的顶层的范围、规章和政策执行的程度,这三个维度可将组织分为官僚的或有机的。

---

① 葛建华,王利平. 多维环境规制下的组织目标及组织形态演变——基于中国长江三峡集团公司的案例研究[J]. 南开管理评论, 2011, 14(5): 12 - 23.
② Clark P B, Wilson J Q. Incentive systems: A theory of organizations[J]. Administrative Science Quarterly, 1961, 6(2): 129 - 166.
③ Perrow C. Organizational prestige: Some functions and dysfunctions[J]. American Journal of Sociology, 1961, 66(4): 335 - 341.
④ 尹瑞强,王新华. 组织目标与个人目标关系理论研究简评[J]. 山东科技大学学报(社会科学版), 2008, 10(3): 58 - 60.
⑤ 王利平,苏雪梅. 组织的正式化及其限度[J]. 中国人民大学学报, 2009, 23(3): 112 - 118.
⑥ Fligstein N. Competition management. Book reviews: The transformation of corporate control[J]. Science, 1990, 250(4982): 839 - 840.
⑦ Burns T E, Stalker G M. The management innovation[J]. Administrative Science Quarterly, 1961, 8(2): 1185 - 1209.

Schumpeter(1990)的创新理论提出了两种创新模式。第一种创新模式指出创新是新组织不断形成和建立的结果,是在同类组织群内优胜劣汰的过程和结果,这种创新一般发生在个体企业和小型学术团体中。第二种创新模式指出组织创新是依靠组织内部形成的创新优势和竞争力实现的,这种创新一般发生在大型企业和科研机构。Duncan(1976)指出,不同的创新需要组织类型与之相适应,组织类型对组织内成员的目标、互动及创新都有重要的影响。

三、研究设计与研究假设

假设1. 团队学习是工作特征和创新行为之间的中介变量。

假设2. 组织类型和团队类型在团队学习与创新行为之间起中介作用。

1. 研究对象

本研究在四家公司选取了35个团队作为研究对象。

A公司,从事广告传媒业,创立于2010年,2016年上市。经营定位为整合营销服务提供商。公司现存四大业务模块:品牌设计、传媒广告、新媒体营销、活动策划。

B公司,从事房地产营销业务,成立于2009年。公司现存五大业务模块:房地产全案策划、房地产营销代理、房地产招商推广、房产资讯、房地产品牌策划。

C公司,从事金融投资业,成立于2001年,国企。公司现存三大业务模块:股权投资、债券金融服务、融投资服务。

D公司,从事工业自动化业务,成立于2008年,上市公司。公司主要业务为生产工业机器人核心部件、装备领域的电机驱动和控制系统。

E高校,综合性大学,211高校,成立于1901年。

A公司的核心竞争力在于为其他公司提供广告传媒服务,因此称为传媒服务型组织;B公司的核心竞争力在于为房地产企业提供营销策划和代理,因此称为营销服务型组织;C公司的核心竞争力是其金融知识和技术,因此称为金融技术型组织、D公司的核心竞争力在于其工业自动化技术,称为工业技术型组织;E高校的核心竞争力在于人才培养、科学研究,称为科研教学型组织。

参与研究的58个团队分布在不同的部门,工作内容也差异很大。主要分为两类。业务团队,包括市场、策划、设计、研发等团队;行政团队,包括人力资源、总裁办、后勤、财务等团队。如表5-7所示。

表 5-7　参与调查的团队情况

	业务团队	行政团队	总计
A 公司	4	8	12
B 公司	2	1	3
C 公司	5	7	12
D 公司	1	7	8
E 高校	23	0	23

总共发出问卷 226 份，回收有效问卷 203 份。有效回收率 89.8%。每个团队有效问卷数为 2~12 份，平均 4.5 份。

2. 研究工具

团队创新行为问卷：Soctt 和 Bruce(1994)编制了创新行为问卷，本研究采用该问卷的修订版本(吴静吉，2006)。该问卷共由 5 题组成，单一维度，使用利克特 5 点评分法。量表从创意产生，到寻求创新支持，再到创新计划落实等方面来描述创新行为。

团队学习问卷：采用 Edmondson(1999)编制的团队学习导向行为问卷。邱家彦翻译。该问卷测量了 5 种典型的团队学习行为：寻求反馈和寻求信息、寻求帮助、讨论失误、敢于尝试、总结经验。使用利克特 7 点评分法。该问卷共 7 个题目，克隆巴赫 α 系数为 0.78。

工作特征问卷：采用 Dean 和 Snell(1991)编制的工作特征问卷。该问卷有 17 道题目，由三个维度构成：工作复杂性(job uncertainty，3 题)、工作多样性(job variety，7 题)、工作互依性(job interdependence，7 题)。采用利克特 7 点计分法。

3. 问卷发放和数据处理

(1) 问卷的发放和回收

通过公司的人力资源部或高校的学生科研主管机构联系到团队负责人，向其说明本研究的目的和意义，争取到其配合。由团队负责人组织发放问卷，然后通过快递的方式返回问卷。向团队负责人移交问卷时同时赠送与问卷数量相等的小礼物，感谢答卷者对于本研究的支持和配合。

(2) 将个体变量转化为团队变量

本研究以 Rwg 系数作为衡量某变量是否为团队变量的指标。Rwg 系数是由 James 和 Demaree 及 Wolf[①] 提出的一种一致性指标,用来考察两个或多个个体在项目评分上的一致性程度,区间在 0~1,越接近 1,说明一致性越好。如果 Rwg 系数达到 0.7,则证明该变量可以看作团队水平的变量。

根据 58 个参加调查团队的数据,计算所研究变量的 Rwg 系数,发现均大于 0.7。可见 58 个团队所有的研究变量均为团队水平的变量。

四、研究结果

1. 描述性统计

如表 5-8 所示,团队类型与团队学习($r=0.31$, $p<0.05$)之间存在显著相关,工作复杂性与团队学习($r=0.27$, $p<0.05$)、团队创新($r=0.31$, $p<0.05$)之间均存在显著相关,工作互依性与团队学习($r=0.27$, $p<0.05$)之间存在显著相关。

表 5-8 描述性统计表

	M	SD	1	2	3	4	5	6	7
1 组织类型	3.62	1.34							
2 团队类型	1.60	0.49	-0.24						
3 工作复杂性	4.73	0.81	0.10	-0.11					
4 工作多样性	4.35	0.51	0.21	-0.27	0.30*				
5 工作互依性	4.31	0.57	-0.22	0.08	0.16	0.19			
6 团队学习	5.29	0.64	-0.08	-0.31*	0.27*	0.14	0.20		
7 创新行为	3.92	0.42	-0.21	-0.01	0.31*	0.05	0.27*	0.52**	

注:组织类型:1=传媒服务型,2=营销服务型,3=金融技术型,4=工业技术型,5=科研教学型。团队类型:1=行政团队,2=业务团队。*表示 $p<0.05$,**表示 $p<0.01$。

2. 分层回归检验假设

(1) 工作特性对创新行为的影响机制:团队学习的中介作用

根据 Baron 和 Kenny(1986)提出的检验中介效应的方法:①做中介变量对自变量的回归,自变量系数显著;②做因变量对中介变量的回归,中介变量系数

---

① James L R, Demaree R G, Wolf G. Estimating within-group interrater reliability with and without response bias[J]. *Journal of Applied Psychology*, 1984, 69(1): 85-98.

显著;③做因变量对自变量、中介变量的回归,中介变量系数显著,如果自变量的系数是不显著的,那么存在完全中介效应,如果自变量的系数是显著的,但是相比②有显著下降,则存在部分中介效应。

如表5-9所示,团队学习在工作复杂性和团队创新行为之间起完全中介作用。团队学习在工作多样性和工作互依性之间的中介作用没有得到证实。假设1部分地得到了验证。

表5-9 团队学习对工作特征和创新行为的中介效应

	团队学习			团队创新行为	
	模型1	模型2	模型3	模型4	模型5
工作复杂性	0.31*			0.20	
工作多样性		0.15			0.07
工作互依性			0.20		
团队学习				0.44**	0.47**
F	5.79*	14.81**	1.37	11.16**	9.52**
R^2	0.08	0.20	0.01	0.26	0.23

注:*表示$p<0.05$,**表示$p<0.01$。

(2) 组织类型和团队类型的调节作用分析

本研究的假设中,组织类型与团队类型调节团队学习(中介变量)和团队创新行为(因变量)之间的关系。

根据温忠麟、张雷和侯杰泰(2006)提出的对于有调节的中介作用(moderated mediator)的检验方法,①做因变量对自变量和调节变量的回归,自变量系数显著;②做中介变量对自变量和调节变量的回归,自变量系数显著;③做因变量对自变量、中介变量、调节变量的回归,中介变量系数显著;④做因变量对自变量,调节变量、中介变量和调节变量中介变量乘积的回归,调节变量和中介变量的乘积的系数显著。

如表5-10所示,模型1、模型3、模型5、模型7证明组织类型在模型中起到了调节的中介作用。而团队类型的调节的中介作用没有得到验证。假设2部分地得到了验证。

表 5-10　组织类型和团队类型的调节作用

	团队学习						团队创新行为	
	模型1	模型2	模型3	模型4	模型5	模型6	模型7	模型8
工作复杂性	0.32*	0.37*	0.20	0.25	0.19	0.25	0.29*	0.26
团队学习			0.44**	0.46**	0.72**	0.61		
组织类型	-0.03				0.72		-0.06	
团队类型		0.10	-0.01	1.43		0.61		-0.10
组织类型交互项					-0.94*	-0.46		
F	3.43*	3.67*	7.30**	7.91**	5.56**	5.89**	2.95*	3.14*
R^2	0.08	0.09	0.25	0.27	0.24	0.26	0.07	0.07

注：* 表示 $p<0.05$，** 表示 $p<0.01$。

五、讨论

（一）工作复杂性和团队学习与团队创新均存在显著相关，这可能表明团队成员为解决复杂性问题而进行了广泛性的学习和创造性的投入。

（二）工作多样性和团队学习与团队创新之间均不存在显著相关，这可能与团队分工有关，团队分工限制了团队成员间的沟通。

（三）工作互依性仅与团队学习相关，这可能意味着团队间的协同促进了团队成员的相互学习，但是这种学习缺乏创造性，或者还没有达到创新的知识积累。

（四）团队学习仅在工作复杂性和团队创新行为中起完全中介作用，反映出工作复杂性为团队创新提供了内在动力，并通过团队学习的过程实现。而工作多样性和互依性并未有效地促成这种机制的形成，这可能与样本数量或工作性质有关。

（五）组织类型存在有调节的中介作用，表明不同的组织类型对团队学习和团队创新确有影响，团队类型的有调节的中介作用没有得到验证，这可能与团队类型的二分法分类有关。

六、结论

团队学习使工作特征和团队创新之间的转化机制得到了部分验证，工作复杂性通过团队学习对团队创新产生影响。

组织类型在团队学习对团队创新的影响过程中起调节作用。

第六章

社会心理学视角下的团队学习

团队学习总是发生在一定的社会情境中的，如果没有近半个世纪以来知识经济和市场环境的快速迭代，组织的结构状态或许还停留在传统的金字塔设计时代。同样，即便团队学习已经在管理上成为普遍共识，在不同社会文化背景下的组织实践却有很大的差异。

在我国，集体主义文化一直受到尊崇和提倡。从大雁排队南飞的隐喻，到《团结就是力量》的歌曲，我们每个人从童年开始都在接受集体主义精神和团队合作的教育。

然而现实中，我们发现国人的团队合作行为并不多，时常展现出"一盘散沙"的无序状态，甚至相互掣肘，彼此攻击。国人的团队合作数量少、层次浅、频率低。人群中，表面的合作难以掩盖彼此内心深处的隔膜，言语上的亲密无法消弭彼此行动上的各行其是。

团队学习之本质，实则是团队成员间通过讨论、深度交谈等过程，实现团队内部知识信息共享，涌现出大于个体智慧之和的集体智慧。这要求团队成员在互动中充分利用信息指导团队行为，在团队工作中寻求反馈、寻求帮助、检讨错误、敢于尝试、反思经验，以实现团队持续适应环境变化的过程。国人在团队学习上同样也存在数量少、层次浅、频率低的状况。从学生在学习过程中的各自为战，到工作场所中每个人严守自己的"不传之秘"，共享信息、真诚直言、相互砥砺、共同进步的团队学习，在现实中找不到太多的案例。

为什么我国在倡导集体主义的文化氛围下，却不合时宜地出现了团队学习困境呢？学者们常常把这种现象归罪于团队内部管理不佳，团队外部环境恶劣，团队成员素质不高。确实，以上因素都有可能阻碍团队学习，但是这些因素长时间、大范围地阻碍团队学习，可能性是不大的。团队合作困境应该有深层次的、社会心理层面的原因。

本章将从社会心理的视角对团队学习进行探讨,试图用中国传统社会文化来破解团队学习的障碍。中国传统社会文化是一个大的范畴,我们将寻求从血缘和地缘两个视角切入,探讨这两个因素对团队学习的非理性偏好的影响。

第一节 中国传统社会的小群体意识

中国是一个以血缘家族为核心的"关系本位"社会,社会成员的合作是建立在亲缘关系的基础之上,并通过地缘关系向外延伸的,以亲缘关系和地缘关系结成的合作网络,构成了乡土社会的主要特征之一。[1]

一、集体主义取向

中国人社会行为的特征及取向,是研究中国人社会、文化及行为的核心问题。[2] 按照霍夫斯塔德提出的文化的"个人主义—集体主义"维度,中国文化属于集体主义取向,而以英美文化为代表的西方文化则属于个人主义文化。[3] 以中国为代表的东方国家则较多具有集体主义,强调作为群体成员必须承担的责任,偏爱群体工作,注重群体成员之间的融洽及群体的进步。[4]

二元对立的"个体主义—集体主义"文化取向的理论受到了广泛质疑,特里安迪斯等人的研究发现,把个人主义和集体主义再分别分成水平和垂直两个维度,可以有效地对人群进行分类,这是被后来的研究广泛验证和普遍接受的分类方法。它主要包括四个维度:

其一,水平个体主义,追求个体利益的最大化,不与他人比较;

其二,垂直个体主义,追求个体利益最大化的同时期待超越他人;

---

[1] 杨善华,侯红蕊. 血缘、姻缘、亲情与利益——现阶段中国农村社会中"差序格局"的"理性化"趋势[J]. 宁夏社会科学,1999(6):51-58.

[2] 翟学伟. 中国人社会行动的结构——个人主义和集体主义的终结[J]. 南京大学学报(哲学·人文科学·社会科学),1998(1):123-130.

[3] Hofstede G. Motivation, leadership, and organization: Do American theories apply abroad? [J]. Organizational Dynamics, 1980, 9(1): 42-63.

[4] Oyserman, D., Coon, H. M., &Kemmelmeier, M Rethinking individualism and collectivism: evaluation of theoretical assumptions and meta-analyses[J]. Psychological Bulletin, 2002: 128(1), 3-72.

其三,水平集体主义,追求集体利益的最大化,不与他群比较;

其四,垂直集体主义,追求集体利益最大化的同时期待超越他群。

根据 Triandis 的文化类型论,中国社会的集体主义是一种垂直集体主义,以家庭作为基本的内群体单元,在大集体中追求小集体利益的最大化,并且不断在与外群体的比较中获得集体荣誉感和归属感。

二元对立的"个体主义—集体主义"文化取向也受到了中国学者的质疑,一些中国学者的本土化研究指出,中国人并非充满了"集体的或亲和的倾向",在农耕文明和家族传统的影响下表现出了特有的利己主义。中国传统社会是以农业经济为基础的,农业经济是一种自给自足的自然经济,它以家庭为基本的生产单位,家庭成为中国社会的核心。费孝通提出了"差序格局"与西方社会的团体格局相区别,用于表达中国的社会结构和人际关系。杨国枢用"社会取向"描述中国人的心理和行为特征,其中最重要的特征便是以家族主义为基本的运作方式。在认知方面强调互帮互助与家族团结,在感情方面强调归属感和责任感,在行为方面表现为长幼有序和相互依赖等特征。

杨国枢的"社会取向",费孝通的"差序格局",以及梁漱溟的"伦理本位",都强调了家庭在中国社会中的核心作用。既不能归为霍夫斯泰德提出的个人主义,也不能归为集体主义。事实上,中国文化不仅表现为家族内的团结,还表现为家族间的排斥,具有典型的"内群体"特征。[①]

二、差序格局理论

在讨论传统文化对合作偏好的影响时,我们首先需要对传统文化中的人际关系和社会结构进行探讨。在关于中国社会关系和结构的研究中,最著名的就是由费孝通先生在《乡土中国》中提出的"差序格局"。费孝通先生使用了著名的"水波纹"比喻来解释这个结构:以己为中心,像石子一般投入水中,和别人所联系成的社会关系,不像团体中的分子一般大家立在一个平面上。而是像水中的波纹一般,一圈圈推出去,愈推愈远,也愈推愈薄。在这里我们遇到了中国社会结构的基本特性了。

费孝通提出了"差序格局"在表达中国的人际关系和社会结构时,是不断与西方社会的团体格局进行区别表达的。团队状态的西方社会以个体为单位,人

---

① 翟学伟. 中国人社会行动的结构——个人主义和集体主义的终结[J]. 南京大学学报:哲学·人文科学·社会科学,1998(1): 123-130.

与人之间就好像一捆柴,条理清楚,边界明确;差序状态的中国乡土社会以家庭为基本单元,人与人之间的关系以亲缘关系为起点,通过亲缘关系和地缘关系不断向外扩散,形成了一个人际关系网络。可以概括为以下五个方面的特征:①亲缘关系居于核心地位;②公私、群己关系的相对分明;③以个人为中心建立关系网络;④礼治秩序;⑤长老统治。

差序格局的"水波纹"指代的亲疏远近的人际关系结构并非中国社会所独有的,事实上它存在于所有的人类社会之中。阎云翔指出,"差序格局"的本意不仅仅指代人际关系结构,更是指中国传统的社会结构,它不仅包含了以亲缘为基础的亲疏远近、以地位为基础的尊卑等级,更包含了以人际关系网络(如地缘)为基础的差序互动体系。[1]

三、伦理本位思想

"伦理本位"的思想是由梁漱溟在《中国文化要义》一书中提出的,伦理就是人与人之间的各种关系,包括家庭、师徒、朋友、乡邻等种种关系。伦理本位既区别于个人本位,也区别于社会本位,它不偏重于其中一端,而位于社会与个人两端之间的一个相对位置,并选择家庭作为相对位置。梁漱溟认为家庭关系是最根本的关系,中国以家庭为基础的伦理关系是中国进行社会活动和组织的基础,"人生实存于各种关系之上。此种种关系,即是种种伦理",父子关系是家庭伦理的核心,也是其他社会关系的基础。[2]

梁漱溟认为在社会关系的互动中,如果把重点放在个人,则是个人本位;如果把重点放在社会,则是社会本位;如果把重点放在个人与社会之间的相对位置,便是"伦理本位"了,具体而言:人一生下来,便有与他相关之人(父母、兄弟等),人生且始终在与人相关系中而生活(不能离社会)。如此则知,人生实存于各种关系之上。此种种关系,即是种种伦理。伦者,伦偶;正指人们彼此之相与。相与之间关系遂生。家人父子,是其天然基本关系,故伦理首重家庭。父母总是最先有的,再者有兄弟姐妹。既长,则有夫妇,有子女。而宗族戚党亦即由此而生。出生到社会上,与教学则有师徒;与经济则有东伙;与政治则有君臣官民;平素多往返,遇事相扶持,则有乡邻朋友。随一个人年龄和生活之开展,而渐有其四面八方若近若远数不尽的关系。是关系,皆是伦理;伦理始于家庭,

---

[1] 阎云翔. 差序格局与中国文化的等级观[J]. 社会学研究,2006(4):201-213.
[2] 梁漱溟. 中国文化要义[M]. 南京:正中书局. 1989:81.

而不止于家庭。

梁漱溟强调,中国人时刻处于特定的社会关系网络之中,在中国这样的伦理关系,由近及远、边界模糊,与西方那种人与人之间界限分明、非此即彼的状态截然相反。

四、社会关系取向

社会关系在国内外的定义有很大区别。在国内,"关系"指社会互动和联系所形成的人际与资源网络,与中国的社会结构和心理紧密相关,一般被翻译为"guanxi"作为特指。

西方社会在文艺复兴时期就关注到了社会关系对个体的作用,卢梭(J. J. Rousseau)在当时就倡导人际关系的平等化和人的理性化。后来,马克思(Karl Heinrich Marx)指出人是一切社会关系的总和,突出表现为对人的社会属性的依赖性。格兰诺维特(Mark Granovetter)提出"嵌入性"理论,对社会行动和社会制度的分析,必须放置于对社会关系的分析的基础上。①

对于中国人来说,社会关系有特殊的意义,中国人是"关系取向"的,关系是理解中国社会结构的关键性社会文化概念。② 在关于中国传统人际关系的研究中,最具影响力的是费孝通提出的"差序格局"的概念。为了与西方社会做区别,他精要而形象地概括:西方社会就是一捆一捆的柴,虽然因为家庭捆到一起,但木柴还是可以分开的、有边界的。中国人是石子投到水里,人际关系就像水面的涟漪,这是一种由己推人的模式,你是我的一部分,我是你的一部分。梁漱溟指出,中国是一个"关系本位"的社会,"吾人亲切相关之情,发乎天伦骨肉,以至于一切相与之人随其相与之深浅久暂,而莫不自然有其情分"。

一些学者从文化传统和心理的视角对社会关系进行研究,涉及的概念主要有"人情""面子"等。黄光国提出"人情与面子"理论,认为人情是构成人际关系的关键因素,是人际交往的联结纽带。③ 在中国社会中,"人情"具有三种不同的含义:

其一,指个人在遭逢不同的生活情境时可能产生的情绪反应,一个通晓人

---

① Granovetter M. Economic action and social action: The problem of embeddedness [J]. American Journal of Sociology, 1985, 91(3): 481 – 510.
② 杨中芳,彭泗清. 中国人人际信任的概念化:一个人际关系的观点[J]. 社会学研究,1999(2): 3 – 23.
③ 黄光国. 人情与面子[J]. 经济社会体制比较,1985(3): 55 – 62.

情的人,具备"同理心",能够感受到别人的喜怒哀乐;

其二,人与人进行社会交易时所能用来馈赠对方的一种社会资源,可能是具体的物质,也可能是抽象的情感;

其三,人与人之间相处的社会规范,"有来有往,亲眷不冷场"。

明恩溥(Authur. H. Smith)虽然发现了面子在中国社会生活中的重要地位[①],但是他承认"面子是抽象而不可捉摸的",容易举例却难以下定义。胡先缙把面子定义为"人从社会成就而拥有的声望,是社会对人看得见的成就的承认"[②]。中国人的人际交往中,往往以对方给不给自己面子、给自己面子的多少来判断对方对自己的接纳程度,并对彼此关系进行认知和评价。

在关系取向的中国社会,个人所拥有的社会关系是一种重要的社会资源。在所有的社会关系中,最重要的是亲缘关系,并逐渐发展出了亲缘关系的衍生群体,如宗族、乡里,后者被称为地缘关系,以及类血缘关系的群体,如同学、师门。关系的称呼通常会带有如"兄""弟"之类的血缘关系词,以期望拉近成员之间的距离。所有的关系以个体为中心,组成了一个由近及远的社会互动网络,"像水的波纹一般,一圈圈推出去,愈推愈远,也愈推愈薄"。

第二节 合作、偏好和团队学习

合作普遍存在于各类社会文化中,是一种能够广泛存在并且贯穿始终的人类秩序。从学理的角度来看,合作是社会性动物所具有的一种行为类型,为共同目的而由两个以上个体共同完成某一种行为。在人类社会及其他动物群体中,合作行为是如何演化、如何维持的一直以来都是科学研究的重要命题,尤其是人类可以在大规模群体中与非亲缘成员进行合作,这在人类进化的过程中起到了关键作用。

合作之前,人们必须要选择潜在的合作对象。合作偏好,是指个体选择具有某种特征的群体进行合作的稳定倾向。有学者定义合作为"两个或两个以上的个体,为达到共同目标而协调活动,是一种为获得既有利于自己,又有利于他

[①] 吴铁钧. "面子"的定义及其功能的研究综述[J]. 心理科学, 2004(04): 927-930.
[②] 胡先缙. 面子:中国人的权力游戏[J]. 决策与信息, 2004(10): 34-35.

人的结果而出现的行为"①。然而,在陌生环境中或在多变的情境下,个体需要在信息不完备的情况下做出选择,"完全理性的经济人"的假设不符合现实中人们的合作行为决策。某些文化、情境或人格的因素将会影响人们对合作对象的选择,并呈现出一定的偏好性。

一、合作

合作活动的广泛性和多样性,使得不同学科的研究者(如人类学家、动物学家及经济学家)都针对其进行了大量的研究工作。在不同的研究视角下,人们对于合作的理解是不同的。就合作本身而言,主要有以下两个方面的讨论。

1. 合作是一种过程还是结果?

从合作行为的过程来说,合作是一种有意识或刻意的协作行为,合作不是偶然的结果,而应是有意为之的。从合作行为的结果来说,一些研究者尝试从行为的经济性结果对合作行为进行分析,指任何能够给他人带来益处的行为。②从这个角度来说,能够促进他人利益或者自身和他人共同利益的行为都可称为合作行为。本研究采取折中的观点,结合合作行为的过程性和结果性,指通过与他人的协作以获得更好的共同利益。③

2. 合作是一种状态还是特质?

持状态观点的研究者认为这取决于当时的社会事件或社会情境④,如儿童在合作性游戏中,合作行为就会增多,而在竞争性游戏中,攻击行为则会增多,合作行为会减少。持特质观点的研究者认为合作可以被看作一种稳定的特质,是人格结构中的一部分⑤,其产生和维持不受情境因素的影响。也有学者认为

---

① Aquino K, Reed A. A social dilemma perspective on cooperative behavior in organizations: The effects of scarcity, communication, and unequal access on the use of a shared resource[J]. *Group & Organization Management*, 1998, 23(4): 390–413.

② Nowak M A. Five rules for the evolution of cooperation[J]. *Science*, 2006, 314: 1560–1563.

③ Fehr E, Schmidt K M. A theory of fairness, competition, and cooperation[J]. *University of Munich, Department of Economics*, 1999: 817–868.

④ Herring M, Wahler R G. Children's cooperation at school: The comparative influences of teacher responsiveness and the children's home-based behavior[J]. *Journal of Behavioral Education*, 2003, 12(2): 119–130.

⑤ Kelley H H, Stahelski A J. Errors in perception of intentions in a mixed-motive game[J]. *Journal of Experimental Social Psychology*, 1970, 6(4): 379–400.

合作既是一种状态,也是一种特质[1],合作的产生可能出于社会交换和社会认同两种动机,前者以资源为基础,关注外部动机,后者以身份为基础,关注内在动机[2]。

对于合作行为发生的原因,不同的理论根据合作对象的不同而有不同解释。对亲属同伴的合作倾向可能源于亲缘选择,有利于基因的传承;对熟悉同伴表现出合作的倾向可能是基于互惠的考虑,即期待彼此通过合作行为获利。[3] 从进化论的角度看,人类社会中广泛存在的大规模群体与非亲属成员的合作现象令人困惑,因为合作具有利他性,实施合作行为需要合作者自己负担成本,但可以使群体内的非亲属成员获益。一些学者认识到,很多社会交往是重复发生的,这或许能够解释存在于亲缘关系之外的合作行为。

二、合作偏好

合作可以看作个体策略选择的一种结果,与个体特征密不可分。偏好作为个体特征的主要表现要素,在分析合作行为时具有重要的参考价值。合作偏好,是指个体选择具有某种特征的群体进行合作的稳定倾向,实际上就是个体对不同策略的排序,排序的依据可能来自个体主观的情绪的感性的因素,也可能来自客观的理性的因素,合作偏好的影响机制实际上是个很复杂的过程。感性因素可以通过后天的学习、示范等方式进行改变,理性因素则需要相对较长时间的自然性、社会性的系统演化,最终对其产生影响并导致转变。

在人类社会发展的历程中,原始社会的人类以采集捕猎为生,这要求同伴间频繁地互助合作,所以他们选择了群居。这时的合作,主要体现在亲属或非亲属之间分享食物、养育后代等。[4] 为了抚养优质的后代,人类的合作率先在亲属之间得以建立,生存环境的改变和群体部落的形成,驱使个体向群体(如地缘群体)展示其亲社会性行为(如合作行为)。

---

① Epstein S, O'Brien E J. The person-situation debate in historical and current perspective[J]. *Psychological Bulletin*, 1985, 98(3): 513-37.

② Tyler T R, Steven L. Blader. Identity and cooperative behavior in groups[J]. *Group Processes & Intergroup Relations*, 2001, 4(3): 207-226.

③ Falk, A., &Ichino, A. Clean evidence on peer effects[J]. *Journal of Labor Economics*, 2006, 24(1), 39-57.

④ Gurven, M. Reciprocal altruism and food sharing decisions among hiwi and ache hunter-gatherers[J]. *Behavioral Ecology & Sociobiology*, 2004, 56(4), 366-380.

传统的农耕社会,合作往往是在亲缘之间进行的。农业生产方式使得人口固着于土地上,形成了"生于斯,长于斯,终老于斯"的乡土社会。以亲缘关系及其地缘关系结成的合作网络,构成了乡土社会的主要特征之一;这造就了传统的中国人强烈的亲缘和地缘合作偏好。在现代化进程中,社会重构、人口流动打破了传统合作网络,工业化生产方式要求人们在非亲缘或非地缘间建立密切的合作关系。是否能顺应生产方式的改变,建立非亲缘或非地缘合作倾向,是一个人是否在思想意识层面完成现代化的重要标志。

1. 亲缘合作偏好

亲缘合作偏好,指人们存在相对稳定的于和亲缘关系建立合作的倾向。亲缘关系指以血缘为基本纽带、以等级(辈分、长幼、男女)为构成秩序、以婚姻为连接其他同类群体的环节所构成的人际关系网络。① 亲缘关系既涵盖了父系继嗣形成的宗族群体,也容纳了婚配构成的姻亲群体,是我国传统社会整个社会人情关系网的基础。

强有力的亲缘关系网络是中国社会数千年来的历史现象和文化传统的结合,与自给自足的经济结构相适应,与"家天下"的政治体系相匹配,与"孝""忠"的文化价值相协调。由此形成了对亲缘关系的合作偏好,尤其表现在对人际称谓上沿用了类亲属的称呼符号,如称同学长者为师兄,呼朋友长者为兄长,唤同事长者或同行长者为前辈。

在人类早期社会中,亲缘关系超越于个人和家庭之上,形成了整个社会的基本结构(墨菲,1991)。进入乡土社会后,亲缘关系作为基本的社会特征被保留了下来,形成了具有强烈群体认同意识的亲缘群体。② 在传统的农村社会向工业社会转变的过程中,人们的社会关系得到重构,亲缘关系不断弱化,人与人之间的关系变得正式化、非人化和科层化。

面对人类社会的快速转型,有研究者认为亲缘关系的消亡是历史发展的必然趋势,且难以逆转,也有研究者关注到传统和现代性不仅可能共存,而且可以是相互渗透与融合的。亲缘关系不仅没有在现代化的进程中衰落,反而十分活跃,而且常常能有效地发挥效用。

---

① 郭于华. 农村现代化过程中的传统亲缘关系[J]. 社会学研究,1994(6):49 – 58.
② Redfield, R. The social organization of tradition[J]. *Journal of Asian Studies*,1955,15(1),13 – 21.

专栏 6-1

"家族集团",助力亚洲四小龙的崛起

"亚洲四小龙"指亚洲的中国香港、中国台湾、新加坡和韩国四个经济体。从20世纪60年代开始,它们在短时间内实现了经济的腾飞,一跃成为全亚洲发达富裕的地区。

"亚洲四小龙"的腾飞,很大程度上得益于中西结合的体制及灵活应变的机制。而且,无巧不成书,在"亚洲四小龙"的经济体制中,家族都发挥了巨大的作用。

香港特区:以李嘉诚、郭得胜、李兆基、郑裕彤为代表的"四大家族"把持着香港特区的房地产业。在四大家族之下,还有包括新鸿基郭氏家族、中电控股嘉道理家族、利丰集团冯氏家族、霍氏家族、利氏家族等。基本在香港每个重要的行业中,都有一个或者几个重要的家族把持着行业绝大多数的资产。

台湾地区:因为历史和政治等原因,家族集团一直是台湾地区私营企业的核心部分,并且在台湾各个行业中起到了不同的作用及拥有一定的地位。王永庆的王氏家族以塑胶企业发家,很快成为台湾的龙头企业,并在1980年一举并购了14家美国同行业工厂;徐有庠的徐氏家族涉及水泥、百货、海运、医院、教育和金融等多个领域,成为亚洲百货业霸主;还有蔡万春的蔡氏家族主经营银行保险行业;鹿港辜的辜氏家族的泛和信集团;吴火狮的吴氏家族的泛新光集团。

韩国:在韩国,家族有另外一个称呼,那就是财阀。第二次世界大战后,在政府政策倾斜和金融的支持下,韩国财阀在这一时期大举进攻重工业,规模迅速扩张,并在短时间里具备了在世界舞台与国外企业竞争的能力。到了20世纪八九十年代,财阀们顺应全球化和技术创新的潮流,重金投资产业升级和科技研发,并且通过并购疯狂扩张,最终发展成如今的庞然大物,影响力更是渗透到社会和政治各个层面。三星、现代、LG、SK是韩国财阀之首,仅这四大集团拥有的资产就占国家总资产的26%,销售额占韩国企业总销售额的20%。在股市,2014年时四大财阀在总市值的占比已经上升到接近一半。

新加坡:家族的财富与新加坡经济并肩腾飞,成为东南亚乃至世界巨富。黄廷芳的黄氏家族,涉及住宅、酒店、零售、商业、工业,以及食品与饮料行业,自

2007年起,连年蝉联新加坡首富;郭芳枫的郭氏家族,在房地产、金融领域有举足轻重的地位;黄祖耀的黄氏家族主要涉及银行业;邵逸夫的邵氏家族,主要经营地产业和百货业等。

其实,不只是亚洲四小龙,日本的崛起也与家族企业的发展密不可分,而如果把视角再放高一点就会发现,它们同属于"东亚文化圈",这和儒家所一直倡导的家族主义,与"修齐治平"的人生观不能说是没有关系的。

2. 地缘合作偏好

地缘合作偏好,指人们存在相对稳定的倾向于和地缘关系建立合作的倾向。地缘关系,指以土地或地理位置为连接纽带,是指因在一定的地理范围内共同生活而产生的关系。① 在传统的社会关系中,地缘关系依赖于亲缘关系,在重要性上仅次于亲缘关系。

在早期人类社会人们就已经有了一定的地缘关系,游牧狩猎的生产方式使地缘关系仅限于族群之类,形成了亲缘和地缘合一的状态。进入乡土社会后,农业生产方式使人们定居下来,形成了以土地为纽带、比较牢固的地缘关系。② 地缘关系曾经在中国历史上扮演了重要的作用。例如,明代中期开始以乡族关系为纽带所结成的徽州商帮称雄③,清朝末期湘军和淮军④,近代蒋介石与浙籍将领组建的南京国民政府⑤。

"亲不亲,故乡人",曾是传统乡土社会生活的真实写照。聚族而居的形式使血缘关系和地缘关系相互交织,因地理环境的作用,地缘关系往往会结合成为"风俗圈"⑥,在维护社会秩序、共享信息资源、推动社会生产等方面发挥了重要作用。在现代社会的转型中,伴随着工业城市的形成开始逐渐摆脱土地的控制,传统乡土社会中封闭的地缘关系走向破裂和重组,交通的发展使得地缘概

---

① 李汉宗. 血缘、地缘、业缘:新市民的社会关系转型[J]. 深圳大学学报(人文社会科学版),2013,30(4):113-119.
② 熊锡元. 地缘关系的确立是民族形成的基本前提[J]. 云南社会科学,1982(6):57-61.
③ 王廷元. 论徽州商帮的形成与发展[J]. 中国史研究,1995(3):39-46.
④ 王继平,黄琴. 湘、淮军与区域文化[J]. 湘潭大学学报(哲学社会科学版),2015,39(5):123-127.
⑤ 袁成毅. 地缘纽带中的蒋介石与浙江——以南京国民政府建立前后为时段的考察[J]. 史林,2011(2):109-117.
⑥ 马聪."关系网"的渊源与村落经济的重组[J]. 学习论坛,2001(2):19-21.

念开始模糊,有学者将其表述为社会关系开始从情感性转向经济理性。

由于地理环境、人类文化和历史发展的影响,中国形成了特色区域文化系统。人们对文化区域的感应在大致范围和主要特征等方面有一定程度相似的理解,如齐鲁文化、中原文化、吴越文化、巴蜀文化、徽州文化、琼州文化等。在不同的文化区内,在语言、生活方式、社会习俗、地理环境等方面存在相似性,这对于产生一定的社会认同,形成稳定的地缘合作偏好具有重要的作用。

专栏 6-2

一脉"湘"承,曾国藩湘军发家的秘诀

湘军,是晚清时期由曾国藩创建的地方军队,因军队人员多数为湖南人而得名。晚清时期,太平军出广西,进湘鄂,所向披靡,清廷深感绿营和八旗兵已不足用,便饬令各省举办团练,以助"攻剿"。曾国藩因母丧,回湖南帮督团练,又感团练不足恃,决定组建一种新的军队,这就是"湘军"。其后,湘军不仅成功镇压太平天国运动,还在剿灭捻军、抗击外辱、捍卫疆土、筹办洋务、变法维新等过程中成为中国一支举足轻重的军事、政治力量。

湘军的成功首先得益于独特的地缘关系。在湘军集团的主要成员中,共有督抚20人,其中湖南人就有14个,占总数的70%。由于湘军将领们认为"同乡同县之人,易于合心,临阵不会败不相救",因此,湘军在招募时,"不招无根之勇","凡欲招募或增募,必欲回湖南原籍招募,利用同乡亲友关系,相互吸引,编为一营"。

湘军集团成员不仅省域色彩浓厚,而且在湘之内其区域地缘色彩也十分明显。湘军将领并不是均匀地分布在湖南各地,而是集中在部分府县,主要集中于新宁、湘乡两地,"不独尽用湘乡人,且尽用屋门口周围十余里之人"。将从兵出,毋庸置疑,湘军督抚将帅也就多出自新宁、湘乡两地。

在我国长期封建社会传统中,由于地缘关系的封闭性很强,人们形成了强烈的地区观念、乡土观念。这些观念容易拉近人与人之间的距离,因此,曾国藩、江忠源等在镇压太平天国的过程中及以后的战斗中,军队间互相提携、互相帮衬、生死相依、荣辱与共,所向披靡。

除了地缘以外,湘军成员都崇尚程朱理学与经世致用,有共同的文化基础;

他们之间多有师生之谊、血缘之亲,有紧密的情谊关系。这些牢固、深厚的人际关系构成湘军集团主要成员聚合共生的重要前提。

小到团队,大到组织,如果内部成员间某些属性,存在天然的一致性,往往能够凝聚人心,发挥集体的力量。

三、合作偏好的社会心理学分析

合作偏好的形成,可能与国人长期在乡土社会生产生活有关。在中国传统的农耕社会,人们按照亲缘关系组织生产,以亲缘关系结成基本的社会单位;而农耕的生产方式把劳动力固定在土地上,造就了以土地为纽带、比较牢固的地缘关系。① 这样,以亲缘关系和地缘关系结成的合作网络,构成了乡土社会的主要特征。久而久之,社会成员对亲缘群体和地缘群体产生了强烈的认同,生产合作只建立在亲缘关系或地缘关系的基础之上,而对非亲缘和非地缘关系的合作,则予以排斥。正所谓"非我族类,其心必异"。

1. 亲缘选择理论

亲缘选择理论认为人们更愿意和自己拥有共同基因的人合作。英国心理学家汉密尔顿(William D. Hamilton)提出了亲缘选择理论(Kin Selection),该理论认为具有血缘关系的近亲属之间的合作行为会受到自然选择的偏好而得以在进化过程中胜出。

汉密尔顿用亲缘关系指数表示两个亲属之间具有共同基因的概率。从遗传概率上讲,父母与子女之间、兄弟姐妹之间亲缘关系指数为1/2,祖辈与孙辈之间的亲缘关系指数为1/4,亲缘关系越远,具有相同基因的概率就越小。近亲之间的亲社会之所以会存在,是因为近亲具有相同比例的基因很大,有利于在自然选择中保存相同的基因。② 道金斯(Richard Dawkins)通过基因的自私性原理对其进行了解释,基因既是自然选择的单位,也是保护自我利益的单位,"凡经自然选择而进化的任何东西,都应当是自私的"③。

在亲缘选择理论的视角下,合作是一种亲缘关系间的利他行为,无私地帮助有亲缘关系的其他个体,有利于亲缘关系中共同的基因保留和复制。然而,

---

① 熊锡元. 地缘关系的确立是民族形成的基本前提[J]. 云南社会科学,1982(6): 57-61.
② 刘鹤玲. 亲缘、互惠与驯顺:利他理论的三次突破[J]. 自然辩证法研究,2000,16(3): 7-11.
③ Dawkins R. The selfish gene[J]. *Quarterly review of biology*,1976,110(466): 781-804(24).

合作行为不仅存在于近亲个体之间,并且常常发生在非近亲个体之间。对这类合作行为,亲缘选择论不能做出合理的解释。

2. 互惠利他理论

美国社会进化论学家特里弗斯(Robert L. Trivers)提出"互惠利他主义"(Reciprocal Altruism)假说,认为非亲缘利他行为以互惠为基础,行动者之所以实施亲社会行为,是期望获得受惠者将来的回报,虽然有时候在表面看对行动者没有任何益处,但是综合长期的收益是相当可观的。[①]

互惠利他主义理论得到了以威尔逊(E. O. Wilson)和道金斯(Richard Dawkins)为代表的社会生物学家的支持。他们认为,利他行为的表现形式和强度在很大程度上是由文化决定的。比起遗传影响,人类社会的进化受到的文化影响显然更大。在非亲缘条件下,合作是为了保证持续的互惠,这种社会关系可能在很多小或中群体中孕育并得到稳定,通过该社会关系行动者可以将其行为与群体利益最大化相一致。[②]

互惠利他理论对合作行为进行解释时,对人有基本的假设:人是理性和自私的,合作是人们理性判断下所采取的一种为取得自身最大利益的社会行为。然而,合作并不总是理性的,并不总能精密计算共同目标和互利结果,它可能是基于直觉性好感的互助,可能是工具理性导致的协作,也可能是实践理性催生的同心协力。

3. 内群体理论

美国社会学家萨姆纳(William G. Sumner)最早在《民俗论》一书中提出内群和外群的概念,个体把自己所属群体称为"内群",把自己所不属的群体称为"外群",以积极肯定的眼光看待内群,以严格挑剔的眼光看待外群及其成员,"内群"比"外群"更有价值,更加优秀。

内群体偏爱(Intergroup Bias)指个体会偏爱自己所属的群体及其成员[③],倾向于对其做出积极评价。这不仅发生在实验室中经过随机化的被试间,也发生

[①] Trivers R L. The evolution of reciprocal altruism[J]. *Quarterly Review of Biology*, 1971, 46(1): 35–57.

[②] Bergstrom, Theodore, C. Evolution of social behavior: Individual and group selection[J]. *Journal of Economic Perspectives*, 2002, 16(2): 67–88.

[③] Hewstone M, Rubin M, Willis H. Intergroup bias[J]. *Annual Review of Psychology*, 2002, 53(1): 575–604.

在长期的生活、文化因素作用下形成的社会群体成员之间。

在人类社会的早期,社会成员共同劳动,共享资源,共抚后代,共抗危险才能保障生存①。这些社会成员在长时间的频繁互助中形成了相对稳定的群体,对于个体而言,内群体之间的合作至关重要,不能适应群体生活的个体将面临被淘汰的命运。长期存在的内群体生活促进了他们之间的相互信任,并最终转换成了一种稳定的心理倾向。

内群体偏爱对于解释亲缘间或群体内的合作有积极意义,但人类之间的合作是广泛和多样的,不仅存在于熟悉的内部群体之间,内群体偏爱并不能解释与陌生他人之间的合作。

4. 社会认同理论

英国社会心理学家泰弗尔(Henri Tajfel)提出的社会认同理论(Social Identity),认为个体会通过对社会成员的分类确定对自己群体的认同,在此基础上可能产生内群体偏爱或外群体偏见。社会个体成员会对自己所有的特定群体进行感知,同时也认识到作为群体成员带给他的情感和价值意义。②

社会认同理论存在两种理论视角:一是关于群际关系的社会认同理论,集中探讨群际冲突和社会变迁;二是自我分类③,个体通过社会分类,对本群体产生认同,并反作用于自我感知和行为,具有去个人化作用。社会认同是由社会分类、社会比较和积极区分原则建立的。④ 个体通过分类后形成的感知态度最终作用于行为,将有利的资源分配给己方群体成员;在社会比较中,从认知、情感和行为上认同所属的群体。⑤

社会认同理论揭示了群际行为的内在心理机制,在理论视角下,合作的发生在于判断他人是否归属于所在群体,与内群体偏爱不同的是,强调合作发生时的心理状态,而不考虑群体的地位及规模大小和实际存在。当个体知觉到与

---

① Caporael, LinndaR. Evolutionary psychology: Toward a unifying theory and a hybrid science[J]. Annual Review of Psychology, 2001, 52(1): 607 - 628.

② Tajfel H, Turner J. An integrative theory of intergroup conflict[J]. Social Psychology of Intergroup Relations, 1979, 33: 94 - 109.

③ Turner J C. Social categorization and the self-concept: A cosial cognitive theory of group behavior[J]. Advances in Group Processes, 1985, 2: 77 - 122.

④ 管健. 社会认同复杂性与认同管理策略探析[J]. 南京师大学报(社会科学版),2011(2): 96 - 102.

⑤ 张莹瑞,佐斌. 社会认同理论及其发展[J]. 心理科学进展,2006,14(3): 475 - 480.

他人的社会认同时,就会倾向于产生合作行为。

四、从合作偏好视角解释团队学习困境

团队学习能将拥有不同知识、经验或技能的成员聚集,促使他们之间进行协同工作,从而突破个体自身的局限,分享团队成果,提高工作效率。基于任务和效率的考虑,成员间的差异能够提高团队独立完成目标的能力,减少因相同能力的团队成员所带来的人力资源的浪费。但是,从团队心理的角度来说,在团队形成之前成员之间的关系是陌生的,如何建立与陌生成员的有效互动、相互支持的团队氛围和归属感,减少关系冲突对团队效能的损害,将直接影响团队学习的互动状况。

在农业社会后期,这种基于目标导向的团队合作就已经存在了。明清时期的商帮团队就已经初步具备了团队合作的特征,他们以亲缘和地缘为纽带结成商帮团体,团队成员职责明确,分别负责采购、出售、会计、交流、运输等具体环节,往返于家乡和会馆之间,相当于一个完整的团队周期。商帮团队任务目标明确,内部互动频繁,取得了突出的成绩。在商帮团体崛起的诸多因素中,亲缘和地缘发挥了重要的作用,胡适指出商帮团体背后隐藏的乡土宗亲力量成就了商帮的辉煌。

进入工业社会后,人类有了更明确的部门分工和交易,与陌生他人的合作成为主要的合作方式。[①] 社会关系是合作行为产生的根基,在现代化进程中,社会重构、人口流动打破了原有的社会关系格局,工业化的生产方式要求人们的合作跨越亲缘和地缘关系,更多地与陌生他人建立合作关系。[②] 但是,现在团队合作的开展数量少、层次浅、程度低,团队学习更是很难形成。尽管学者们从团队规模、领导方式、团队冲突等影响团队合作的各因素开展了大量的研究,不同企业和组织也在努力进行团队合作的尝试,然而效果总是不尽如人意。

人们总是从理性的角度对团队合作进行分析,认为团队合作是基于利益权衡的结果,要求团队成员与陌生人理性地沟通与互动。然而,理性或许只是人的偶然属性,直觉或许是一切真理的源泉和最后根据。亲缘合作偏好和地缘合

---

① Boyd, R., &Richerson, P. J. Culture and the evolution of human cooperation[J]. *Philosophical Transactions of the Royal Society of London. Series B, Biological Sciences*, 2009, 364(1533), 3281–3288.

② Bowles S, Gintis H. The evolution of strong reciprocity: Cooperation in heterogeneous populations[J]. *Theoretical Population Biology*, 2004, 65(1): 17–28.

作偏好,是人们在长期的乡土生活经验中所形成的对他人的直觉,是一种比较稳定的心理倾向。虽然社会力图以某种价值准则要求个体在"亲缘—非亲缘"和"地缘—非地缘"合作之间做出"正确"的选择,个体在某种情境下会屈从这种价值准则表现出外显的合作态度。但是,相对稳定的合作偏好可能是导致团队合作难以在陌生人之间开展的重要心理原因,是导致团队学习的重要的心理机制。

专栏 6-3

任人唯亲,蒋氏集团覆灭的祸根

细读南京民国政府的史料,不难发现,蒋介石在大陆掌政期间,始终坚持任人唯亲、非亲不用的圈子原则,即在用人方面以黄埔学生为主,在黄埔学生中又以浙江籍人士为主,在浙江人士中又以与自己有亲属关系的人为最亲,由此也在客观上注定了蒋介石用人策略的失败。

蒋介石以自己为核心画了三个小圈子,越是靠里,越是能够得到他的信任,离圈子越远,信任就越小,这样的用人方式虽然能够保证人才对蒋介石的忠诚,但不能保证将最有才能的人才吸引过来。比如,陈诚、胡宗南、汤恩伯三人,无一例外都是浙江籍的黄埔军校毕业生,因对蒋介石言听计从,获取了蒋介石的信任,于是成为蒋介石在军事上最为得力的三员大将。从军事指挥才能看,当时黄埔毕业生中比他们三人水平高、能力强的人还有很多,他们能够爬上高位的一个最重要原因,就是他们和蒋介石是浙江同乡。

封建宗法思想特别浓厚的蒋介石,对于自己的直系亲属更不会忘记关照。1928年年初,蒋介石利用自己的权力,将其同父异母哥哥蒋介卿安插在浙江省政府,先后担任省政府委员、浙江海关监督等要职。据史料记载,蒋介卿依仗其弟蒋介石的势力,在任职期间不仅毫无作为,而且弄权舞弊,中饱私囊,购屋纳妾,名声极坏。

蒋介石头脑中富贵不忘乡亲的意识特别浓重。在他发达起来后,先后从他的家乡浙江溪口选拔任用了一大批亲戚故交,他将这些人或委以重任或安排在自己身边工作。在其统治中国的20余年里,掌握国民政府财政大权的始终是他的两个姻亲,一个是他的妻兄宋子文,另一个是他的连襟孔祥熙。

蒋介石任人唯亲、唯私的做法,最终导致国民党内部派系林立。尤其是在解放战争时期,共产党军队往往能以少胜多,国民党军队彼此间很少支援,这是蒋介石任用私人时就埋下了祸根。

对于大型的组织而言,往往存在很多层级的架构设计,对于高层人才的选拔一定要遵循客观、公正的标准,如果追求"唯亲"原则,则会使组织中的其他人感受到不公,高层间钩心斗角,最终损害组织的整体利益。而对于团队建设而言,其组建的目的往往是完成特定任务,讲究效率至上。不拘一格,唯才是举,则显得更为重要。

第三节　血浓于水:中国人的亲缘合作偏好

本研究通过内隐联想测验,探索中国人的内隐亲缘合作偏好。考察"亲缘—非亲缘"与"合作—非合作"的相对联系强度,如果"亲缘词"与"合作词"存在显著的相对联系,则说明人们存在内隐亲缘合作偏好。

本测验被试共三批,分低合作经历、中合作经历和高合作经历。

低合作经历:来源于江苏省某211大学的非心理学全日制本科生,学生评价以个体间竞争导向为主,被试没有正在实习或者超过一个月以上的社会工作经历。

中合作经历:来源于江苏省某国有企业,该批被试全部为客服部门工作两年以上的员工,主要工作内容为通过电话沟通的形式处理客户对企业的投诉意见,客服部员工的工作基本上是单独完成的,很少要求员工间的沟通或协作。

高合作经历:来源于江苏省某民营企业,该批被试全部为人力资源部门工作两年以上的员工,主要工作内容为通过项目管理的方式完成企业的员工培训、绩效考核、员工关系、奖惩体系等事项,对员工间的沟通和协同有较高的要求。

一、方法

1. 被试

选取65名被试参与本实验,所有被试均为右利手,视力或矫正视力正常。被试在参与研究前均未接触过内隐联想测验。其中有14名被试的数据因没有完成实验或未达到实验要求的反应正确率而被删除,共得到有效被试数据51个。

有效被试的基本信息如表6-1所示。

表6-1 有效被试基本信息

类别	基本信息	人数	年龄	性别	
				男	女
低合作经历	211大学,在校大学生	18	22.17±2.62	12	6
中合作经历	国有企业,客服部员工	12	35.25±4.52	2	10
高合作经历	民营企业,人资部员工	21	31.29±4.28	9	12

2. 材料

以10个亲缘词和10个非亲缘词作为概念词;以15个合作词和15个非合作词作为属性词,如表6-2所示。

在概念词的选择上,当代大学生多为独生子女,因此,选取了表征核心家庭中常见亲缘关系的词作为亲缘词,其中,父系亲缘与母系亲缘各占一半。选取表征大学生常接触、能理解的人际关系词作为非亲缘词。

在属性词的选择上,从《现代汉语词典》中选出表征"合作"的双音节词20个、表征"非合作"的双音节词20个备选。请10名本科生在9点量表上评定这些词的"合作—非合作"属性。选取其中最具合作属性的15个词语作为合作词,选择其中最具非合作属性的15个词语作为非合作词。

表6-2 内隐联想测验的概念词和属性词

类别		词语
概念词	亲缘	母亲、父亲、舅舅、伯父、姑妈、姨妈、表哥、表妹、堂姐、堂弟
	非亲缘	同学、学长、室友、老师、辅导员、领导、上级、同事、朋友、伙伴
属性词	合作	互助、协作、携手、团结、合作、信任、支援、商谈、合唱、并肩、响应、联盟、交流、帮助、勉励
	非合作	竞争、竞选、竞赛、争先、争胜、侵略、排挤、决战、攻打、侵占、抵制、抵抗、孤独、独断、单飞

3. 程序

实验程序使用 Greenwald(1998)的经典 IAT 实验范式,并按照 Greenwald 等人(2003)的建议确定实验步骤和试次,将实验分 7 个阶段,如表 6-3 所示,平均用时为 15 分钟。实验程序用 PsychoPy 1.8 软件编制。

表 6-3 内隐联想测验流程

序号	实验阶段	试次	被试反应
1	初始目标词识别	40	亲缘词按 E 键 非亲缘词按 I 键
2	初始属性词辨别	60	合作词按 E 键 非合作词按 I 键
3	初始联合任务(练习)	20	亲缘词或合作词按 E 键 非亲缘词或非合作词按 I 键
4	初始联合任务	100	亲缘词或合作词按 E 键 非亲缘词或非合作词按 I 键
5	相反目标词辨别	40	非亲缘词按 E 键 亲缘词按 I 键
6	相反联合任务(练习)	20	非亲缘词或合作词按 E 键 亲缘词或非合作词按 I 键
7	相反联合任务	100	非亲缘词或合作词按 E 键 亲缘词或非合作词按 I 键

4. 流程

在安静的行为实验室,被试端坐于计算机前,双手放在键盘上。实验员讲清实验规则后,启动实验程序。计算机屏幕中央呈现一个词语,被试要判断这个词语的性质,并按要求尽快做出按键反应。

在实验的第一阶段,屏幕上只呈现"亲缘—非亲缘"词汇,被试的任务是判断词语是亲缘词(左手反应,按 E 键)还是非亲缘词(右手反应,按 I 键)。在第二阶段,屏幕上只呈现"合作—非合作"词汇,被试的任务是判断词语是合作词(左手反应,按 E 键)还是非合作词(右手反应,按 I 键)。在实验的第三、四阶段,屏幕上"亲缘—非亲缘"词与"合作—非合作"词交替呈现,被试在呈现亲缘词和合作词时按 E 键(左手反应),在呈现非亲缘词和非合作词时按 I 键(右手反应)。在实验的第六、七阶段,被试的反应方式发生了变化,在呈现非亲缘词和合作词时按 E 键(左手反应),在呈现亲缘词和非合作词时按 I 键(右手反应)。为避免任务的顺序效应,一半被试按照表 6-3 的既定顺序完成实验,另外一半被试在实验顺序上将第三阶段与第六阶段对调,第四阶段与第七阶段对调。

实验结束后,被试完成简短的调查表。调查表包括性别、年级、专业、社团参与度这 4 个变量。社团参与度以里克特 5 点计分法来计分,要求被试报告自己参与社团活动的情况(积极参与,较积极参与,偶尔参与,不太参与,完全不参与)。最后,向被试赠送小礼物表示感谢。

注：第三、四节实验流程同。

二、结果

1. 数据预处理

根据 Greenwald 等人建议的计分规则和数据处理方法,删除没有完成全部实验和平均准确率低于 0.8 的被试,低于 300ms 的以 300ms 记,大于 3000ms 的以 3000ms 记,错误反应的试次予以删除。对 IAT 测验的原始数据进行重新计分和正态化转换。比较相容任务和不相容任务的反应时,并计算 IAT 效应。

通过比较先做第三、四阶段与先做第六、七阶段被试的数据,对实验的信度进行一致性检验,得出 α 系数 = 0.721,表明本实验具备良好的信度。

2. 亲缘—合作 IAT 效应显著

图 6-1 反映了被试在 IAT 实验主要阶段的反应时数据。相容任务(亲缘—合作/非亲缘—非合作)的平均反应时为 879ms,不相容任务(亲缘—非合作/非亲缘—合作)的平均反应时为 1080ms。对相容任务和不相容任务的反应时进行配对样本 T 检验,相容任务显著低于不相容任务,$t(51) = 13.147, p < 0.001$。这表明从总体上看,被试更倾向于将亲缘词和合作词归为一类,而将非亲缘词和非合作词归为一类。

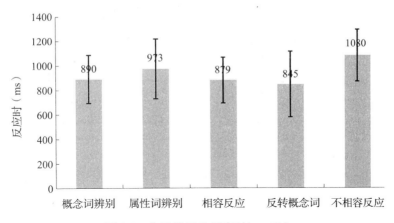

图 6-1　各阶段平均反应时（$n=51$）

对 A、B、C 三批被试的相容任务和不相容任务的评分反应时分别进行配对样本 T 检验，如表 6-4 所示。结果表明，三批被试的相容任务均显著地低于不相容任务，分别为：$t(17)=10.793, p<0.001$；$t(11)=6.662, p<0.001$；$t(20)=7.693, p<0.001$。在所有的被试类别中，被试都更倾向于将亲缘词和合作词归为一类，而将非亲缘词和非和作词归为一类。

表 6-4　相容任务与不相容任务的配对样本 T 检验

被试类别	不相容阶段（ms） M ± SD	相容阶段（ms） M ± SD	t	df	p
A	1192 ± 175	925 ± 183	10.793	17	0.000
B	1168 ± 164	975 ± 88	6.662	11	0.000
C	931 ± 118	785 ± 94	7.693	20	0.000
总	1079 ± 194	879 ± 153	7.792	50	0.000

Greenwald 等人在 1998 年提出了测量内隐联想实验性能的 d 值（$d=$ 均值差/标准差），d 值越大，表明测量工具越敏感。在本实验中，$d=0.78$，表明本试验能够敏感地测量人们的"亲缘—合作"之间的联结程度。

3. 性别对 IAT 效应没有显著影响

IAT 效应是指被试在初始联合任务阶段和相反联合任务阶段平均反应时的差异。本研究中，IAT 效应值越大，表明被试在"亲缘—合作"之间的自动联系越强。以被试的性别为分组变量，对"亲缘—合作"的 IAT 效应进行独立样本 T

检验,不存在显著差异,如表6-5所示,$t=0.019,p=0.687$。

表6-5　IAT效应的人口统计学检验($n=51$)

		M	SD	t	p
性别	男	179.98	95.38	0.019	0.687
	女	201.52	116.91		

4. 跨亲缘合作经历显著影响IAT效应

以被试的类别(低合作经历、中合作经历、高合作经历)为自变量,以"亲缘—合作"IAT效应为因变量,进行单因素方差分析,IAT效应在被试类别上存在显著差异,$F(2,48)=7.429,p<0.01$。两两比较的结果表明,IAT效应在低合作经历和中合作经历被试之间存在显著差异($p<0.01$),在中合作经历和高合作经历类被试之间也存在显著差异($p<0.05$)。IAT效应值在被试类别上逐个降低,表现为高合作经历<中合作经历<低合作经历,被试的合作经历会对"亲缘—合作"的IAT效应产生显著影响,如图6-2所示。

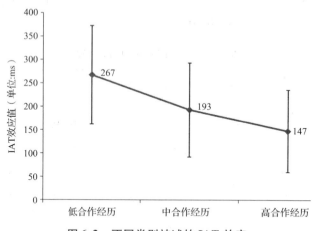

图6-2　不同类别被试的IAT效应

三、讨论

人们存在内隐亲缘合作偏好,相对于非亲缘关系,更倾向于与亲缘关系合作。这种内隐态度倾向在大学生、客服部员工和人力资源部员工上都表现出显著的差异。如果大学生是介于"完全职业化的成年人"和"尚处于被监护状态的未成年人"之间的特殊群体①,他们步入大学开始独立地学习生活,但是其尚未自立,依赖家庭供养,这可能是引发其亲缘合作偏好相对较强的经济原因。然而,完全职业化的成人的亲缘合作偏好的较强效应,则使基于生物学视角亲缘选择理论更具说服力。

虽然合作行为的性别差异得到了很多研究的支持,但是这些研究没有从"亲缘—非亲缘"的角度划分合作者之间的关系。合作行为的性别差异可能来源于性别角色和社会规范的作用,进化心理学认为,从原始社会的集体狩猎行为开始,就要求在男性间产生合作行为,一些心理学家则支持女性比男性更容易合作的观点。② 本研究表明,大学生亲缘合作偏好不存在性别差异。与本研究类似,陆慧菁和张雷用内隐联想测验分别测量了"亲缘—非亲缘"与"愉快—不愉快""近距离—远距离"的联系强度,性别差异也不显著。③

内隐亲缘合作偏好会受到跨亲缘的合作经历影响,合作经历越高的被试,在这种联系上表现得更微弱。因为大学生尚未步入社会,合作经历的缺乏使得他们更加依赖于原生家庭关系,这可以进一步从互惠利他的角度解释为什么企业员工的亲缘合作偏好相对较低,这可能是由于积极社会互动带来的互惠体验,增加了人们对非亲缘关系选择的适应度。

在有相同年限的工作经验的情况下,对工作有较高沟通和协同要求的人力资源部员工相比较客服部员工,内隐亲缘合作偏好相对较弱。类似地,我们发现在大学生群体中,社团活动参与度高的大学生,内隐亲缘合作偏好相对较弱。④ 这个发现支持了互惠利他理论的推断,小而稳定的群体中更容易发展出互惠性的合作。⑤

四、结论

(一)人们存在显著的内隐亲缘合作偏好,即相对于非亲缘关系,更倾向于

---

① 陆学艺.关于大学生群体特征.当代中国社会阶层研究报告[M].北京:社会科学文献出版社.2011.
② Orbell J, Dawes R, Schwartz-Shea P. Trust, social categories, and individuals: The case of gender [J]. Motivation & Emotion, 1994, 18(2): 109 – 128.
③ 陆慧菁,张雷.亲缘利他的内隐心理反应[J].心理科学,2010(2): 270 – 273.
④ 邓永光,毕新,杨智钦,等.血浓于水:大学生的内隐亲缘合作偏好[J].心理研究,2017(6): 25 – 30.
⑤ 李建会,项晓乐.超越自我利益:达尔文的"利他难题"及其解决[J].自然辩证法研究,2009(9): 1 – 7.

与亲缘关系合作。

（二）内隐亲缘合作偏好在性别上不存在显著差异。

（三）跨亲缘的合作经历影响内隐亲缘合作偏好，人们的合作经历越高，在这种联系上表现得更微弱。

第四节　亲不亲，故乡人：中国人的地缘合作偏好

本研究通过内隐联想测验，探索中国人的内隐地缘合作偏好。考察"省内—省外"与"合作—非合作"的相对联系强度，如果"省内词"与"合作词"存在显著的相对联系，则说明人们存在内隐地缘合作偏好。

本测验被试共两批，分低合作经历和高合作经历。

低合作经历：来源于海南省本地大学生，海南省处于海岛地区，因为地理、历史、文化等多方面的原因，相对封闭，与内地人口流动较少。

高合作经历：来源于河南省本地大学生，河南省作为中原腹地，与其他省的沟通联系频繁，是国内人口流通最频繁的省份之一。

一、方法

1. 被试

选取 30 名被试参与本实验，所有被试均为右利手，视力或矫正视力正常。被试在参与研究前均未接触过内隐联想测验。其中有 4 名被试的数据因没有完成实验或未达到实验要求的反应，其正确率被删除，共得到有效被试数据 26 个。

有效被试的基本信息如表 6-6 所示。

表 6-6　被试基本信息

类别	基本信息	人数	年龄	性别	
				男	女
低合作经历	海南省本地大学生	12	20.25 ± 1.87	8	4
高合作经历	河南省本地大学生	14	22.50 ± 1.02	7	7

2. 材料

以 10 个省内词和 10 个省外词作为概念词；以 15 个合作词和 15 个非合作词作为属性词，如表 6-7 所示。

在概念词的选择上，分别以海南省、河南省 20 个常用地名做省内词语，以 20 个全国知名的省会城市作为省外词语，海南省和河南省省外词语相同。通过 5 点评分法计分表分别评定这些地名的"完全不熟悉—完全熟悉"属性，选取前 10 个词语作为实验材料。最后将地名词加后缀"人"作为一个完整的表征地缘的词语，如海口人、宜兴人。

在属性词的选择上，从《现代汉语词典》中选出表征"合作"的双音节词 20 个、表征"非合作"的双音节词 20 个备选。通过 9 点量表上评定这些词的"合作—非合作"属性，选取其中最具合作属性的 15 个词语作为合作词，选择其中最具非合作属性的 15 个词语作为非合作词。如表 6-7 所示。

表 6-7　内隐联想测验的概念词和属性词

类别		词语
概念词	省内 海南	海口人、三亚人、文昌人、万宁人、琼海人、乐东人、崖州人、陵水人、保亭人、定安人
	省内 河南	信阳人、周口人、许昌人、开封人、郑州人、漯河人、南阳人、商丘人、洛阳人、新乡人
	省外	成都人、厦门人、西安人、天津人、北京人、广州人、杭州人、重庆人、上海人、武汉人
属性词	合作	互助、协作、携手、团结、合作、信任、支援、商谈、合唱、并肩、响应、联盟、交流、帮助、勉励
	非合作	竞争、竞选、竞赛、争先、争胜、侵略、排挤、决战、攻打、侵占、抵制、抵抗、孤独、独断、单飞

3. 程序

程序使用 Greenwald 的经典 IAT 实验范式和实验步骤（2003），将实验分 7 个阶段，如表 6-8 所示，平均用时约 15 分钟。实验程序用 PsychoPy1.8 软件编制和收集数据。

表 6-8　内隐联想测验流程

序号	实验阶段	试次	被试反应
1	初始概念词识别	40	省内词按 E 键 省外词按 I 键
2	初始属性词辨别	60	合作词按 E 键 非合作词按 I 键
3	相容任务（练习）	20	省内词或合作词按 E 键 省外词或非合作词按 I 键
4	相容任务	100	省内词或合作词按 E 键 省外词或非合作词按 I 键
5	反转概念词辨别	40	省外词按 E 键 省内词按 I 键
6	不相容任务（练习）	20	省外词或合作词按 E 键 省内词或非合作词按 I 键
7	不相容任务	100	省外词或合作词按 E 键 省内词或非合作词按 I 键

二、结果

1. 数据预处理

根据 Greenwald 等人建议的计分规则和数据处理方法（2003），删除没有完成全部实验和平均准确率低于 0.8 的被试，低于 300ms 的以 300ms 记，大于 3000ms 的以 3000ms 记，错误反应的试次予以删除。对 IAT 测验的原始数据进行重新计分和正态化转换。比较相容任务和不相容任务的反应时，并计算 IAT 效应。

通过比较先做第三、四阶段与先做第六、七阶段被试的数据，对实验的信度进行一致性检验，得出 α 系数 = 0.749，表明本实验具备良好的信度。

2. 地缘—合作 IAT 效应显著

如图 6-3 所示，从 IAT 实验主要阶段的反应时数据可以看出，相容任务（省内—合作/省外—非合作）的平均反应时为 920ms，不相容任务（省内—非合作/省外—合作）的平均反应时为 1154ms。对相容任务和不相容任务的反应时进行配对样本 T 检验，相容任务显著低于不相容任务，$t(25) = 10.570, p < 0.001$。

这表明被试更倾向于将省内词和合作词归为一类,而将省外词和非合作词归为一类。

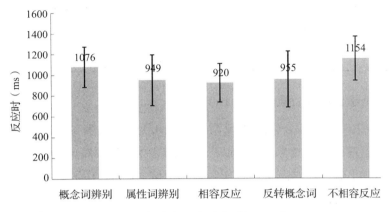

图 6-3　各阶段平均反应时($n = 26$)

对两批被试的相容任务和不相容任务的评分反应时分别进行配对样本 T 检验,如表 6-9 所示。结果表明,三批被试的相容任务均显著低于不相容任务,分别为:$t(14) = 11.584, p < 0.001; t(13) = 10.722, p < 0.001; t(26) = 10.722, p < 0.001$。在所有的被试类别中,被试都更倾向于将省内和合作词归为一类,而将省外词和非合作词归为一类。

表 6-9　相容任务与不相容任务的配对样本 T 检验

被试类别	不相容阶段(ms) M ± SD	相容阶段(ms) M ± SD	t	df	p
海南	1281 ± 226	954 ± 198	11.584	14	0.000
河南	1043 ± 150	891 ± 143	10.722	13	0.000
总	1154 ± 231	920 ± 204	10.722	26	0.000

对测量内隐联想实验性能的 d 值(d = 均值差/标准差)进行计算。在本实验中,d = 0.78,表明本试验能够敏感地测量人们的"亲缘—合作"之间的联结程度。

3. 性别对 IAT 效应没有显著影响

IAT 效应是指被试在初始联合任务阶段和相反联合任务阶段平均反应时的差异。本研究中,IAT 效应值越大,表明被试在"地缘—合作"之间的自动联系越强。以被试的性别为分组变量,对"地缘—合作"的 IAT 效应进行独立样本 T

检验,不存在显著差异,$t(24)=1.162$,$p=0.253$,如表 6-10 所示。

表 6-10　IAT 效应性别、年级、专业差异检验($n=37$)

		M	SD	t	p
性别	男	198.85	144.69	1.162	0.253
	女	148.37	114.33		

4. 跨地缘合作经历显著影响 IAT 效应

以被试的类别(低合作经历或高合作经历)为分组变量,对"地缘—合作"的 IAT 效应进行差异检验,存在显著差异,$t(24)=6.251$,$p<0.001$,低合作经历被试的 IAT 效应显著高于高合作经历的被试,如图 6-4 所示。

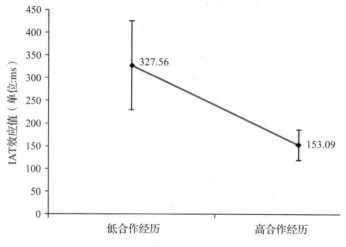

图 6-4　不同类别被试的 IAT 效应

三、讨论

人们存在内隐地缘合作偏好,相比较省外人,更加倾向于和省内人合作。这种内隐态度倾向在海南、河南两省的大学生上均表现出了显著性差异。在本实验中,在测验内隐地缘合作偏好时,选取的是某省的本地大学生被试,他们所建立的社会关系一般是在省内的范畴进行,这可能是引发他们较强地缘合作偏好的社会原因。该结果支持了内群体偏爱和社会认同理论,长期而稳定的地缘关系维持,使他们通过对省内人和省外人进行分类,并对省内人产生认同,对省内人做出更加积极的社会评价和合作预期。

跨地缘间合作经历影响内隐地缘合作偏好,人们的合作经历越高的,在这种联系上表现得更微弱,合作经历较低的海南省被试,内隐地缘合作偏好相对较强。从地域文化上来看,以河南省为代表的中原文化和以海南省为代表的琼州文化,都有各自的方言体系和独具一格的文化体系,是特定区域内人们行为模式的总和。[①] 在物质层面上,包括饮食、建筑、服侍等;在制度层面上,包括风俗、艺术、法律等;在哲学层面上,包括审美、宗教、价值取向等。琼州文化位于海南岛,地理环境相对封闭,历史上几次重大的人口迁徙对其影响较小。根据全国第六次人口普查数据显示,河南省人口流动率为15%,而海南省人口流动率仅为3%,这可能是引发海南人地缘合作偏好较强的重要地理、历史、社会、文化因素。

总体来看,虽然地区间的地缘合作偏好存在差异,但人们对于地缘关系的重视是一致的,这些发现支持了内群体偏爱和社会认同理论的推断。以积极肯定的眼光看待内群及其所属成员,当个体知觉到与他人的社会认同时,就会产生合作行为的倾向性。

四、结论

(一)人们存在显著的内隐地缘合作偏好,即相对于省外人而言,更加倾向于和省内人进行合作。

(二)内隐地缘合作偏好在性别上不存在显著差异。

(三)跨地缘的合作经历影响内隐地缘合作偏好,人们的合作经历越高,在这种联系上表现得更微弱。

第五节 先赋地缘偏好与后致地缘偏好

在地缘关系的产生过程中,亲缘关系和在一个固定空间中与他人长期互动的经历起到了共同的作用。在"生于斯,长于斯,终老于斯"的乡土社会,人和地的因缘相绑定。世代间的人口繁殖像一个根上长出的树苗,在地域上靠在一起。在这种血缘和地缘合一的原始社区中,地缘不过是血缘的投影。长期以来封闭静滞的农耕文化世代相袭,延伸出一个以"家"为中心,以亲缘关系为主轴

---

① 张凤琦."地域文化"概念及其研究路径探析[J].浙江社会科学,2008(4):63-66.

的社交网络,使得个体日常的互动对象离不开三亲六眷。而伴随着人口流动,封闭的地缘关系走向破裂和重组。这种融合共生的特征开始消解,地缘关系也得以分化。

分化的地缘关系该怎样进行分类?诸多学者对人际关系的分类可作为参考。费孝通(1998)在差序格局的理论下,提出了自家人/陌生人的分类方式。杨国枢(2004)在他的基础上,按照中国人人际关系的亲疏程度划分了家人/熟人/生人三种类型。这两种分类方式强调亲缘关系这种先天因素在人际分类上的重要性。杨中芳、彭泗清(1999)认为人际关系由既定成分(先赋成分)和交往成分(工具成分和感情成分)组成。杨宜音[1]在探讨中国的人际关系与西方的差别时,采用先赋性和获致性两维度进行了区分。悦中山等人[2]在分析农民工的社会网络时也用先赋(Ascribed)和后致(Acquired)两种资源来描述各种关系对他们的影响。这些分类不仅意识到亲缘关系、同乡关系等先赋因素的重要性,也将后天的人与人之间的互动作为分类的另一个标准。

在本研究中,我们将这两类地缘关系分别命名为先赋地缘与后致地缘。

先赋地缘指以共同的出生地、成长地为纽带而天然存在的人际关系,俗称"老乡"。尽管"乡"是地方的概念,但人们喜欢把它和"家"联系在一起,称自己的出生地为"家乡"。个体的出生地是无法选择的,也使得这类地缘关系带有亲缘的色彩,建立在个体对家乡的情感和认同上。

后致地缘指个体在离开出生地之后,在迁入地社会与当地原住居民的互动过程中逐渐建立的人际关系。与先赋地缘关系不同的是,这种后致地缘关系是可以选择的。随着城镇化的发展,人们摆脱了土地的束缚,可以离开家乡而选择去别的地方求学和工作。在迁入地长期的生活经历使个体形成了第二故乡,并在与当地人的互动中建立了后致地缘关系。

一、方法

1. 被试

通过江苏某大学的浙江老乡 QQ 群,招募 28 名在江苏求学的浙江籍大学生

---

[1] 杨宜音. 试析人际关系及其分类——兼与黄光国先生商榷[J]. 社会学研究, 1995(05):18-23.

[2] 悦中山,李树茁,靳小怡,等. 从"先赋"到"后致":农民工的社会网络与社会融合[J]. 社会, 2011, 31(6):130-152.

为被试。

所有被试均在浙江出生,并在浙江完成了小学和中学的学业,浙江是被试的第一故乡,浙江人群体是被试的先赋地缘关系。所有被试入学后都积极参加学校所在社区的社会实践活动,江苏是被试的第二故乡,江苏人群体是被试的后致地缘关系。

所有被试均为右利手,视力或矫正视力正常,无色盲和色弱,此前均未参与过内隐联想测验。

对数据进行预处理后,有两名被试因为正确率没有达到测验要求而被剔除,最终有效被试为26人。其中平均年龄 $M = 19.96, SD = 1.11$;男生13人,女生13人;生源地在城镇的16人,在乡村的10人。

2. 材料

在概念词的选择上,以浙江省11个地级市作为备选,请26位浙江籍本科生(平均年龄 $M = 21.33, SD = 1.06$)在7点量表上评定对这些地方的熟悉程度,从中选取最熟悉的5个地级市,如表6-11所示,加上后缀"人"将其归为"浙江人"一类,作为被试的先赋地缘词。

表6-11 浙江省地级市熟悉程度($N = 26$)

地级市	熟悉程度
杭州市	6.76
宁波市	6.48
嘉兴市	6.14
绍兴市	5.95
湖州市	5.62
温州市	5.38
金华市	5.05
台州市	4.86
舟山市	4.52
丽水市	3.67
衢州市	3.29

10个概念词与20个属性词如表6-12所示:

表 6-12　IAT 的概念词与属性词

类别		词语
概念词	江苏人	常州人、镇江人、南京人、无锡人、苏州人
	浙江人	杭州人、宁波人、嘉兴人、绍兴人、湖州人
属性词	合作	互助、协作、携手、团结、信任、支援、响应、交流、帮助、勉励
	非合作	竞争、竞选、争先、侵略、排挤、决战、抵制、抵抗、孤独、独断

3. 程序

程序使用 Greenwald 的经典 IAT 实验范式和实验步骤(2003),将实验分 7 个阶段,如表 6-13 所示,平均用时约 15 分钟。实验程序用 PsychoPy1.8 软件编制和收集数据。

表 6-13　IAT 测验流程

阶段	任务	试次	被试操作
1	初始概念词识别	20	江苏人按 E 键 浙江人按 I 键
2	初始属性词辨别	40	合作词按 E 键 非合作词按 I 键
3	相容任务(练习)	20	江苏人或合作词按 E 键 浙江人或非合作词按 I 键
4	相容任务	60	江苏人或合作词按 E 键 浙江人或非合作词按 I 键
5	反转概念词辨别	20	浙江人按 E 键 江苏人按 I 键
6	不相容任务(练习)	20	浙江人或合作词按 E 键 江苏人或非合作词按 I 键
7	不相容任务	60	浙江人或合作词按 E 键 江苏人或非合作词按 I 键

二、结果

1. 数据预处理

根据 Greenwald 等人建议的计分规则和数据处理方法(2003),删除没有完成全部实验和平均准确率低于 0.8 的被试,低于 300ms 的以 300ms 记,大于 3000ms 的以 3000ms 记,错误反应的试次予以删除。对 IAT 测验的原始数据进行重新计分和正态化转换。比较相容任务和不相容任务的反应时,并计算 IAT

效应。

通过比较先做第三、四阶段与先做第六、七阶段被试的数据,对实验的信度进行一致性检验,得出 α 系数 = 0.745,表明本实验具备良好的信度。

2. IAT 效应显著,先赋地缘词与合作词的自动化联系程度更紧密

对相容阶段和不相容阶段的反应时进行配对样本 t 检验,发现相容阶段(江苏人—合作/浙江人—非合作)的平均反应时显著慢于不相容阶段(浙江人—合作/江苏人—非合作)的平均反应时($t[25] = 2.10, p < 0.05, d = 0.26$),如表6-4所示,IAT 效应的 d 值为 0.26。该结果表明相对于江苏人,被试更倾向于将浙江人和合作词相联系。

表 6-14 相容阶段与不相容阶段的差异检验($N = 26$)

反应阶段	M	SD	t	df	p
相容阶段	957.27	188.62	2.10	25	0.046
不相容阶段	912.25	156.21			

3. 不同性别的被试的 IAT 效应没有显著差异

以被试的性别为分组变量,以 IAT 效应为因变量进行独立样本 T 检验,差异不显著($t[24] = -1.93, p = 0.07$),如表6-5所示。该结果表明性别不能影响被试的先赋地缘合作偏好优势。

表 6-15 IAT 效应的性别差异检验($N = 26$)

性别	M	SD	t	df	p
男	-84.25	109.50	-1.93	24	0.065
女	-5.79	97.42			

4. 不同生源地的被试的 IAT 效应没有显著差异

以被试的生源地作为分组变量,以 IAT 效应为因变量进行独立样本 T 检验,差异不显著($t[24] = -0.95, p = 0.35$),如表6-16所示。该结果表明性别不能影响被试的先赋地缘合作偏好优势。

表 6-16　IAT 效应的户口类别差异检验（$N=26$）

生源地	M	SD	t	df	p
城镇	-61.09	107.82	-0.95	24	0.353
乡村	-19.31	111.88			

三、讨论

个体在离开出生地到迁入地求学时，更多的是以一个外地人身份生活。此时先赋地缘关系使个体的身份从"外地人"转化为"同乡"，让个体有了关系上的替代与延伸，从而为其提供了异地生活适应的社会支持。尽管后致地缘关系也为个体适应新环境提供了一定的帮助，但无法缓解其情感上对故乡的怀恋，而先赋地缘群体可以通过共同的方言、习俗、生活经历这类因素满足个体情感层面上的需求。

依据社会认同理论，人们会自动地将群体分门别类。在研究当中，当个体遇到非地缘关系时，更倾向于将后致地缘作为自己的内群体。但内群体的划分标准是相对的，边界并非固定。[1] 当个体在进行比较后主观上更认同自己的第一故乡身份而非第二故乡时，也更倾向于将先赋地缘作为自己的内群体，使得先赋地缘合作偏好更具优势。且本研究更多的是以大学生为样本，在出生地和迁入地的居住时间差异较大。居住促进了个人在当地社会关系的发展，可能会使个体对出生地和迁入地的认同程度存在差异。[2]

先赋地缘关系一直从个体的婴幼儿时期贯穿到成年时期，而后致地缘关系更多的是个体在成年离开家乡后，在迁入地长期稳定生活的过程中逐步建立的。青少年时期是个体人格特质发展趋向成熟的关键时期[3]，对其合作偏好的形成具有重要的作用。且从互动的角度出发，个体与先赋地缘群体的交往经历长于后致地缘群体。依据互惠理论，关系持久的一方更容易产生合作，这也是先赋地缘合作偏好更具优势的原因之一。

性别和生源地并未对先赋地缘合作偏好优势产生影响。这表明个体无论是男性或是女性，无论来自乡村还是城镇，其先赋地缘合作偏好更强。但在城

---

[1]　张莹瑞，佐斌. 社会认同理论及其发展[J]. 心理科学进展，2006，14(3)：475-480.
[2]　Fleury-BahiG, Felonneau M L, Marchand D. Processes of place identification and residential satisfaction[J]. Environment & Behavior, 2008, 40(5)：669-682.
[3]　钮丽丽，周燕，周晖. 中学生人格发展特点的研究[J]. 心理科学(4)：505-506.

市建设的过程中,个体只和老乡合作会产生一系列问题。当来自全国各地的外来人员各自依据籍贯结成小团体,团结团队内成员而排斥团体外成员,可能会产生歧视、群际冲突等一系列后续的消极行为。[①] 因此,削弱个体的先赋地缘合作偏好可以让他们更好地与迁入地的人进行有效的交流,在相互合作的情况下减少内耗。接下来的研究试图找出影响地缘合作偏好的因素,使外来人员更好地适应新环境下的生活,促进当地城市的发展。

四、结论

(一)相对于后致地缘合作偏好,个体的先赋地缘合作偏好更具优势,即在两种地缘群体并存的情况下,个体更倾向于与先赋地缘群体合作。

(二)不同性别,不同生源地的个体,先赋地缘合作偏好优势不存在显著差异。

第六节 总结与讨论

团队学习对于促进合作深化,提升团队效率和完成团队目标有重要的意义。团队学习的中国化发展历程还有很长的路要走,同时这也是新一代中国人不断适应职业化和现代化的过程。亲缘合作偏好和地缘合作偏好,是中国人在长期的乡土生活经验中形成的自我保护的心理机制,有深刻的地理、历史、文化背景。这种心理机制曾在早期人类社会和农业文明时期发挥了积极作用,近现代工业文明的发展要求人们更多地与陌生人建立合作,这种心理机制可能会对其产生不利影响。从这个层面来说,能否顺应生产方式的改变,建立非亲缘和非地缘合作倾向,是一个人是否在思想意识层面完成现代化的重要标志。

通过内隐联想测验,我们发现,人们存在显著的亲缘合作偏好和地缘合作偏好,这为我们解释中国的团队学习困境提供了实证依据,因为这种合作偏好具有持续稳定性,似乎使团队学习的前景显得不甚乐观。但是我们也发现,这种合作偏好并非一成不变的,跨亲缘或地缘的合作经历影响人们的内隐亲缘或地缘合作偏好,与陌生人的合作经历较多,则内隐亲缘合作偏好或地缘合作偏

---

① 张婍,冯江平,王二平. 群际威胁的分类及其对群体偏见的影响[J]. 心理科学进展,2009,17(2):473-480.

好相对较弱。这或许表明，在工业化现代化过程中，一代中国人正在对自己的社会特征进行自我修正，这让我们看到了团队学习在中国发展的可能。

当下中国正在进行从农业的、封闭的传统型社会，向工业的、开放的现代型社会的转型，人们的社会关系面临维持、断裂与重建，从以亲缘关系为基石，由亲缘和地缘交织复合的社会关系，转向以业缘关系为主导的新型社会关系。本研究所发现的亲缘合作偏好和地缘合作偏好会随着合作经历的丰富而相对减弱的现象，或许是传统的乡土文明与现代的文明相互交织融合的例证。

附录一　参加访谈的大学生团队情况

序号	团队名称	团队类型
1	辩论社	大学生社团
2	爱心社	大学生社团
3	上方武协	大学生社团
4	创业团队	大学生社团
5	调研中国	大学生社团
6	《法学》编辑部	大学生社团
7	乐队	大学生社团
8	伯乐社	大学生社团
9	法律援助团队	大学生社团
10	心理剧组	大学生社团
11	学院科协	大学生社团
12	机械创新设计团队	大学生社团
13	数学建模小组	大学生社团
14	大学生创新型实验计划团队1：大学生对中国传统文化的接受程度	课外项目小组
15	大学生创新型实验计划团队2：受助流浪儿童社会回归机制探究	课外项目小组
16	大学生创新型实验计划团队3：用工荒的调研	课外项目小组
17	大学生创新型实验计划团队4：太阳能 LED 灯发电系统	课外项目小组
18	大学生创新型实验计划团队5：法理学相关课题	课外项目小组
19	大学生创新型实验计划团队6：苏州城乡一体化医疗体制建设	课外项目小组
20	大学生创新型实验计划团队7：苏州市生活垃圾的回收情况	课外项目小组

续表

序号	团队名称	团队类型
21	大学生创新型实验计划团队8：收入对青年人婚恋观的影响	课外项目小组
22	大学生创新型实验计划团队9：Web2.0时代大学生精神世界探究	课外项目小组
23	大学生创新型实验计划团队10：人才集聚的影响因素研究	课外项目小组

附录二 大学生社团访谈提纲

采用开放式访谈：

1. 你们这个团队是什么时候开始组建的？团队是怎么组建起来的？
2. 简单介绍一下你们这个团队的运作过程。你们这个团队开展了哪些工作？
3. 团队取得了哪些成绩？团队工作效果如何？
4. 团队取得成绩的关键因素有哪些？这些因素是如何形成的？
5. 你如何评价你们的团队？你如何评价团队内的其他成员？
6. 如果团队任务结束后，你和团队的其他成员还会保持联络和交往吗？为什么？

附录三 参加问卷调查的大学生团队情况

序号	团队名称	所属学院	团队类型
1	闲云棋社	应用技术学院	学生社团
2	轮滑社	应用技术学院	学生社团
3	瑜伽社	应用技术学院	学生社团
4	品味完美社	应用技术学院	学生社团
5	心协	应用技术学院	学生社团
6	摄影协会	应用技术学院	学生社团
7	风云书画社	应用技术学院	学生社团
8	演讲与主持社	应用技术学院	学生社团
9	英语社	应用技术学院	学生社团
10	日语社	应用技术学院	学生社团
11	格致调查社	应用技术学院	学生社团
12	卓越财经社	应用技术学院	学生社团
13	网球社	应用技术学院	学生社团
14	排球社	应用技术学院	学生社团
15	扬武功夫社	应用技术学院	学生社团
16	辩论社	应用技术学院	学生社团
17	文学社	应用技术学院	学生社团
18	篮球社	应用技术学院	学生社团
19	环保社	应用技术学院	学生社团
20	阳光旅协	应用技术学院	学生社团
21	IT社	应用技术学院	学生社团
22	乒乓社	应用技术学院	学生社团
23	动漫社	应用技术学院	学生社团
24	绳社	应用技术学院	学生社团
25	招生就业协会	应用技术学院	学生社团
26	足球社	应用技术学院	学生社团

续表

序号	团队名称	所属学院	团队类型
27	美食社	应用技术学院	学生社团
28	拔河社	应用技术学院	学生社团
29	Sky 话剧社	文正学院	学生社团
30	1.5G 音乐社	文正学院	学生社团
31	电影俱乐部	文正学院	学生社团
32	网球社	文正学院	学生社团
33	档案社	文正学院	学生社团
34	理财协会	文正学院	学生社团
35	书人时政社	文正学院	学生社团
36	炫轮社	文正学院	学生社团
37	数码空间	文正学院	学生社团
38	爱心社	文正学院	学生社团
39	定向越野社	文正学院	学生社团
40	墨缘艺术社	文正学院	学生社团
41	清野漫画社	文正学院	学生社团
42	上方武协	文正学院	学生社团
43	心协	文正学院	学生社团
44	FLA 外语社	文正学院	学生社团
45	营销协会	文正学院	学生社团
46	曲艺社	文正学院	学生社团
47	绿色环保协会	文正学院	学生社团
48	文学社	文正学院	学生社团
49	O2 工作室	文正学院	学生社团
50	礼仪服务社	文正学院	学生社团
51	烹饪社	文正学院	学生社团
52	山樱日语社	文正学院	学生社团
53	Flying Dance 舞协	文正学院	学生社团
54	Labor 公社	文正学院	学生社团
55	科协	社会学院	学生组织
56	学生社团联合会	社会学院	学生组织

续表

序号	团队名称	所属学院	团队类型
57	团委	社会学院	学生组织
58	学生会	社会学院	学生组织
59	科协	管理学院	学生组织
60	学生社团联合会	城市学院	学生组织
61	科协	城市学院	学生组织
62	学生会	管理学院	学生组织
63	学生会	城市学院	学生组织
64	学生会	应用技术学院	学生组织
65	科协	应用技术学院	学生组织
66	团委	应用技术学院	学生组织
67	学生会	文正学院	学生组织
68	团委	文正学院	学生组织
69	学生社团联合会	文正学院	学生组织
70	创就业指导中心	文正学院	学生组织
71	学生社团联合会	教育学院	学生组织
72	学会声	教育学院	学生组织
73	科协	教育学院	学生组织

附录四　团队学习及团队互动的各因素进行测量

问卷一：团队学习问卷

1. 团队会经常性地花时间讨论如何改善工作进程。
2. 团队常常会公开、直接地讨论不同意见,而非私下处理这些意见。
3. 团队成员会尽可能地从团队外部获取一些信息。例如老师的评价和其他团队的建议。
4. 团队经常会敏锐地发现一些信息来帮助我们进行重大的调整和变革。
5. 团队中,总有人会提醒大家停下手头的工作来反思一下工作状况。
6. 团队成员可以就讨论的话题直言不讳地讲出自己的看法。
7. 团队会邀请外部专家为团队提出意见,或者与团队成员一起讨论。
8. 团队不会拘泥于已有的工作模式,常常探索一些新方法和新策略。
9. 团队面对困境常常会束手无策,而不去探索可能存在的有效方法。
10. 为了达成团队目标,我经常阅读课外书籍和资料。
11. 在团队内部,大家都愿意把自己掌握的信息与团队成员分享。

问卷二：团队冲突问卷

1. 团队成员之间的关系紧张程度。
2. 团队成员之间,在工作时激烈争执的频率。
3. 团队成员之间,工作思路和理念的差异程度。
4. 在具体任务上,我和其他团队成员之间观点不一致的频率。
5. 在具体任务上,其他团队成员之间观点不一致的频率。
6. 团队成员之间,对工作分配意见不一致的频率。
7. 团队成员之间,因责任归属而发生冲突的程度。
8. 我对团队内资源分配,不赞同的频率。

问卷二：团队动机问卷

1. 在团队中结交到朋友,是我最大的收获。

2. 当团队中出现意见分歧和关系裂痕时,我会非常紧张。
3. 只要团队内部关系好,大家在一起做什么事情都会成功的。
4. 通过团队活动,我可以结交到朋友。
5. 我跟团队中的其他成员建立了非常深刻的私人友谊。
6. 在团队中,有些时候私人感情比工作更重要。
7. 因为团队的活动、团队的目标非常吸引我,我才加入团队的。
8. 出色地完成了团队交给的任务后,我会觉得非常愉快。
9. 我想通过团队活动锻炼自己的能力。
10. 当团队的任务没有达成时,我会觉得非常沮丧。
11. 团队的成员是由于共同的目标才走到一起来的。
12. 通力协作完成团队的任务,是我们心目中最重要的事情。

问卷三:团队信任问卷

1. 如果在团队活动中犯了错误,会受到批评和指责。
2. 团队成员能够直接地指出团队工作中存在的问题。
3. 如果团队中有成员表现得与其他成员不一致,其他成员会排斥他。
4. 在团队活动中,可以适当地冒一些风险。
5. 在团队活动中,当我需要其他成员提供帮助时,我觉得很难开口求助。
6. 在团队活动中,不会有人从事蓄意的破坏活动或者故意搅局。
7. 与团队中的其他成员一起工作,我的才智能得到最大限度的发挥,并获得认可。

问卷四:任务互依性问卷

1. 在团队中,我的活动与他人的活动关系密切。
2. 在团队中,我必须与其他人一起努力。
3. 在团队中,我的成绩依赖于来自他人的信息和启发。
4. 在团队中,我的行为方式对他人有重要影响。
5. 在团队中,我在工作过程中需要同他人频繁协商。
6. 在团队中,我的工作非常独立。
7. 在团队中,我能规划自己的工作而不用与其他人协商。
8. 在团队中,我几乎不用其他人提供信息就能完成自己的工作任务。

问卷五：团队目标明确程度问卷

1. 我在团队里的职责与责任。
2. 我在团队中的工作目标。
3. 我的工作与团队整体目标关系如何。
4. 我工作的预期结果。
5. 我怎样工作才会带来积极的评价。

问卷六：团队领导问卷

1. 团队成员中,只有少数人能够参与重要的决策。
2. 团队成员都有机会参与重要决策的制定。
3. 团队重大决策基本是团队领导做出的。
4. 团队的领导能充分地与团队成员协商,然后做出决策。
5. 团队领导能为团队从校方或者社会上争取更多的资源。
6. 团队领导能为团队设定明确的目标。
7. 团队领导能让团队成员清楚地了解团队的目标。
8. 团队领导能有效地帮助团队成员完成工作。
9. 团队领导在团队内是有威望的。

问卷七：满意度问卷

1. 我经常对团队活动感到厌倦。
2. 我对团队活动感到满意。
3. 团队活动非常有趣,不会让我感到无聊。
4. 多数情况下,我会对团队活动充满热情。
5. 我比其他同学更热衷于团队活动。
6. 我发现,我能在团队活动中得到真正的享受。
7. 我在团队中获得了成长。

附录五　教师共同体访谈提纲

1. 您来自哪所学校？

您的从教年限是？您从教以来一直在目前所在学校任教吗？

您主要从事哪些科目的教学工作？除了教学之外，还负责学校的其他工作吗？

2. 在日常教学工作中，是否存在教师教学共同体（教师有组织地围绕某一目标，交流经验，共享信息，解决问题）？如果存在，请您举几个例子。

（如举出多个教学共同体，则 3—7 题针对每个教学共同体分别问）

3. 教学共同体中，谁负责组织和召集活动？活动内容通常是如何确定的？活动的频率是多长时间一次？参加活动是自愿的，还是强制要求必须参加的？

4. 您在教学共同体中是否担任了职务，您在教学共同体的活动中做了哪些事情？

5. 教学共同体的活动中，给您印象最深的是哪一次？请您具体说说。

6. 您觉得教学共同体的活动有趣吗？您愿意参加教学共同体的活动吗？这些活动对您有帮助吗？为什么？

7. 您对教学共同体的活动有哪些意见和建议？

8. 您愿意配合我们后续的问卷调查吗？麻烦您留下联系方式（E-mail，电话，微信）。

附录六 教学共同体访谈记录

A学校访谈记录

访谈时间:9月2日

访谈者:吴铁钧 邓永光

受访者:共5人,A.校长;B.教务处主任;C.教研组长;D.年级组长;E.优秀青年教师。

吴:刚才我们谈到,教研组、备课组这些教学共同体。教研组和备课组是一回事吗?

A、B、C、D:差不多。

A:我来补充一下。教研组是从学校的层面出发,教研组的范围要比备课组大,备课组是什么概念呢?比如我们学校有三个年级,初一、初二、初三,初一语文有个备课组,而整个学校的语文就是一个教研组,两者有范围大小的区别,是包含与被包含的关系。

吴:一个按学科分,一个按年级分。

A:一个按年级学科分,一个按学校的学科分。

B:就是一个学科教研组里面有三个备课组。

C:三个年级各有一个备课组。

A:对,刚才我们几位老师讲的,我们有联盟,吴中区初中有三个联盟,我们这个学校与其他另外五所兄弟学校是一个联盟,就是城西中学,城西联盟,是一个团队的。

吴:是不是也是为了教师交流?

A:不是为了教师交流,是为了教学的相对均衡,比如说我们这个联盟有相对好的学校,也有相对落后的学校,当然这个落后也不是贬义,就是说互补,互相带动,互相提高。基于这个目的,就成立了这样一个共同体。

吴:那么这个共同体平时是怎么开展活动的?

B:关于吴老师讲的这些共同体,我有一些不同的理解,我们现在讲了三个层面的共同体,一个是校级的,这个是由同一学科的教师组成的,它主要的作用是优势学科起到引领作用,带动其他学校的弱势学科。比如英语,我们学校是强项,其他学校是弱项,那么在这个共同体中,就是以我们学校为主导,带领其他学校开展教学活动。第二个层面就是刚才我们老师讲的教研组的活动,教研组还是以学科为主,实际上在我们学校或者说在我们的基层教育中还有第三种形式的出现。除了主要学科之外,还会牵涉到其他学科的一个辅助作用,比如说信息技术的支持,它也会形成一个共同体。

吴:参与者主要是我们学校搞信息技术的老师?

B:对,也有其他一些专业的老师,比如说数学专业的,要上课,他所用到的一些信息技术不是很熟练,比如白板、多媒体,那么信息技术老师也会参与进来。还有优客,优客是要拍成录像,刻成光盘的,这个也是要借助一些其他学科的,这个时候就不局限于某一个备课组或教研组,它会把其他组也纳入里面。教学共同体有很多类似的词语,比如同伴互助也是属于这个里面的。

吴:您说得很全面,非常有层次。刚才讲到的这个三校联盟,是由5所学校组成的,对吧?

B:吴中区初中分为三个联盟,一个联盟里面大概有5~6个学校。

吴:联盟是我们自己搞出来的,还是区教育局出面组织的?

B:这个是教育局出面组织的,所以说还不是教师自觉层面的,还是有行政命令的因素在里面的。

吴:联盟活动是由谁来组织的呢?

B:每个学校都有一两个学科是强势学科,联盟活动就由这个学科负责人来召集。

吴:这个好像跟教研员制度有一点像?

C:教研员不参与这个事情,联盟有活动可以邀请他参加。

吴:联盟在职能上跟教研员组织的共同体有一点类似?

B:职能上不能说类似,因为教研员关注的是整个成绩、新的教学方法、新课程的理念是不是贯穿在教学当中。我不知道其他学科怎么样,我们英语学科开展活动,会围绕一个问题,比如我们这学期要研究课题上法,我们就开这样一节课,然后围绕这样一个课题怎么去上进行研讨,我们这个是有针对性的,你们政治学科不知道怎么样?

D:也是围绕一个主题的,比如说中考前中考信息方面的交流,或者说复习课怎么上。

吴：那我们这种校级联盟的活动，比如这个城西联盟的活动每个月大概能组织多少次？

D：我们是一年组织一次，两个学期组织一次。

B：每个学科不一样的。

C：学科之间是有差别的。有的是一学期组织一次，看工作需要，一学期工作量的大小，比如中考上学期频率就少一些，一学期组织1~2次或者一年只组织一次。它会根据具体情况来定。

E：这个学科不只是学科的，还有教科研、德育。

C：它是教学、德育、教科研，大概这三大块。

吴：教学主要指具体的学科教学是吧？

C：对，德育可能班主任组织的更多一点，教科研是教学和德育两方面的结合。

吴：我们去园区跟学校老师聊了聊，他们也有类似的联盟。他们形成一个联盟之后，教师要在联盟内部流动。我们这个联盟有没有类似的操作？

B：我们的教师流动应该是交流吧，交流的话我们不是联盟内的，它还是行政安排。

吴：教师的交流与联盟没有关系？

B：没有关系。我们这个交流是教育局每年大概7%~12%的比例要流动的，以我们学校为例，如果我们学校今年要出来的是一名老师，可能相应地也要派一名老师到你们学校去，如果你们派的是数学老师，我们这边的数学老师就多了，这类教学交流呢，全国，全江苏省都在推行，这个也算是一个行政举措吧。这里面其实分几种，一种是这种大的交流，还有一种就是支教，可能园区、新区都有。所谓的学科带头人去别的学校支教，他作为强势的学科的带头人，到薄弱的学科的学校去蹲点一年或者两年，基本上我们这边是一年，然后去起一个模范带头引领作用。现在像这种形式还拓展到民工子弟学校，公办学校到民办学校的这种，好像是叫支管支教，就是说某一个公办学校的副校长到民办学校去。

吴：每个地方的制度都不一样啊。那么，我想请教各位老师，比如参加我们这种校级联盟的活动，大家有没有觉得印象最深的哪一次特别有帮助？不妨给我们介绍一下，让我们对这个活动有个了解。

D：我个人觉得都很普通。

吴：那如果说你要提一些建议的话，怎么可以把这个活动组织得更好，您是不是有什么想法？

D：还真没想过。

吴：那我反过来讲，就是为什么您觉得它会很普通呢？您当时肯定也是带着期待去的吧？

D：不期待。

吴：那这个活动是强制的吗？还是自愿参加？

D：是强制的，每个人必须参加。

吴：那您觉得这个活动跟内部的教研组的活动有什么区别，还是完全一样？

D：我觉得内部也有人赞成这个活动，但是我们都是几个人几个人的，比如我们备课组之间都是自己人，当然是真心合作的，但是跟别的学校之间是竞争关系，所以说好多是不可能尽全力参加的，当然每个活动都是有价值的，你只要认真参与，多多少少会学到一些知识。

B：他说的是对的，这些有时候都是带着行政命令的，那些学校的老师，可能人也多，我们对于他们是特别了解，如果我们是一个组的话，天天在一起交流，真情就会在这个活动中体现出来。

E：这个活动毕竟一个月只举行一次，不可能一次，一天就把这么多问题解决掉。

C：这种活动啊，我觉得有时候是一分为二的，就像张老师说的，有的时候确实感觉是蛮普通的，收获不大，但是我们历史学科上个学期举行的一次活动，给我印象蛮深刻的，那次活动是在某中学开展的，有一个上岗大概三年的女老师，那次我们教研员没有来，她上了一节课，那节课上的就是，一分为二的，有的时候给我们收获很大，有的时候就是失望蛮大的，我现在已经工作了13年，这几年我们陆续招进来的一些老师，可能门槛比较高，都是精挑细选过来的，我觉得他们成长特别快，因为有的老师我第一次听她课的时候，就觉得挺老练的，你能想到的她都讲到了，你没想到的她也讲到了。就感觉她挺成熟的，然后一问她的任教年龄——两年，我就感觉挺惊讶的，然后去年中考前我听了她的一堂课，我真的感觉自愧不如。所以，我觉得这种活动有的时候对我们这些中年以上的老师有促进作用，你看到年轻老师课上得那么好，你能学到什么上课的技巧、方法或者基础知识都是次要的，关键就是一种理念性的东西，年轻老师思路很新颖,很开放,他们和学生之间代沟比我们小,就像我们刚进来的时候,走在校园里,有时候跟学生还会撞衫的,但是现在可能随着年龄的增长,自己的教学方式和理念都有点老化。

所以就像刚刚张老师说的每次参加这种活动总会有收获的,看到他们那么会创新,思维也那么开阔,然后又看到他们备课那么扎实,对我们的触动是蛮大的。

吴:您说得很有道理,其实周老师和张老师说的是两个层面的内容,周老师讲的是示范方面的事,张老师讲的是研讨层面的事。示范时秀一下,你就看到年轻人成长的速度。

C:对,可能有些东西我们想不到,但是年轻人能够想到。

C:被他们带动一点,自己也学一点,有进步也是蛮好的。

吴:这种让您觉得很惊艳的联盟活动次数多吗?

C:不多,所以这是我印象最深刻的一次。

吴:所以这种情况是偶尔出现啊。那王老师您有什么想法?

E:没有什么意见或者建议,我觉得这种共同体不管是从学校层面的,还是联盟层面的,只要是开展,都是好的。它肯定是针对教学或者大家出现的一些问题,或者我们疑惑的、要去解决的问题而开展的,不管是上课,还是研讨、交流、评课等,它其实有很多种形式。一般的老师可能在教学实例中没有那么多的时间放到研讨上,明明知道问题在哪里,却不愿深入思考。就我自己而言,可能随着年龄越来越大,也不会思考得很深入,只能说,通过联盟活动,找到策略或更有效的方法,但可能只是蜻蜓点水,引起了一点波澜,真正在教学过程中把它研讨下去,拿出策略,深入的,甚至是实验的,去实践检验成效的,我感觉我做得不是很好。

吴:那您觉得之所以出现这种问题是研讨选的主题不精当呢,还是互动过程不是很好呢?

E:主题没有不精当的。因为活动举行一次肯定是要有一些影响力,有一定的范围广度的,不可能是随便搞的,选题是没有问题的,包括他们上的课和他们的交流肯定都有一定代表性。但到我们去交流的人的内心里面,到底形成多少,收获多少,回来之后反思多少,主要是和个人有关的。

吴:我们现在是给教育部门提建议,形成一个报告,让他们推行的措施使我们老师工作得更轻松、愉快。

E：如果提建议的话，我们作为老师，希望能有更多的时间，去把教学工作做好，去钻研自己想钻研的东西，比如文本啊，研究学生啊……

C：就是啊，时间都是被占掉的，有时候这种感觉特别强烈，就像上学期，有市级的，有区级的研讨活动，现在又加了联盟，有联盟级的，还有校级也要开课，评课，就有四个层面，有点重峦叠嶂的感觉，上半学期的活动让我有点应接不暇，很多课都要改动。所以我觉得各种教研活动的量要控制在一定范围之内。

E：这个系统性不强，这个有活动，那个也有活动，各种活动加在一起。

吴：也就是说，这四个层次搞活动是不沟通的？

D：对的，不沟通的。

E：他们不可能沟通的，市级、区级、盟级、校级，组织活动的人不一样。很多时候，我们开展一次公开课，表面上大家都坐在那里，但其实并没有仔细听课。

吴：我可不可以这么理解，各位老师如果频繁地去应付这些活动反而对教学活动有负面的影响。

D：有时候是的，这会影响你的情绪和心情。

E：就是有层次，没体系。

吴：教研员会不会也有一些活动？

D：教研员就是区级的活动。

C：苏州市的教研员举办的活动就在苏州市。

B：盟的是由盟主组织的，盟主也要组织活动，活动形式上也是蛮好的。

E：主要是盟的，区级和市级的主要是让我们去学习的，就是先去展示，然后研讨，去学习人家的优点。

B：盟里面的活动我理解的就是竞争要高于合作，都有所保留。

吴：盟级活动大家都有所保留，但是到市级、区级有保留的问题是怎样得到解决的？

B：市级区级的活动主要是示范性的，没有深入的研讨。专门的研讨也搞过，但不是很成功。

吴：我可不可以这么理解，示范性的活动是不是比较好一点？

E：示范性的活动是比较好的，值得推广的，主要让你去学习的，学习其精华的部分。

邓：各位老师对研讨活动会不会有一些期待？你们认为现在的教学是否

需要一些研讨？现在市级、区级、盟级的教学共同体活动研讨开展的效果都不太好，我们现实的教学需要研讨吗？

C：研讨当然是需要的，校内的研讨本身就是充足的，不需要其他地方研讨，研讨嘛，不一定非要大家正式地坐在一起，像我们备课组平时坐在一起也是在进行研讨。

D：我们有问题随时都可以交流，大家在平时也就只有教学可以交流。我们现在的办公室就是按照备课组划分的，便于大家随时交流。

E：我认为现在的校级的研讨也是蛮好的，引进来和走出去相结合，关键是靠自力更生。

D：外面的只要是示范和引领的活动，其实还是有学校的边界。

吴：学校边界确实是给交流学习造成了阻碍。

D：还有就是，有些教学共同体的活动一年也就一次或两次，不可能把所有的问题都给解决掉。

吴：我想了解一下备课组的情况，就是备课组开展活动的频率大概是多少？大家平时聊聊就算了，主要看比较正式地坐在一起备课的情况。

E：一周一次吧，我们学校规定每个组自己规定时间，然后教务处帮忙统一安排。

吴：那在备课组中间有没有什么故事，或者让您印象深刻的事？

C：备课组呢，因为都是大家比较需要的，大家在一起的时间比较多，都比较真诚。大家平时上课需要用到的东西，因为都是自己人，也都彼此分享。

吴：就是学校的内部备课组之间有没有竞争？

D：有当然是有的。

C：但是比较弱。

吴：为什么大家在交流信息的时候彼此都没有保留？我感觉很了不起，这都是怎么做到的呢？

B：现在教学的评价是有很多层次的，以前教师之间可能有第一名、第二名之分，差别很大，但是现在，都是统一按照备课组评比的，教师间的竞争比较淡。

D：现在比较强调备课组的整体竞争，不是单独看一个人的。

E：主要是奖励系统，之前是按照个人的，现在是以备课组为单位，比如说大家一起编写教学案，但是编好了之后你自己怎么用那是你自己的事情，强调的是一个学科。

吴：这确实是一个很重要的变化，大家一起使劲。各位老师对于备课组的活动有什么建议，或者有什么比较好的经验？

B：我只是看着您的访谈提纲举个例子，它也不是什么教研活动，就是我们的教师的展示。有一个老师要去展示，其他老师不参与，大家都会一起出谋划策，都会分享自己一些比较好的经验，然后去上课，大家再集思广益地去评课，怎么更好地展示这么一节课。我觉得这样是比较好的一种方式，大家都比较自觉地去参与，而不是按照学校的行政命令去应付一些事情，更富有意义。这次是这个老师上课，下次是那个老师上课，这个时候大家的角色已经发生变化了，其他老师也会毫无保留地去分享和讨论。比如说我会从教科研的角度和大家一起去探讨，大家各取所需，有些人角度可能不太一样。我觉得比较成功的是我们英语组，很多都得了区一等奖的课，都是这种模式出来的，个人的贡献大小可能有差异，我最希望看到的就是某个老师要上课，大家都自觉地去帮忙。我也希望其他组能这么做，这么多年来我们英语组得到区一等奖的已经有五位老师了。这就是我眼中的教学共同体形式。

吴：就是看上去它有一个行政导向的外衣，但是大家都自愿参与。

B：我希望的是这个活动没有行政化的命令，是教师之间的人际交往关系在起作用，倒不是说是行政关系在起作用，往往越是行政化的命令，老师越不愿意去执行。

吴：其实最初的学术共同体就是这个样子的。

B：我觉得还是要返璞归真，有时候大家坐在一起，太过于形式化反而不好。比如说像他们政治教研组，他们的活动并不是一定要规定在某个时间，在平常交流的时候大家一起讨论就可以。

E：这是最及时的，也最能解决问题——上完课后突然发现一个问题，大家立马进行交流，便捷而且有效。

D：课堂上的问题我一般会马上解决，不会非要等到某个会议召开我再来解决，自然发生的是最好的。

C：所以不同层次的教学共同体举办的活动应该是有系统的，我感觉现在的活动有点乱，不能是市教研室请个专家讲了这个东西，区里面再开一个会还讲那个东西，这样是不实在的。

E：我看到的一些大家，像华东师范的一些教授，他们对"苏派"教学的解释也是不一样的。

D：苏派应该是江苏。

B：它主要是指苏州这一块，苏南地区，我觉得是太顶层设计，对下面的教学没有太多的用处。

吴：还是想向四位老师请教，之前老师提到的信息技术的教学共同体是指什么？

B：它其实主要起到一种辅助作用，是对这个共同体的成果进行优化，我个人是这么理解的。

吴：那他们活动的组织会不会松散一点？

B：当然，如果是它的一个信息技术组，它有自己的活动，但是对于一个学校来说，它的组织的共同体基本上是不存在的，因为它不是我们认为的平常考试的重要学科。所以它在共同体上所起的作用就是辅助，起到的是锦上添花的作用。

吴：就是解决具体的技术上和操作上的问题。

B：对，实际上怎么说呢，解决的就是一个技术上的或者是视觉效果的东西，因为他做出来的东西，和我们普通教师做出来的效果肯定是有差别的，但在某种场合它的作用也是不可或缺的。

吴：是不是我可以这么理解，它的作用是老师把他所要达到的效果，描述给信息技术老师，信息技术老师负责把他按照老师的要求进行实现？

B：有这么一个意思，当然这还要看教师的信息技术能力，如果他能够把握的话可能不需要去帮忙，有的时候是需要的，特别是最近涉及电子改版这一块。

吴：能介绍一下年级组的情况吗？

B：年级组就是学校的三级管理中的最下的一级，年级组和教学没有关系，像我们讲的教研组、备课组是从教研的角度，年级组是从教育管理的角度。三级管理从上面的校长，到各中层科室，再到下面就是年级组，年级组算不上是一个共同体，是学校的一个三级管理组织。

B 学校访谈记录

访谈时间：9月2日

访谈者：吴铁钧 邓永光

受访者：共3人，A.核心组成员，教研共同体召集人；B.数学教研共同体召集人；C.副校长吴：我们日常教学工作中有没有这样一种组织形态，就是老师们围绕某一目标在一起交流经验，共享信息，解决问题。如果有，它们分别是什么？

A：你是指教师方面还是师生方面的呢？

吴：教师方面，暂时不涉及学生。

A：按照我的理解，(B学校)教学共同体可能主要就是指备课组和教研组两个共同体，备课组主要是从属于教研组的管理范围。一般我们教师在从事教学的过程中，主要是依靠这两个共同体在开展教育教学活动。备课组主要是围绕某一年级某一学科进行探讨交流；教研组主要是在教研组长的带领下围绕整个学科各个年级开展教育教学活动。我们学校搞教研活动，比如说以组长为召集人，在活动的过程当中组长先把本次活动的任务、要求等在会议上公布一下，传达会议精神，一般分工到各个备课组，由备课组长针对某个备课组或者某一年级具体实施，我们B学校基本上就是按照这个模式来的。在活动过程当中，有需要的情况下，我们就只组织备课组活动，有的时候，开展的是教研组活动，有的时候，就是教研组和备课组活动同时开展，根据具体情况来定，我们学校的教学共同体是这样一种运行情况。我们学校主要是固定时间、固定人员，在固定地点开展教育教学活动。就是"三固定"：时间固定，比如说数学活动主要是放在周几；人员固定，就是说只要你是教研组成员就没有理由可以不参加，除非你有特殊情况如请假等，你不能你今天怎么样、不参加了；地点固定，有时候场所不固定的话活动效果就会不佳，比如指定在哪一个会议室或者办公室开展活动，这样就显得比较正规一些，而不是说这边搞搞，那边搞搞，那样就显得不严肃。我们学校这两年进行教学改革调整，把教研活动和备课活动合并起来了，以前是单独组织备课活动，或者单独组织教研活动。因为教研活动是各个年级的老师都有参加，没办法确定一个中心议题，每个学科，比如语文，我们初一有三个老师，初二有三个老师，初三有三个老师，如果说就搞一个项目也是可以培训的。但是针对某一年级比如语文的教学，可能针对性不够强。如果你单独搞备课组活动是可以的，比方说今天三个语文老师搞备课组活动，探讨的是初一学段的，如果九个老师都讨论，除了讨论共同点之外，不能讨论针对性问题，所以我们调整以后就把备课组和教研组合并起来，只要是同一学科的老师，我们现在是统一放在一起开展活动，现在我们叫"教研共同体"。由学校的相关领导作为活动的召集人。比如说，像我们身边这位于主任就是数学教研共同体活动召集人，像我是政治和历史的教研共同体活动的召集人，为什么我会出现在两个组呢？因为像我们学校,有的学科的老师数量偏少,可能只有三四个。因为一个活动两三个老师搞起来可能也没有气氛,所以我们政治、历史组合起来,最后变成十个老师。音乐、体育、美术等学科的老师人数不一定多,可以把这些组召集起来,组合在一起,叫"音体美"组,这样活动就容易开展。但因为它是由音乐、体育、美术组成的,这里又出现我刚刚提到的问题——针对性不够强。那么我们可以做调整,如果是单一学科,比如说数学,简单的就是针对数学;如果是音、体、美这样的组合,就由召集人定一个主题,然后定活动。假如我是音、体、美、劳、技、社会实践活动的召集人,那么我就一定先排好计划,如果我们一组有十个老师,我的计划就是每周上午的第三或第四节课(因为一般我们两节课)轮到某位老师负责这次的教学公开课展示,请其他老师来评。比如说这堂课的老师是音乐老师,体育老师也要来听。因为教学有很多的共同点,大家对课堂内容可能不熟悉,但是教学的流程理念应该是相通的,大家来评一下,最后在召集人的汇总下给他评一个等级(优秀/一般合格/需要改进)。我们学校现在已经慢慢将备课组和教研组活动合并成"教研共同体"。我们每次开学之初,都要制好表,排好组员,固定好时间、地点、召集人。一般活动由两节课组成,第一节课上公开课,或召集人带领学习文件精神和教学经验,并不一定非要开课;第二节课在固定场所针对本节课进行交流、提意见,会议有记录。到学期结束,由召集人对本组教师参与教研共同体的情况进行考核,评出哪一组是开展教研共同体的活动比较规范、优秀的。我们学校就是这样慢慢由分散、没有针对性组织活动发展到开展教研共同体活动。

吴：刚刚您讲的把备课组和教研组合在一起,依然会存在这样一个问题,单一学科的教研共同体依然会有不同年级的老师参加,那不同年级这个问题是如何在教研共同体中解决的呢？

A：就像我刚提到的,三个年级,初一、初二、初三,上午三、四节课是教研共同体的活动,李主任排的是上午第三节课由初一老师上公开课,45分钟结束了,那么第四节课我们必须评(听了课不评是没有价值的,听评结合)。差不多要评一半的时间,由于人太多,先由初一、初二、初三各年级的老师代表来评,剩下的时间就交给各个备课组讨论下周要做的事情。第二种情况,可能讨论来讨论去也讨论不出什么结果,我们是隔一周开展一次活动,那么我们下一次两节课就专门静下心来讨论各个备课组的教学进行情况。召集人就说这一次不开课,我们讨论一下下一阶段教学情况或者给期中考试、期末考试制订统一计划。三个老师一组,分成三个小组,共用一间教室,由组长带领。通过这种方式解决共同点当中的不同问题。

吴:就是听课、评课的时候在一块儿,进行教研活动的时候再分开。

A:有的时候就是单独全部开展教研活动,有的时候是既听课又开展教研活动,这就看组长的安排。现在组长叫"召集人",又分第一召集人和第二召集人。我们学校是这个样子的,教研组有个组长叫教研组长,以前都是教研组长来负责开展活动,可有的时候教研组长在安排工作的时候可能不大方便,教师零零散散不一定到位。于是,学校改变策略,由学校的领导干部作为活动的第一召集人。有些时候第一召集人可能临时出差或去市里、区里开会,没办法具体负责,这个时候第二召集人就负责开展活动,之后向第一召集人汇报活动情况、请假情况(请假的是谁,是什么原因申请的假条),这些都要纳入学校的教学绩效考核当中(作为一种约束)。比方说,上午三、四节课都到场的记两个课时,只有一课到场的记一个课时,两节课都无缘无故不参加的话,就两个课时都不给加。那么这样一来老师就会想:我人都在学校里了,我何必不参加呢?以前反正你不扣我钱,那我就躲在办公室,或者到操场上散散步,现在嘛,既然有这样一个约束,那么人就来了。我尊重大家嘛,老师也可能有比较复杂的情况,我们就适当地约束一下。这个活动,两年试下来,出勤率蛮高的,但是还有待改进的地方。比如说在交流的过程当中大伙发言的积极性应该提高。有的老师说,自己是教初三的,又不熟悉初一的教材,没办法评;有的老师会说自己是教初一的,去评初三的好像有点不好意思的感觉。还有一个现象就是,大家都是同事,都比较熟悉,提意见的时候往往不能切中要害,会很委婉(私下交流或许会好一些,但总不会在十几个人面前直白地讲出来),怕让人没面子,讲的时候讲一些次要的或无关紧要的。

B:我就讲一些反思。第一就是教研活动的即时性;第二是有效性的提高;第三是多研究如何因材施教;第四要加强小组组员自主学习的能力;第五如何培养小组组员合作交流的能力;第六希望教研活动的档次和层次有所提高,能够"引进来""走出去"。刚刚 A 老师已经讲了,我们学校各个学科的教研组的活动具体情况都差不多,我就不重复了。

吴:两位主任,除了教研组和备课组,我们学校还有没有其他形态的教学共同体? 或者有没有老师参加跨界的教学共同体?

B:有的,有些老师参加区教研室组织的专题活动,是由区教研员牵头的,按照学科条线走的。

吴：那么您感觉区教研室组织的共同体活动，它的运行效能、效果怎样？如果要改善的话，有哪些方面要做呢？

B：我感觉效果一般，选课题一定要有针对性（有的课题大而空）；要合理安排课题的各项实施计划；希望多吸收一线老师参加课题研究活动（参与的基本都是学科带头人、教研组长之类的）。

吴：那除了这些之外，还有其他形态的教学共同体吗？

B：我们学校和其他几个学校组成了教学联盟。

吴：教学联盟具体开展哪些活动？

B：由××中学牵头组织各学科的教研活动，除此之外，还组织有关考试、阅卷等。

吴：那您觉得教学联盟从效能上看怎么样？

B：以前是区教研室组织活动，由于学校比较多，有些学校来参加活动存在交通不便的现象。现在由周边几个学校联合组织活动，交通比较方便；沟通也比较灵便；学校教师之间交流比较舒适，容易沟通。

吴：您的意思是小共同体比大的效果要更加好？

B：以前是全区组织的活动，像正规的大型的期终考试是区教研室组织的，像期中考试是"教学联盟"负责出卷、考试和阅卷的。

吴：对于区教研室和教学联盟的效能，您的评价怎么样？

A：因为涉及的学校比较多，参与的教师的人数比较多，这个活动一搞，影响到各个学校的教育教学活动。比如说今天是数学，你把所有的数学老师都集中到一起，对区一线教学的冲击会比较大。范围大、规模大，活动运转就不顺畅。我们教育局教研室从前两年开始把全区的学校以地域为半径划分，组成三个教学联盟，联盟以实力最强的学校来命名。这样的教育共同体好是好，但它们是民间组织，非官方组织，权威性较教研室而言要弱许多。教研室组织的教育共同体是官方的。虽然规定所有活动都要去，但教学联盟这类教育共同体组织的活动约束性就没那么强。比方说教学联盟的教导主任发通知召集联盟内的六个学校开展活动，可能有的老师就说不去。还有一个暴露出来的问题就是，同样开一节公开课，区教研室组织的公开课，是区级别的，而教学联盟开的课顶多是教学联盟级的，很多联盟内学校的老师因为觉得其级别太低就不喜欢开这种课，教研室还不认同联盟的证书。区教研室公开课级别高，教师参与的积极性比较高,有时候甚至要抢这类机会。后来的解决办法就是,教学联盟开的课被认同为区级别的。但不管怎么样,毕竟其是民间组织,权威性、组织性还是要打折扣的,所以全区现在也在探讨怎么赋予这些教学联盟官方性质或半官方性质,现在它纯属是一个民间组织。

A:教研室是教研员下面的一个直属单位,教学联盟不是一个直属单位。当初成立联盟,有可能就是考虑到交通问题,还有一个就是减轻教研员压力的问题。因为教研室是搞教学研究的,如果把精力全部用来组织一些大型的活动,或者并某一节公开课,抽不出那么多的时间来,所以就把一些常规的不重要的工作下放给教学联盟。因为下放的往往是次要的,所以教学联盟存在的重要性就受到了质疑。这两年教育局也在调整怎样使这个教学联盟活动正式起来,这个是顶层设计的问题。我们学校,每次教学联盟活动该去的老师都会参加,从重要性、高度性和内容上来说,可能哪次课讲得不是很好,参考价值不是很高,不过,五六个学校老师碰个头,也还可以交流一下。

我们的教研共同体是我们学校内部的一个共同体,教学联盟是区级层面或者说是半区级层面的一个共同体。现在介于学校跟区级之间还存在一种教学共同体,就是教研室组织的"核心组成员共同体",是由教研员经过多年来的考核认定这个学科的某几个人或十几个人,由在教科研方面非常强的人组织起来的,并不一定每个学校都有,有的学校有一个老师,有的学校有两个老师,或者有的学校一个老师都没有。这是由教研员认定的,而不是自我推荐或者学校推荐的。比如说,如果学校的数学学科水平在区里非常强,那么就可能会给你两个老师名额,如果你的数学学科较差,可能会给你一个老师名额或者没有名额。当然也存在一种情况,就是你的学校的数学科研水平不高,但是某一个老师的表现非常突出,这位老师也有可能成为核心组成员。这个共同体的主要任务就是协助教研员研究交流整个区级某一学科的问题,一个人研究的话考虑的角度、方向、层次不一定科学、完美。这是从下向上传递的过程。还有一个从上而下的传递过程,把文件的要求传到核心组,然后往下传递。常规的共同体是备课组,我们学校打破常规形成针对性较强的教研共同体。全区出现三种情况的共同体,学校层面的,区级的,介于区级和学校之间的,比如核心组成员共同体。核心组成员共同体每年都要考核,人员和人数都有变化,根据具体情况如成员身体原因、年龄状况等而需要增补,将一些优秀的老师再吸收进来。这是一个动态的平衡,不是一个静止的组织,当然这纯粹是为了教学而开展的,并没有其他目的,这是没有待遇的,这并不是说因为某种待遇去做这件事情。

吴:这算是一种荣誉吗?

A:对,这是一种荣誉,会有一张证书,上面会说"某某老师,你被聘为2015—2016学年度的某某学科核心组的成员",然后挂到教育局的网站上去。这不是保密性质的,是公开的。比如说对评职称、评骨干教师时是有帮助的,相当于志愿者性质的。实质上是一种双赢,不仅对教师来说有荣誉,教育局也解决了一些问题。每个学科都有核心组成员。

吴:您参加的核心组成员大概多长时间活动一次呢?

A:一般是一个学期活动两到三次,由教研员召集。

吴:您评价一下这种活动开展得如何?

A:就数量说,一个学期开两到三次是有点少。但是多了的话也要考虑到下面学校的实际情况,你不能打乱教师教学计划,也不能太频繁。但讲实话,次数太少就没效果。有时候活动搞一天,有的问题却解决不了,比如说中考问题,并不是一个上午或者一个下午大家坐下来就能够把问题给解决掉的,可能需要两天时间静下心来商讨解决办法。但是两天的课冲下来,麻烦事就来了,还有这是全区的学校联合在一起举行的活动,有的学校在城镇,有的学校在农村,交通等问题就出现了,没有机动的课,大家的教学压力都很大,不回学校会影响到教学质量。最后可能由于活动搞得多了,个人、学校的教学质量都会受影响,结果是"双输"。这样活动就没法推广了,这是需要避免的状况。需要寻求一种平衡,最好达到双赢,既要把学校的工作、老师的教学任务做好,也要把教研员的问题给解决。

邓:老师,我有个问题,你们每次教研共同体举办活动的主题也是由第一召集人制定的吗?

A:对,由第一召集人提前在QQ群上进行公示。如果在星期二的上午第三、四节课进行活动,前一个星期五就应该布置好了,任务和要求都由召集人负责安排。

邓:那主题是根据什么制定的呢?是一开始就安排好的吗?

A:是一开学就安排好的,都是列好表汇总到教育部门备案的,不是随便弄出来的。学期开始学校就已经计划好每周做什么事情,不然随意性太强。

邓:给区级、联盟、核心组三个教育共同体对我们基础教育的作用和影响排个序。

A：很难说。最好的方法就是在教研员协助下开展备课组教研组之类的活动，否则就难免闭门造车，不一定有效。像核心组成员共同体等撒的网很大，跨度大（小学、初中、高中），但教师的人数和精力有限。

C：我可能年纪大一些，对老的事物会怀旧一些，对新的事物接受度可能会低一点。就共同体活动的执行权威性、教师参与积极性而言效果并不是很理想。也可能因为是初期，制度等不完善。

吴：区里的学校联盟是从哪一年开始的？

C：小学的事我不知道，但是我们初中成立教学联盟有三个年头。小学的教学联盟是先成立的，然后初中的刚刚开始，局里面倡导这个东西，具体组织的是各个教学联盟的盟主，然后组织的时候有时邀请教育局的领导或者邀请教研组的领导。在组织的时候还分学科，学科也是成立联盟的时候商量好的，吸引一些学校的骨干老师参加。我们的感觉就是在确定学科牵头人的时候相对来说号召力不够。为什么号召力不够，比如说像我，可能是片长，片长的意思你们知道吧！

吴：怎么讲？

C：就是原来在组织区里面的教研活动时，把我们全区的学校分成三个片。举个例子，将我们十七所初中分成三个片，我们这一块叫作××片。我们五六个学校是一个片，每个学科都有一个片长，片长是一个很老的概念，刚被办学联盟打破。现在有个什么问题呢，就是我们认为有些学科牵头人的号召力不是很强。这是局里面倡导的，但是大家的接受度认可度不是很高。举个例子，我们这个联盟里有个外语学科的牵头人是我们学校的一个小姑娘，很多老师都不认识。我们联盟经常一起联考批卷子，小姑娘什么都不懂（没经验），那次整个活动搞得大家都不是很满意。现在慢慢成熟以后，稍微好一点。

局里面只指定联盟里哪所学校是盟主，校长安排所有事务。但是试想一下，一个校长能把自己学校管理好就不错了，还要管辖其权限范围之外的事情，即使管得好，我们觉得权威性也是不够的。我们六所学校，六个校长，都是处于同一平台，无所谓谁管谁。但是中国人认为管自己的人一定要让自己服气，能力不一定比自己强，但起码权力比自己大。从校长角度来说，一级一级往下推责任。

吴：那片长的概念结束了吗？

C：嗯，结束了。现在都融合了。

吴：园区那边不是一个学校什么事情都管，他们是谁擅长哪个学科谁就管哪个学科。

C：我们的初衷也是这个样子，但是在操作的过程中没有做到。

吴：那权威性就更……

C：分配学科组长的时候，考虑的是心态平衡、权利均分，这所学校出一个学科组长，那所学校也要出一个。后来调整了，好一些。开始时是这个样子，麻烦一些。

吴：我们以前片的范围和联盟的范围是高度重合呢还是大幅调整？

C：变更得还是比较大的。

吴：那会不会联盟内部的老师都会互相不太熟？

C：熟不熟倒无所谓。大家都是初中教师，同一学科的老师基本上一会儿就熟了，认识度还是够的。

吴：那您还是认为召集人的权威性是很重要的一点？

C：教育局首先选择的是学科业务比较强的，然后考虑从这些人中能不能再选出一些担任行政职务的。比如说，片长一般是副校级的，到其他学校直接找大头就可以了，比较方便，不用一级一级通报。我们倒不是排斥这个教学联盟，它有好处，但也有很多不完善的地方，不尽如人意。也可能是我放大了其缺点。我年纪大了，教研室的人年纪更大，他们对这些活动也不是很支持，下面都是让一些年轻人开展活动，可能不会请教研室的人（年轻人感觉请不到，教研室感觉不被尊重）。

吴：您对联盟有哪些改善的意见？

C：两个方面，提升权威性和认知度。教育局建立了教学联盟，它所倡导的方向和理念等最起码要预先告知广大老师。但是这个教学联盟的概念刚刚呈现的时候我们都不知道，怎么"片"的活动一下子就都没有了，怎么自己一下子就不是"片长"了，我们也不知道。因为小学里面在很早的时候就开展过这些共同体，可能领导以为小学里面开展了这么长时间，是比较成熟的，就直接在初中里面推行，但是事实上我们对这个概念都不了解。这是第一个，权威性的建立有待完善。还有第二个就是操作的过程中，学科的影响力方面需要加强，如果能够加强的话会达到一定的效果。上述第一个是行政的层面，第二个是业务的层面。

C 学校访谈记录

访谈时间：12月10日

访谈者：吴铁钧　邓永光　桑凤伊

受访者：共11人。物理名师1名(A)，物理名师工作室具体负责人、物理教研组组长(B)，成员2名(D、E)，市一中副校长(C)，其他共同体成员6人(F.教研组代表；G.地理名师共同体和教研组的代表；H、I.创新教育名师共同体代表；J.英语备课组及名师共同体代表；K.青年骨干教师培训班代表)

第一部分

吴：*请您总体介绍一下这个名师工作室。*

A：这个共同体由我冠名，B老师任主任，管理具体事务，共同体成员内市一中的有9个人，另有3位其他中学老师参与，9+3，共12人。

吴：*这种其他学校也参与的现象，是你们共同体特有的，还是其他共同体都这样？*

A：其他共同体的情况我不知道，但是我们这一个是双方校长都同意的。所以，我们这个共同体虽然是我们学校内部的，但是在苏州市还是蛮有影响力的。这个是以我的名字冠名的，但是我已经过了退休的年龄了，所以具体的事情都是由物理教研组组长B负责。

吴：*我们这个9+3模式的共同体是怎么发起的？也就是说，为什么会想到成立这样一个名师工作室？*

A：成立名师工作室是我们学校一直有的一个政策，就是作为特级老师或是苏州市的名老师成立一个名师工作室，主要目的是对年轻老师的成长起引领作用，让整个教学上一个台阶。××中学之前聘请我做他们的校外指导专家，由于我名下有这么一个名师工作室，他们就很自然地也非常有兴趣想加入。所以当时我就征求两所学校校长的意见，两所学校校长都非常支持，都是谋求共同发展。××中学聘请我做校外指导专家也是为了他们的老师能有更好的发展，就是在这个目的上是一致的。我们共同体的整个状况只能介绍这么多，然后关于共同体的具体事务您可以问B老师，关于成员的问题您可以问另外两位老师D、E。

吴：*好的，谢谢您。*

A：我的从教年限有 35 年,一直从事高中物理教学,除了教学外还负责一些督导工作,这是我个人的状况,就跟您具体介绍这些。

吴：那您现在还具体参与名师工作室的工作吗？您如何评价您在这个共同体中的地位和作用？

A：我应该是从头到尾都参与,从策划、组织、实施等过程都是和 B 共同完成的。

B：我来总结一下,A 老师的状态差不多可以用 8 个字概括：顶层设计,具体参与！

吴：这个共同体活动频率大概多长时间一次？

B：我们并没有固定的活动时间,说每周活动几次,而是在做一定事情的过程中,需要在一起研讨的时候就在一起研讨,我们没有把自己时间框得很死。是按照整个一条思路下来的,一开始以工作室的成员为主,从物理学的专业来看,主要抓住目前学生存在的思维障碍问题。我们把这些问题先罗列出来,分几步走,分力学、热学和电学,罗列出来之后也不是说只是一个理论研究,而是自己想办法设计或创新一些物理实验,让学生能够比较容易地突破思维障碍。目前工作室的主要任务就是改进或创新一些物理实验,帮助学生克服思维障碍,这是第一个步骤。第二个步骤呢,我们光做个实验肯定是不够的,所以我们还会拍一些视频制作成微课,做成系列微课,比如说我们现在力学部分的关于学生思维障碍的,在学生中推广,我们当初还取了一个名字"让学生感到纠结的力学问题",微课一般时长七到八分钟,在学生中推广后确实也取得了一定的作用。后来我们也把平时研究的一些创新实验推广到真实课堂中,从哪里推广比较好呢？我们就考虑到市和学校之间开展的公开课,通过公开课推广后,这个系列研究对老师自身也是有一定提升作用的。很多物理老师都说要到一中来听课,看看有没有什么创新性的实验,所以我们是把创新实验做成微课,再把八到十分钟的微课推广到 45 分钟的课堂中去,一方面这些研究对老师自己有提升作用,另一方面工作室里对老师也提出希望,希望他们经过这一系列过程能总结出做得不好的和值得推广的地方,撰写论文。我们这几年写的论文基本都是在省级以上期刊上发表的,最近大概发表了 20 篇了,核心期刊上发表的有五六篇左右。后面我们也是有规划的,比如能不能把做过的一些创新实验或者微课实验包括一些论文再次提炼总结编成一本专著,这是我们下一步的任务,不过目前离这个目标还有一定差距。比如说编写一本专著必须有充实的材料,我们现在实验方面改进的、创新的大概有20项,微课大概有20节到30节,公开课也有这么多,基本上是一一对应的关系,我们现在考虑是否能充实到"五十力"或者"一百力",然后出版一本专著,大概我们最近做的事情就是这么一个情况。

吴:听起来是一个非常有体系、集群和规模的活动。

B:所以你要问我们多长时间规定一次,在固定的时间内大家坐在一起,这个是没有的。

吴:那么一般情况下你们一学期大概能活动几次?

B:应该说教师们坐到一起的次数还是比较多的,比如说我们做微课,大家一开始就是坐下来讨论微课的标题是什么、谁来做,还有任务分解,下一次集中的时候会具体分配任务。然后第三次的时候我们会讨论在完成任务的过程中是否遇到了什么困难,大家一起帮忙解决,一起到实验中去研究。做完了之后,第四步就是我们实验室的人会坐在一起看一下有没有什么科学性的错误,对不足之处进行改进。大概一学年下来真正全部集中在一起做一个项目的频率是七八次。

A:我们这个工作室跟教研组、备课组不同,它是行政机构,我们工作室不是这样的,以科研、教学任务的研究为主导,当研究一个课题时,有时候活动非常密集。我们是问题引入,基本每个学期都会有一个最核心的任务,围绕这个任务我们有时一星期在一起搞很多天,有时上完课就一起到实验室去,所以不能机械地和行政机构相类比,可能某段时间大家任务完成了之后都会松一口气,歇一段时间。每个学期、每周,固定的时间这种概念是不一样的,相当于大学的一个课题组围绕一个问题进行探讨和解决。

B:对的,像我们以前有任务的时候,可能回到家后晚上12点大家还在网上交流。

A:其实我们这个实验室,大家都是因为有共同的价值取向,大家聚在一起做一些事情,是这么一个团队,和行政团队是不一样的。

吴:您说的共同价值取向的问题我很感兴趣,您觉得这些老师是怎样凝聚在一起的?

B:这个还是我来讲吧。事情是这样的,首先,我们这个工作室是自愿加入的;其次,加入的老师们都是希望能做一些事情的,是基于内在的发展需要。还有就是我们A老师的人格魅力,大家都愿意跟着A老师做一些事情,有些老师可能觉得自己也很有名,自己是特级或者教授级的,但是如果不是魅力很足的话,你是招不到老师的。A老师自己的一个特点是,她做任何事情都很有激情,还有就是就事论事,不会拿自己权威说话,在和大家一起讨论时,她很亲切,很多时候亲力亲为。A老师善于创造一个没有压力的氛围,我说的压力是没有"学霸"的压力。这个是我们大家的观点,大家都愿意跟着A老师做事。

A:反正大家都愿意聚在一起做一些事情。话说回来,也有部分人不愿意来,不愿意就不愿意,咱们不强求。

C:我也觉得有些工作室老师的水平很高,但是工作室整体的氛围并不是很好。把名师的知识经验通过与年轻教师一起研讨达到分享、传递,这是我们最终的愿望,我们学校也可以有一些在高平台上能够拿出去的成果。

A:其实从这工作室来讲,大家都是相长的,我跟他们也学了好多东西,像我这种年纪大的人,技术上一片空白,一有不懂的随便找个人都能教我一大把。所以说这个教学共同体还是大家共同学习。

C:我觉得做课题是要解决一个问题才行的,目前教师的培养和发展有一个很大的难点,其实在很多学校中都有,就是很多老师的内在驱动力并不强,所以我想课题的研究能解决这个问题就好了。我们之前就有一个现象,就是在评高级、特级教师的时候好多人都在报名,但在最简单的评比的时候报名的人很少,出现了一种"倒挂"现象。其实某种程度上就是,很多时候就是中老年教师都还在寻求突破,年轻老师却没有这个动力。怎么激励年轻教师?这个问题我感觉很难,就是怎么把老师的内驱动力激发出来,其实我感觉这个学校类似的人太少了,如果学校的很多老师都发展起来,而且发展得很好,让年轻教师感觉到一种压迫感,不发展不行,我感觉这个时候问题就可以解决了,所以怎么改变年轻教师安于现状的情况,怎么把他们的动力激发起来,是我们面临的一个问题。

B:其实我们工作室创造的就是这么一个平台,给有内在驱动力的人一个发展的途径。

C:所以我希望你们这个教育共同体不断扩大,让没有参与教育共同体的人感觉到一种恐慌,这样成长得就非常快,学生满意,家长满意,社会满意。

吴:*我想请教一下A老师,如果说您这个工作室是一个非常成功的模式的话,您觉得这个工作室有哪些成功的经验是可以向同行介绍和推广的呢?*

A:其实我们这个工作室刚刚成立一年,去年9月正式挂牌成立,所以要说一套成熟的经验我也拿不出来,我们也还是在慢慢摸索。

吴：我们工作室跟教研组、备课组之间有什么样的关系？

B：我们是这样的，两者没有严格划定界限，归工作室的事情给工作室，工作室的成员也是教研组的成员，研究问题的时候整个教研组的思路和它也是比较接近的。只不过参与的成员人数不一样而已，任务分解不一样。比如说做微课，要审核，审核绝不只是我们工作室九个人参与，而是整个教研组成员都一起参与审核，尤其还有一些资深老师，审核微课这件事情就属于我们教研组的活动。

A：做微课的时候是我们工作室的人在做，但是做完之后的审核不只是我们自己审核，是整个教研组一起进行的，要起码得到我们教研组的认可。

吴：是否可以这么理解，回归到一些行政方面的权力还是要到教研组层面上进行解决？研究工作的时候是我们工作室在做？

C：我是这么理解的，其实所有的工作室的成员都是教研组的，到审核的时候最好能够得到整个教研组的一致认可。

A：就比如说我们工作室一共才九个人，可能有几个问题我们考虑得不是很周到，但是整个教研组一起考虑可能会更为全面，工作室和教研组的成员基本上是重叠的，所以并不能明确地划分行政和科研之间的关系。比方说，教研组是一片汪洋，我们工作室可能是这片汪洋中的一块水面。

吴：工作室跟教研员制度它们之间有什么关系？

A：市教研员跟我们工作室联系特别紧密，是我们校外指导专家，也是从我们学校出去的。基本上每个工作室都有一个教研员作为校外指导专家，这是专门聘请的。我们的这个教研员就是从我们团队中走出去的，从这方面看，我们能得到的社会资源很大。从发展的角度来看，成立工作室也是一个机会。

B：就比如我们上周的一个例子，原本是我们四个学校之间的研讨活动，因为教研员的参加而一下子就变成市里面的教研活动了。这个对我们来说是得天独厚的优势。

A：我们工作室是跨校的，但是没有行政干预，是民间发动的，属于自己的一种群集。

吴：根据您多年的经验，您觉得对于这样的教育共同体而言，行政干预多一点好呢，还是少一点好？

A：从研究和工作内容来讲，可能行政干预达不到什么好效果。

B：应该这样讲，可能行政服务多一点好，而不是行政干预多一点好。

A：行政上服务和支持力度足够，对出成果的帮助好一点。

B：我们工作室内部自己制定了一个评分细则，打算在一个自然年度结束时评选优秀学员，要买些奖品发给学员时，发现经费上面还是有些问题的。我们工作室的经费也就一年两万块钱，那边用不到，这边找不到理由申报。

吴：工作室在发展的过程中有没有遇到这样的情况，就是遇到了一些问题，然后用一些措施把问题解决掉，比如有些成员不太积极或者存在人际上的问题。

A：这种情况出现得比较少，成员有积极的也有不积极的，不积极也没办法，只好有时候找机会跟他聊一聊。总的来说，物理组这种情况还是比较少的，因为一般情况下，参与的老师都是自愿的，有内在驱动力。

吴：在您参加这个名师工作室活动过程中让您印象最深或最难忘的一件事是什么？

D：有一次那边要开公开课，碰到一个很麻烦的事情叫光电效应实验，这个实验我们物理组很多年从来没有真正做完整。那一次我请教了李老师和汪老师，反正能问的老师我基本都问了，每位老师都给我献计献策。而且李老师和汪老师两人对我一个是实验性指导，一个是理论性指导，帮助很大。公开课上虽然我没有别人做的实验现象那么明显，但也确实成功了，各位老师给我的帮助特别大。这个实验前前后后折腾了一个礼拜，最后直接导致我进了医院。因为存在一些光线问题，我被紫外线灼伤——防护性措施做得比较差。

A：这个问题呀，在整个中国的教育中都明显存在的，像美国的老师做实验，是全副武装，而我们的教师做实验直接就赤膊上阵了。防护措施很差。

E：现在我们实验室中的设备比较落后，很多都是 A 和 B 老师自己动手改进的。但是我们老师都很尽力，上次做微课的时候，因为我拖得比较晚，在深夜十二点半左右交上去，那时李老师也没睡，还在等着我。我很惭愧，同时也很感动，当时又改到了凌晨两点钟才交过去。据我所知，大部分老师都还在讨论这个事情，都熬到很晚。

B：要说印象深刻的事呢，我们学校当时评了十个一等奖，物理组拿到了五个，真的是很有收获的事情。

吴：就教育共同体这个事情，大家不希望有太多的行政干预，但是离开了行政力量又可能不好运转。如果给领导提一些建议的话，您有些什么具体措施？

A：像我们工作室研究的是一些教学科研上的问题，把问题解决了，我们的教学往上走，老师们向前发展。从行政来讲，要考虑的是这个工作室发展遇到什么问题，领导把这个问题解决了，工作室也就得到了发展。大家都是问题导向，每个工作室有不同的问题，那么作为管理层的人，可能要面对不同的工作室和不同的事情。像我们现在觉得经费问题得不到保障，会对我们活动有所限制。管理层应该解决这些主要矛盾。

第二部分

【教研组】

受访者F：我们教研组包括整个备课组还是挺规范的。其实我们办公室平时在一起都在讨论。对我们教研组来讲，促进教师的发展方面，除了正常的听课、评课外，我觉得比较好的就是和一些兄弟学校联合在一起，这样两边教师的提高都很快。像我们生物组就会跟另外三所学校的生物组联系在一起，我们还会一起开课或者研讨。各个学校各有优点，所以在交流当中也可以学到许多东西。我们出去交流其实是代表学校，也是有胜负心在里面，就会有意识地把最好的东西拿出来与大家交流，同时也会关注其他学校一些好的经验。这个对于教研组包括老师方面提高还是蛮大的，学校对我们也很支持。

吴：你们活动频率是？

受访者F：我们备课组正常一周活动一次，这个要根据教学进度或者我们本身的情况来定。教研组一般一个月保证活动两次，有时候可能更多一点。

吴：教研组备课组的话有什么让您印象深的呢？

受访者F：平时教研组成员对于教学上的讨论不只是利用备课时间，有时候一下课我们马上就投入讨论。还有一点就是可以和兄弟学校的老师一起开展教研活动，互相学习。

【地理组名师工作室和地理教研组】

受访者G：我们这个教育共同体一个是地理名师工作室，一个是地理教研组，两者还是相辅相成的。第一，我们整个教研组的老师都是参与名师工作室的，在名师工作室的引领之下我们地理教研组的活动也更"高大上"一些。整个层次都得到提升。第二，经费问题两边还是可以相互带动一下的，有些活动共用的话相互都可以得到促进，教师的负担也没有那么重。有的学校不是以教研组为单位开展工作的，而是按年级组开展工作，完全不如我们学校教研组有效率。我们每周都有活动，每月至少组织两次大活动，平时有什么问题大家坐在一起就可以直接交流,确实很有效率。大家在一起气氛很放松,可以畅所欲言,能激发更多的想法。

吴：您说大家彼此都很熟悉,那么这有什么利弊呢?

受访者G：坏处没有感觉到啊。我们跟别的学校的地理组交流,他们说他们以前很难聚在一起,平时在各自的年级组里流动。所以我觉得他们之间的关系、教学上的联系都没有我们来得密切。

吴：刚才您讲到,平时大家有什么想法随时交流会更有效。是不是可以理解成平时碎片化交流往往更有效？可不可以举个例子？

受访者G：比如说做题目或者去某个班级上课遇到什么问题,自己回想可能一会儿就过掉了,但是一回来就会有个倾诉的对象,这样一来,问题很快就可以解决了。

吴：碎片化交流很有效,那么大家集中开会的作用体现在哪里?

受访者G：集中开会也是有一定作用的,比如我们会事先把要交流的主题告诉给大家,大家提前准备,这样开会的时候就会发现大家都挺有想法。

【创新教育名师工作室】

受访者H：我们这个创新教育工作室在教育局范围内可能是没有的,讲起来这个东西是很重要的,但是从高考角度看它一点都不重要。不过我们学校对这方面还是很重视的,所以就成立了科技教育组。目前我们这个教育工作室大概有七个人,是跨学科的,我们成员有物理老师、生物老师、地理老师等,各个学科都有。现在的教研组都是行政机构,而我们是松散的,大家有事情就在一起。大概两个礼拜举行一次活动。我们教研组、名师工作室实际上是一回事,目前我们负责的工作,第一是学校综合实践课,对高中生来讲要做的是研究性学习,我们学校这一块抓得还是比较实的。我们采用上大课的方法,年级统一辅导,分阶段,开题、动员、做计划、中期汇报、写论文、结题。每年的三到五月我们还有科技节,研究性学习成果、发明创意、各种活动的展示,我们实际上有不少事情在做。还有就是比赛,青少年创意大赛我们学校成绩也很好,机器人学校在这一块也很有名气,在国内外拿了不少奖。虽然我们组人不多,但是我们要做的事情不少。包括综合实践课研究性学习,虽然我们用了很少的时间,但是因为上大课,我们采用集中辅导、老师个别辅导几种方式相结合,所以我们这一块整体来讲做得还是不错的。去年,我们被评为江苏省科学教育制度学校。虽然我们科技教育组的成员都是兼职的,但是为了学校的需要、为了学生科技创新兴趣的培养,我们工作室的热情很高,特别是在准备竞赛活动的时候辅导学生,高中学生学习任务很重,我们不可以耽误孩子正常学习,只能见缝插针,利用中午休息的时间把孩子喊过来辅导项目,或者牺牲周六、周日时间。我们之间交流合作是多种途径的,一个是我们教研活动,还有就是通过一定的平台像QQ群、微信群,有时候个别交流。我觉得我们可以招特定的通用技术的老师进学校专门带学生搞创新、搞发明。

受访者 I: 我是地理组的,同时也是科技组的,说点儿对教师共同体的感受吧。第一,这个共同体是集中力量办事情,我觉得这个形式蛮好的。第二,形式是多元的,我刚参加完校外一个关于未来教师的培训回来,我们也坐在一起讨论,我觉得每次讨论都会有新的发现,这个形式非常好。就教研组来讲,在我们地理教研组我觉得我们每次活动经常是重叠在一起的。我们在活动中也对未来发展的计划和方向做了一些要求,技术方面包括地理课程概念的实施,地理实验的推行,微课等。我发现我们集中在一块时很多问题可以非常快速有效地得到解决,有什么问题可以及时反馈,每个人都有自己的想法,我们可以把事情做得很快。我们大约就是学校这一块有这样一个项目,本身也准备推行微课教学,最好是跟网络联系在一起,能让学生利用这些资源。在科技组这边我确实也能学到很多东西,学校的课程实施就是一种探究式的,它不仅仅针对某些知识点,而且针对生活里面更多的东西去探讨一些问题,然后针对学生的实际情况进行研究,我们的课题实施还是比较多样的。我觉得这也是我们以后学校教学的一个发展方向,应该是更能结合我们实际问题去运用一些科学知识解决。我们有一个计划,准备打造一个学生活动基地,把我们各个学科囊括进去形成一个综合实践活动的基地。我们当初选的是×××,在那个地方我们也是设置了很多次课题的,但是实际操作起来,也要考虑到后期师生的反映,老师的精力,老师做了之后有什么样的体验,是否有必要去做这些问题。

【英语备课组及名师共同体】

受访者 J: 我听了其他老师都是宏观地在讲有关教育共同体的内容,作为一个相对比较年轻的老师,我就从微观方面讲一讲教育共同体对一个年轻老师的帮助吧。我是去年9月入职的,当时就直接安排我教高一的英语,同时也让我参加了名师工作室。我印象比较深的是在我刚入职的时候很多老师都给我定了一些要求和期望。在我第一次开课的时候,我们老师在最早的时候就已经开展过一次集体备课,在集体备课的时候第一轮已经把要开课的内容整体梳理了一遍。在集体备课之后我自己又进行第二次备课,之后借其他老师的班级进行试上,那时我们组里所有老师都过来听我试上的课,再根据试上的情况给我提了一些建议或指导。结束之后我的师父又特地用她自己的思路上了一遍给我听了一下,这样就给了我另外一个思路去看待这节课,如何上或者说对于不同学生有不同的设计思路等,启发也很大。上完课之后我们名师工作室又聚集在了一起,针对我的课进行了评课,我们名师工作室的老师都是来自不同年级。就是这么一层一层地在我刚入职的时候给了我一个非常严格的标准。每节课都要进行这么一层一层的磨砺,各位老师给我的帮助都非常大。

吴:您入职之后做了哪些工作让自己融入这个共同体呢?

受访者 J:我们从早上到晚上都同处于一个办公室,而且英语组的老师们都是挺注重生活的,经常会带一些下午茶或者自己做的烘焙食品给大家分享,这样也可以增进感情。

【青年骨干教师培训班】

受访者 K:我是骨干教师培训班第一期和第二期的成员,第一期当时我因为怀孕而没有结业,然后就参加了两期,所以我对这个印象比较深,我就谈谈两个感受:在我们张主任的引领下我们做了一个短期规划,比如一年之内要完成多少任务,比如开课的任务,论文的任务,读多少本书籍,当然也是有一定弹性的,可以多一些,也可以少一些。我觉得在这两年里面我至少是有规划地在走,我很感谢这个培训班。

吴:一期培训大概要多长时间?

受访者 K:两年一个周期。它是轮的,两年一批人结业之后再换一批人,我是上了两期。在这里面我觉得收获很大,尤其是从定期活动中学到很多。

吴:多长时间活动一次?

受访者 K:一个月有一次活动。主要是自加压力、自我驱动,我们主要是任务驱动,我们要求学员一个月或者一年完成一定的任务,他们自己要定规划,并按照规划实施,等学期结束后进行成果汇报。因为它来自不同学科,所以在这里面就少了一种纵深的研究活动,多了一种沙龙的感觉。由于不是本学科的老师,因此很随意地聊聊天反而可以解决一些教学中的问题。相对来说,这里的氛围会轻松一些,我们不仅在教学上面,可能育人这一块也会有很多提升。在这个共同体里面我们读专业的书很少,更多的是读一些教育类的书、一些"大家"的书。我们里面还有一些语文老师,认识可能更深一点,就让他们来讲一讲他们的体会。

吴:青年骨干教师培训班的成员是如何来选的呢?

受访者K:一般来说选工作5到10年的教师,另外,教研组要根据教师平时的表现来推荐,看教师平时是不是积极上进,是不是有成为骨干教师的潜质。

D 学校访谈记录

访谈时间:11月19日

访谈者:吴铁钧 邓永光 桑凤伊

受访者:共4人。A. 语文老师;B. 化学老师;C. 国际部教英国化学的老师;D. 小学语文老师

吴:学校现在有没有教学共同体,它是以什么样的方式存在的? 各自是怎么运行的? 您怎么评价这些教学共同体?

A:就我们校内来讲,最主要的就是教研组。人不多,基本上是7~10个人一组,因为我们是小班化教学。正常的活动一般来讲每周都要活动一次,有时候可能两周一次,基本上是学习一些教育教学的文件。我们学校还有一个组织叫年级组,年级组主要是抓管理,教研组主要是抓教学。教研组是跨年级的,有每个年级的老师,人比较多,是按学科分的。教研组的凝聚力比较强,经常在一块儿开会,活动主要是学习一些文件,另外一个就是开展课堂教学、听课评课活动。就语文来讲,还有开展语文活动,比如读书活动、朗诵、辩论赛、文学社活动,还有演讲、作文比赛,语文组应该是活动最多的。这些活动有跨年级的,也有在同一个年级进行的,对丰富学生的业余活动起了很重要的作用。我们学校要求学生在综合能力方面有提升。不光是学习成绩,学生要能组织活动,参加活动,激发他们的内在动力,所以语文组就承担很多。语文组老师整体来说在教学方面各有所长,就年龄构成来说,年龄大多在40岁以上。

吴:我们这个语文教研组只有7~10个人吗?

A:现在的语文教研组有9个人。9个人是什么概念呢?每个年级有3个班,三个年级一共有9个班,1个班1个,因为语文老师承担的活动比较多,除了带课之外,还要组织或参与各种语文活动,承担一些编辑的工作。还有,班主任以语文老师居多。这样一来,语文老师的工作量实际不少。所以有9个语文老师。

吴:这个共同体承担的职能很多。

A：因为很多文字上的工作需要语文老师承担，我们学校的网站、微信、官网、官微，都需要语文老师来编辑。写稿子的量其实蛮大的。

吴：您刚说凝聚力比较强，您觉得这个凝聚力来自何处呢？是什么造就了这样一个充满正能量的团体呢？

A：两个方面。第一，我们在一起搞的活动非常多，大家相处的时间比较长，各自也非常了解，不光是教学，还了解对方的性格。比如说在我们评课的时候，我们很少说客套话，很少说你的课怎么怎么样好，我们就比较实在，直接说需要改进的方面，或者说怎么改进，说的就比较具体。第二，来自大家对彼此业务的钦佩吧，大家都知道对方业务能力很强，对方提出的观点是经过思考的，确实是有价值的，能接受。主要就是这两个。

吴：我们的年级组和教研组的关系，如果我没有理解错的话，是不是一种嵌套关系？年级组里面有很多教研组？

A：不是这样。是交叉关系。年级组有很多学科的老师，这些老师都有各自的备课组。备课组既归年级组管理，又归教研组管理，备课组也是属于教研组下辖的一部分。某学科备课组是由这个年级该学科的所有老师组成的，同时它又属于年级组。年级组重点是抓班级管理，比如说班主任，主要是从学生管理的角度进行组织的。像我们现在，所有的高三老师，是坐在一个或两个办公室，相对来讲，高三的语文老师、数学老师可能又会集中一点。

吴：年级组是在同一个办公空间里办公吗？

A：嗯，办公空间是按照年级组来分的。教研组开会的时候是三个年级的语文老师全部过来。所以年级组和教研组是交叉的，备课组既属于某年级组，又属于某教研组。

吴：那属于哪边更多一点呢？

A：属于某年级组的多一点。平时在年级组这边坐着。我们教研组经常搞一些比如说高三年级备课组专题会议，所有的高三老师来谈一谈对某个专题的看法，其他的高二语文老师可以做一些补充。

吴：我们有没有老师参加其他的一些教学共同体，除了年级组、教研组、备课组？

A：有的。有的老师参加了苏州市中语会，全称是"苏州市中学语文研究会"。中语会是一个全国性的组织，苏州市设分会，每两年召开一次会议，换届选举。区里面有一个组织，叫"高中语文研讨会"，是由各校语文教研组长组成的,都是比较有经验的语文老师。还组织了一个新教师研讨会,限制由五年以下教龄的教师组成,每学期都要集中在一个学校进行开课,请苏州市中语会的老师做一些评论指导,主要是为了让新教师成长,每学期也搞一次活动。

吴:您如何评价区一级的这个组织呢?

A:整体来讲这一级的这个组织是非常好的,应该说是有作用的,问题在于活动怎么开展。组织本身是有意义的,尤其是对新教师的成长。一个活动大致是这么搞的,比如说上学期的新区一中,同时请了一个非常有经验的老师和一个青年教师上课,有经验的老师上完课之后对自己的教学理念包括对这堂课有什么想法有一个很详细的阐释。其他老师对这两堂课做一个评价,还有一个教研室主任也做了评价。青年教师应该是很有收获的,因为他们对一些教学理念不是很清楚,那个老师她上课是有鲜明的特点的,很从容,润物细无声的那种,效果非常好。有的新老师可能真的不知道该怎么去做,填鸭式的比较多,无法让学生理解、接受他讲的内容,这个老师就提供了很好的一个办法。她能耐心地点拨学生,懂得怎么设置问题及如何调动学生参与,我觉得她上得很好。但是有的时候教研室的人员比较忙,组织的活动比较形式化。其活动组织得好对全区内的新教师成长有一个很好的示范、引领作用。

吴:您觉得这个形式非常好,那哪些共同体您觉得不如它这么优秀,老师们不是特别欢迎呢?

A:不好说有些形式的组织不受欢迎,只能说效果上有差异。比如说师徒结对这一形式,其实我们每学期都要搞这个活动,我觉得也是必需的,有的师徒结对做得比较到位。像我们今年刚来一个新老师,让××老师做他师父,这是亲自拜师的,在学校大礼堂里面举办的拜师仪式。首先××老师听他的课,一周听好多节,听完课之后双方交流。第二,想办法让其他老师都去听他的课,然后跟他交流。平时备课还要指导,我觉得做的蛮多的。当然这里面有一个问题,我们的师徒结对并不是每一对都能做得那么到位,有的可能拜完师之后老师指导得就少一些,指导的质量有差异。正式拜师后师父是有责任的,哪些方面需要指导,教导处、教研组要提出一些要求的,有这样一个师徒名分,就要承担这样一种责任。所以我觉得这种形式是比较好的,差异就在于做。肯定会有做得不是很到位的,这是正常的。

吴:您对我们各种各样的教学共同体有什么建议或者期望?

A:教研组、备课组这类形式是很好的,但是这类团体怎么开展活动实际上应该开展一些研究。因为现在有这个组织了,包括刚才师徒结对大家怎么去做,其实都是在摸索,如果有一个指导的告诉大家应该怎么样去做就不用摸索了,提高效率,否则的话做着做着就会流于形式。所以我觉得应该对各种团体的操作过程有个研究,甚至有个明确的指导,谁来指导这些团体怎么做,这是个问题。现在我们作为领导部门来讲或者说校方,成立这个团体一般是由校方倡议的,那成立了之后怎么做包括怎么监控监管,做得怎么样或者说如何建立评价机制,这些后续的东西,还是值得研究的。因为如果评价机制跟不上的话,那这个团体效率慢慢就会下降,所以希望有一个方法上的指导,有一个监控评价,这是非常重要的。另外,我觉得教师共同体需要不断地创设适合今天这个时代教学的新的团体。比如说读书会,在今天老师不读书、没有新鲜的东西、吃老本,肯定是要出问题的。现在我们要提倡学生大量地阅读,如今不是要加大语文的难度嘛,从广度到深度。广度深度从何来?就要扩大课外阅读,老师都没读过、没接触过的,你怎么指导学生?没法指导。所以我觉得在教师之间形成一个读书会是非常重要的。适应这种新的高考、新的时代特点的东西,要不断地创立。就我们语文来讲,高中语文、初中语文、小学语文,我们之间也是有一些活动的,但相对比较少。如果能创立一个让全校的小、初、高语文老师共同参与的衔接性的研究是不错的。现在我们经常出现一个问题,高一的学生在学习初中文言文基本是背诵翻译背过来的,高考考的全是课外的段落,背诵翻译就惨了,要有翻译能力。而学生翻译能力很差,都是背诵。上课的时候学生提出来了,老师能不能把译文给我们背?这个方法不适用。假设有那么一个组织来研究研究这种问题也是不错的,我觉得要不断结合新的形式。

吴:*B老师您是教什么的?*

B:教化学的。高中化学老师有3个人,1个人负责教1个年级。因为高考理科物理是必选的学科,如果同时选物、化投入的时间精力会很多,所以选化学这门学科的学生越来越少,整个江苏省化学老师都是过剩的。现在我们校内的活动基本上就是互相听听课、评评课,大的活动比较少。小学有科技节,科技节的时候给他们展示一些演示性的东西。提到共同体,我参加过几次苏州化学优师共同体,它这个级别比较高,按理说这个圈子集中在特级教师范围内,有几次把我扩进去了。参加这个共同体之后确实感觉很受益。我印象最深的是苏大附中张媛教授,他原来是特级教师,非常谦逊,对人非常友善。他自己开了一次课,然后做了一次专题报告,让大家讨论讨论。那一次给我的任务是写一下关于听这堂课的感受,要写2000字的评论文章。他确实有大师的风采,他能把获诺奖的原理用生活问题体现出来,把复杂问题简单化。平时我们对于一些司空见惯的常识常常是再引申引申,从表象引申到复杂的结构这一块,这是另一种能力,他的课里面也体现了这一点。要说感受,它这个层次较高,毕竟参加的人比较少,可能受益面还比较窄。不同层面也都要建立一个教育共同体,这样才会更好一些,可以各取所需,我参加哪个教育共同体都能受益。刚参加工作的人参加名师共同体,可能还体会不到其中的奥妙。

吴:C老师您好,您参加了哪些共同体?它是怎么活动的?您经常参加的几个都简单讲一讲吧。

C:我现在在D学校的国际部,我教的课程是国际课程。国内的一些教研活动我也是和包括张老师他们一起去参加的。因为都是化学教学嘛,国内和国外我觉得可以做一些比较,这样可能更有意义。我是教英国的化学课程。我自己也做一些研究,关于国内外一些教学的内容、教材,包括教学方式、教学评价等方面写了几篇论文。虽然我还比较年轻,各方面功底还不行,但是觉得这个挺重要的,自己也比较感兴趣。国内前两天我还去××中学听了一次课,参加了一个教研活动。好在化学这东西毕竟是理科类型的,有些内容重复性还是比较大的,我也去听了一些课,参加了一些教研活动的讨论,我自己是从国内这个体系成长起来的,也深受国内教育体制的影响,这个是不可否认的。有一点我觉得是国内做得比较好的,国内的教师培训,目前来看体系还是比较完整的,因为每个区都有自己的教研员,市里有市里的教研员,学校有学校的教研组长。这个体系从上到下建构得还是比较科学和完整的,而且这个群体组织经常去听听课交流交流,我觉得尤其是轻老师收获还是比较大的,因为听了不同的课以后首先你能学到不同的教学方式和模式,很多老师现在都热衷于教学改革。其次,通过一些比较资深的老师的点评,明白有些课上的得失,比如说好在哪里,哪些方面需要改进,这样对于年轻老师而言是一个比较快的成长渠道,我觉得也是一种非常有效的培训方式,比你自己一个人去钻研、琢磨、体会,效果要好很多。国外的一些培训,首先,我觉得培训方式更加新一点,通过一些实验和活动,大家彼此相互了解。其次,也能够对教学方面的一些体会包括一些感想进行交流,所以国内、国外培训对我来讲都是有帮助的,只是培训的形式、方式有所不同,这个可能跟不同的国家包括培训老师的风格、教育的体制和环境也有关系。我觉得我们应该多借鉴,国内有些好的东西我们可以继承和发扬,国外有些好的培训方面的经验我们也可以吸收过来,为我所用。毕竟像我们学校因为是外国语学校,开放程度比较高,经常有人过来听课,或者我们可以出去听课,所以说我觉得教育共同体相当于教研的一个团体、一个组织,在具体的培训方式和培训模式上面可以做一些深入的研究和探讨,因为培训效果的好与坏或者说到底有多大的效果主要取决于培训的形式和方式,当然和培训老师有很大的关系,比如他的素养、专业程度等。另外,我觉得也跟培训的组织方式有关系,怎样能够在比较有限的时间里,给学员比较多的一些,不仅知识上的,也包括思想上的启迪。有的时候培训完了以后你还会带着一些问题去思考,我觉得这个就是比较理想的一个培训方式。但是目前就我自己而言我比较想了解的有几点,一是希望知道学科的发展比如说前沿的情况,二是也想了解一下什么样的课适合开公开课,是不是什么样的课都能开,能够成为一节公开课它应该具备哪些特点,因为比如说随随便便上一节课也叫那么多人来听这肯定是浪费时间。什么样的课程是值得开公开课的,作为开课老师我应该做哪方面的准备,或者说我自己想要在公开课上突出一些什么样的东西,是教学理念比较新呢还是教学模式不一样,还是我这个课有些特定的学生的活动,或者说我对某一个问题的讲解方式,需要有些新的东西在里面,这是关于公开课的一点。三是到底什么样的课程比较好,好课的标准我也看了一些,标准很多,不同的课在不同的老师那里有不同的上法,这个在培训的时候能不能强调一下,大家一起探讨一下什么样的课是好课,它的一些基本标准我觉得应该是有的。虽然可能不能以一个笼统的条条框框比如说一二三个条件来衡量,但应该有一个大致的判断标准,这个标准对于评课老师来讲是需要的,同时让上课的老师清楚我要上好一节课,我努力的方向在哪里。这个可能对年轻老师来讲是比较关键的。

现在很多信息技术和日常课堂教学融合是比较多的,信息技术很流行,大家很多课都在用,但是也涉及一个问题,有很多老师也在考虑,就是信息技术和传统教学应该怎样进行有效的融合,是不是单纯地以上课有没有PPT、有没有放录像、有没有放动画来简答地衡量某老师信息技术用得好还是不好,信息技术应该怎么样服务于传统教学,因为比如说几十年前、一百年前的时候我们许多大学里都有许多很有名的大师级的教授,他们上课的时候也就是一支粉笔、一块黑板,但是每堂课都是很精彩的,没有PPT,也没有放录像,也没有做很炫的视频,也培养出很多优秀的人才。我们现在有了这么好的技术条件我们上的课是不是一定比五十年前、一百年前老师用黑板上的课好呢?或者说好在哪里?是不是技术手段确实达到了好的教学效果?或者说只是用这个手段想显摆一下或者装点一下门面?技术在和传统课堂教学接合的过程中怎样发挥优势?这个是年轻老师所困惑的,应该怎么用、用多少,是不是用得越多越好,有些课可能听起来感觉挺新颖的,但是教学效果是不是一定比传统的教学效果要好,这方面的研究我觉得还是比较匮乏的。我认为这几点可能作为一个年轻老师是比较困惑的,非常希望通过一些培训来获得一些提高,或者和一些资深的老师讨教讨教,或者和一些教育同行探讨探讨。我觉得作为一个老师应该有一些这方面的思考。我就谈这么几点,比较粗浅。

吴:您谈得很好。您现在在学校里面参加的比较多的是哪几类教育共同体?

C:一个是区里的教研活动,还有一个是参加aliver,每年也会举办一些培训活动。一个是国内的,一个是国外的,也可以进行一些比较,各有特色。我学到了很多,但还存在一些困惑,希望在以后的培训中能够解决这些困惑,或者至少能够在这方面得以提高。

D:今天我刚参加完一个教育共同体,还考试了,就在楼下。我教了12年,一直教小学语文,我是从大学毕业就一直在这里教书的。带过一个轮回了,从一年级到六年级,现在又回一年级去教书。我觉得您说的教师教学共同体一个很外在的表现就是教师参加了多少个工作群。我有一个是学校的总群、一个是小学部的总群,然后陆续有一个小学语文组的总群、一个备课组的总群、一个低年级组的备课组的总群,之后我拜×××老师为师,有一个×××的工作室的一个群,同时还有教科研的一个群,这些都应该都算教学共同体吧。所以我觉得作为教师,我们的教学共同体很多,同时在里边的人有些是交叉的。就我们的一些老师来讲,如果参加的教育共同体特别多的话,也会使我们的工作复杂化。所以说我目前关注最多的就是我们自己的群,即我们国际一部的群,和刚才那位老师一样,我也是在国际班里面教书,我是助教。每个班有两个班主任,一个是外教班主任,另一个是中教班主任,我们两个在一起又是一个教育共同体,这个教育共同体人数很少,就两个,可是很重要,是一个中国人和一个外国人之间的融合。我们学校活动很丰富,也很关心我们每一个老师,就像我刚才所说的,我刚考完了一次40岁以下的老师的共同考试,进行的是语文考试,因为区里面有学科能力的竞赛,所以学校先要来个摸底考试,考完之后再选拔出人来进行比赛,学校很重视这一块,所以我们也能够在里面很快成长,对年轻的老师还是很有帮助的。同时我们小学组的教学共同体还是抓得蛮实的,我们共读过一本书,就是华东师范大学的陈玉琨老师写的《翻转课堂》,当时我们全校老师一起读这本书,然后一起写读后感,大家一起交流,后来我们把陈玉琨教授也请过来,开了一个讲座,大家一起学习沟通,在这个共同体内,我们收获了很多东西。

语文组到学期结束,我们老师会组织在一起,看录像课,因为不是每一位老师都能够去外面听课,所以我们会把一些名师的课带进来,然后整个语文组的老师坐在一起,但是会分组,低年级一、二、三的在一起,高年级四、五、六的在一起,共同看一堂课,看完一堂课后,我们在QQ群里面发表自己的看法、观点。我们小学组的老师还会在这个教育共同体的带领下一起学习,观看推荐电影、阅读推荐书籍等,当然还有我们领军人物的个人魅力,他的个人魅力是蛮大的,我们的××校长。他会带领我们每个月开展一次集体沟通交流。这是我们小学组的一个教学共同体,同时接下来我们国际一部会有自己的教育共同体,我们这个教育共同体可能就中西合璧了,就会谈更多的一些我们真真切切的教学组织工作,我们中方老师主要是协助外方老师的教学,帮助他们更好地管理中国的孩子,毕竟中国的孩子跟外国的孩子很不一样。同时我们这个教学共同体也帮助外教建立了他们自己的团队。像我们因特班的外教老师,他们现在几乎都可以用微信了,他们还建立了自己的微信群。他们也会选一周在一起畅所欲言,会谈自己的想法,他们有可能比我们更自主一点,他们会有更多的抒发自己意见的机会,我们中国的教学团队毕竟还像一个开会式的方式,有的时候是以传达指令、传达文件、传达思想的方式进行,我参加过一次他们的会议,他们会有激烈的思维的碰撞。他们经常利用每周五坐在一起谈话一个小时,而且他们的人数也少,一共大概15个人,就更容易交流。我们一个教育共同体的人数比较庞大。所以我一直在思考的问题是我们这个教师共同体是否在发展自己的时候应该有主题。比如语文教研组共同体,我们应该有什么主题。我们学校小学部应该有什么主题。我认为这个大小不是盲目发展,不是靠朋友圈,比如我微信里拉朋友,我们在一起那就是教育共同体。所以我常思考我们在这个共同体里面能够收获什么,培养什么,我们总要有个共同的目标才能共同地走到一起,我们的主题更加鲜明一点,会更好。我还在想这个教育共同体要"共同"到什么程度,仅限于教学吗?如果仅限于教学,应该不可能走心式地进入每一个人的内心,有可能他们会有更多的交流方式。比如有一次有一个外教老师在我们学校的厨房间里做东西吃,他自己做完后邀请其他外教有空的话就去加入,就很新奇,使他们更加容易融合在一起。但是有可能我们目前的教育共同体还仅存在于传达指示、表达思想,所以我有时候也蛮欣赏他们那种比较开放、活跃谈心式的方式,因为人不可能在这个环境里就只是教学,其他什么都不想,还是有可能需要一些这样的交流、互动,就像国外会有一些办酒会的形式,他们不是为了吃喝,就是为了交流。我的想法表达完了。

吴:您正好是在一个多元文化视角下谈这个话题,您对我们传统意义上的教学有什么意见和建议?

D:我觉得在传统里面,我也提升了自己,如果没有这个传统,我也不能成为现在这样,其实是需要的,只是希望不要太过了。就是感觉不要框得太紧,有可能还要有一定的空间吧。

中国人目的性比较强,我个人认为,他会为了目的走到一起。但是国外的人有可能只是为了兴趣和爱好,为了性情相投而走到一起,这有可能是由他们的文化所决定的。我们中国人很多还是会因目标才走到一起。我只是粗浅地讲一下,我不能确定我讲得对不对。

E 学校访谈记录

访谈时间:11 月 6 日

访谈者:邓永光

受访者:共 4 人。A. 名师工作室成员;B. 教研组长;C. 教改组成员;D. 中心组成员

邓:请老师们大致谈一谈关于你们学校教师共同体的情况,你们大概参加了哪些共同体,或者你们这个共同体活动的频率,你们有什么收获,有没有什么印象深刻的或者有没有什么建议?

A:这样吧,首先,我觉得我们身边你所谓定义的这种教育共同体其实有很多。

首先是备课组,各个年级自己的备课组;教研组也是。那么除了学校组织的外,我们新区也组织成立名师工作室,各个学科的名师工作室。

邓:哦,是按学科分的?

A:对。

邓:名师共同体是新区的还是?

A：名师工作室，这个是我们各个年级及初高中都有的教改组活动。

邓：教改组活动是几个学校联合还是？

A：是区里的，属于区级的各个年级某一个学科的集体活动。

邓：那名师工作室呢？

A：名师工作室是某一个学科在整个区内的部分的老师的活动。

B：大的也有市级的吧？苏州市的名师工作室。

A：这个要看它的影响吧，我现在就你说的这个教育共同体的问题讲一下。

邓：好的，那这个名师工作室它是哪一部分老师参加的呢？

A：这个是层层报名，筛选、选拔。

B：是业务上有所追求的教师，他们自愿参与的。

邓：那筛选的条件大概有哪些？

A：这个条件不是很严格。

邓：请您大概说一下。

A：你只要想去参加，正好这个有招收工作室的成员的机会，那你就可以报名。

邓：哦，是这个样子啊。

B：对，首先你得主观上愿意参加，主观上要积极一点。

A：这个首先是在新区开展的，今年是第三年，三年一循环。

邓：那它举办的活动大概是？

A：这个一会儿再说吧，一一给你讲。第二个问题让这个老师给你讲。

B：一人讲一个啊？

A：对，一人讲一个。

邓：那老师您就讲讲您参加了哪些共同体？

B：我呢，参加了很多，那我先给你讲讲这个名师工作室吧。这个新区的名师工作室，各个学科有很多，比如说数学的名师工作室有三个，其中我们学校有一个特级教师叫×××，那么就以他的名字命名为×××工作室。

邓：那就是说一个学科有很多工作室，那当初是怎么成立的？比如说你刚刚说以特级老师命名的。

B：这个名师工作室，每个月至少举办一次活动，那么由我们这个名师，就是×××来主导。

邓：就是活动以名师来牵头？

B：对,就是以他来牵头,然后组织,再比如说活动方面,我们十月的活动结束之后,他就会把十一月的活动时间、活动内容、地点,包括我们要做哪些相关的准备,谁来上课,谁来评课,评课之后我们坐下来要讨论什么内容,比如说我们要讨论一个案例,或者说我们要研究一篇文章,或者研究一个课题,各位参与的老师提前都会做好准备。

邓：就是说你们每次研究的内容都是提前布置的,并不是专门就某个东西,而是说它有可能是不一样的。

B：当然是不一样的。

邓：那举办活动的地点固定吗?

B：基本上是固定的,因为名师有自己的工作室嘛。这只是我们活动中的一部分。还有一些活动,比如说外出听报告,参加一些论坛活动,到苏大里面,苏大不是有数学科学院吗?他们经常有一些报告,我们可能就组织一些人员一起去参加,有的时候也会把苏大的老师请过来给我们做讲座。

A：具体时间、活动场地,专业研究的办公场地是有的。

邓：那我这样说您看对不对? 就是你们这个类似于一个社团,特级教师负责牵头,其他的人有意愿就参与进去,然后由这个老师牵头,大伙儿定期举行活动,活动的形式也是由你们自发商量,可能是调研……

B：有计划的。活动的形式也不是商量的,就直接是排好的。

A：就是提前规划好。三年都规划好了的。

B：每个人有每个人的计划,工作室有工作室的计划。

邓：老师你们刚刚讲的,就比如说请苏大的教授来做讲座,你们也可能外出调研、访谈,那你们名师工作室举办活动的形式大概都是什么样子的?比如说你们每个月固定一次的那个活动形式呢?

A：基本上很多都是固定的,比如说请了老师来上公开课,课后我们会围绕他这个课进行点评、研讨,然后他自己会对这堂课进行分析。

邓：那就是说基本的形式就是这种,当然还伴随一些其他形式。

A：这个你有时间可以去了解一下,就是苏州市的一个工程项目。名师共同体,它就是为了培养人才的,它有中高型的教授型的导师。

D：名师工作室苏州市有好多的,基本上每个学校都有。

B：对,他这个就是名师共同体,是苏州市的一个特设,它的名称就叫作名师共同体中下面的一些具体工作室。

D：它这个大的是名师共同体。

邓：我前两个月在苏州的其他学校调研，他们也说到名师共同体，他们也说参加要老师报名，但是他们的筛选是有条件的，比如说一定要是学科带头人或者是教学能手。

D：我们也是有条件的，是要通过筛选的。

A：不不不，不一样，他说的是名师共同体，比如说××，他是××学校，还有那个××，这个是他们需要具备一些条件才能参加的。

C：但是下面的名师工作室呢，实际上是模仿这个成立的，是区里面成立的。

A：就是我刚才讲的，它是整个苏州市为了培养后备人才、优秀教师而设的。

邓：那老师对于开展名师工作室的活动有没有什么感想，或者什么意见或者建议？

A：首先是感觉自己很幸运，在现在这种环境中还有这么一个平台让自己不断地补充学习，不断地提高自己。因为每一次去参加这个活动都会有很多收获，听别人怎么上课、评课，特别是在工作室中有一个有资历、有名望的特级教师在指导我们，不光是在教学中，包括在平时的课题研究、论文写作上，对我们都有很大的帮助。除了这个以外，就是刚才我们老师讲的名师共同体，我们有时也会去参加苏州大市的名师共同体的一些活动，苏州市名师共同体去年一共组织了三次活动，我们都参加了，其中有一次我们还有老师代表去上公开课，上完公开课之后，确实是感觉不一样，因为从你备课，到请一些专家为你这节课去做点评，这个机会就很难得。

邓：那么有没有让你印象特别深的活动？

A：上一次名师共同体在我们学校，跟我们学校联合搞活动，其中有一节课就是让我来开的课，我压力比较大，因为这里面都是苏州市的名师，那么我在上课之前在备课上就要下很大功夫，要多去想一想。在磨炼之后对自己是很有用的，上完课之后有很多名师为你的课做点评，指出你的教学安排哪里比较好、哪里有问题，之前是你一个人在开展教学，现在是很多专家在指导你开展教学，这个作用是很好的。

邓：也就是说总体上您对这个名师工作室是非常满意的，无论是参与的积极性，还是它对教师的提高都有很大的帮助。

A、B、C、D：嗯。

邓：*那除了名师工作室，还有没有其他形式的教育共同体？*

B：那我说一个，除了学校的教研组、备课组，还有年级组也是的，是我们高新区的高中和初中联合设立的，叫高新区语文青年教师协作组。这个是我们的顾小白老师主持的。

邓：*参与这个教育共同体的都是青年老师吗？*

B：不，这个分两块，以青年教师为主，有积极性的，工作认真的，愿意在学科上有所钻研的，这批是青年教师。协作组里面，我们还协调了一部分区内骨干的优秀的老教师，各校教研组长都必须参与，还有一些更加优秀的学科带头人也参与了，这样就有6到8位优秀老教师带一批，每个学校至少一名，初高中每个学校至少1~2名年轻的优秀青年教师，它的目的就是培养这批青年骨干教师迅速成长。

邓：*就是说参与是以学校为单位的，那举办活动会不会分学科呢？*

B：就是语文学科，其他学科还没有。其他的像一些小的中心组、课题组可能都有，比如工作室不知道我们区内有没有，这个学科组是我们语文学科的一个特色吧，专门培养青年教师的。

邓：*就是每个学校大概一个？*

B：就是每个学校一个人，若学校有初中部和高中部，就给两个名额，初中、高中各有一个人。

邓：*初高中连在一起的？*

B：对，初高中打通。

A：这一点最重要，它是一个特点。

邓：*区里所有的学校都参与了这个活动吗？*

B：对，都参与了，10所初中，5所高中，加起来青年教师就达到15到20个人，有的学校积极些，非要报两个初中老师，这样总人数就会多一点。高中的就5个教研组长加顾主任自己，一共6个人，还有两名大师级的带头人，就在8个人左右。这样一个以老带新的学科组活动频率上大概每年至少一次。

邓：*举办形式是怎样的呢？*

B：基本形式就是开展公开课，然后进行评课、研讨，再由受影响比较大的青年教师再开一次课。前面开课是老教师，是示范公开课，青年教师集体参与，听课、评课。然后在一个固定的时间里，我们再请青年教师进行一次展示。

邓：就是这两次开课要相隔一段时间，先由老教师开课，青年教师讨论，然后是青年教师再开一次课。

B：那么这次活动就结束了，隔半年或者一年，我们再请青年教师开一次课。

邓：这个活动是连续性的？

B：对，是连续性的。然后在平时，青年教师要参加一个小的课题，包括论文写作，写教学笔记。

邓：就是说参与这个活动的青年教师是有压力的，他平时是有任务的。

B：对，要成长，他就要付出，在这个活动结束之后，他们要做很多工作。课后他要写讲课的感受，评课的感受，包括自己参与一些课题，自己形成一些论文等要完成一系列的活动。

邓：这个有量的要求吗？

B：一年之内至少参加一个课题，至少要写一篇论文，尽可能在学校展示一次公开课。差不多"三个一"工程。

邓：那您有没有参与这个活动？

B：我是教研组长，也是参与的。

邓：那您对这个教育共同体的评价如何？

B：应该说这个教育共同体是很有实际意义的，它促进一批参与的青年教师迅速成长，我们学校的初中部的某老师就参与了这个活动，后来就成长很快。他在前年拿到苏州大市评优课一等奖。这个活动对青年教师提升很快，很多老师参与了之后都很有感触。初中老师听了高中老教师上课之后，对于开阔视野很有帮助。

邓：就是说初高中打通对初高中都有很大的借鉴意义。

B：对，影响很大。因为现在的苏州全市初中的考试命题受高中的命题风格影响很大，包括阅读、写作，后面的基础题等，很多地方都和高中接轨。初中老师要想很快成长，那么他就要稍微有一点高中老师的教学眼光，那样可能更好一点。

邓：好，那关于这个教育共同体老师们还有没有什么要补充的？

B：其他没有什么了，印象很深的也就是几个青年教师在活动中受很大影响。还有一次我们学校请了一个骨干教师来上课，他本身不是教育共同体成员，我们专门聘请他来上课，他也是大师级的，基本功拿到了一等奖，江苏省也拿到了二等奖,他来上了一节课之后,还做了一个"我是这样教语文的"报告,报告讲述了他工作10年以来的成长经历,对很多教师触动都很大。他们找到或者说发现了可以健康成长的路子,这是我个人印象很深的。

邓:那这个就是我们这个区里特有的,我在调研其他学校的时候好像没有听说过。

B:对,这个就是我们区特有的一个模式。我要说的就这么多。

邓:好的,那其他两位老师还有什么要说的吗?自己参加的或者所了解的一些教育共同体的形式?

C:大家每个区里面都有一个教改组。

邓:教改组?这个我们在其他调研中没有听到过。

C:这个就是指教学改革方面的一些新的措施、举措,在区里面每个月搞一次,由教研员把时间、地点计划好,开学初就发给各个学校,由教研员牵头,教研组长通知到各个学校及这个学校的教研组长。这是分两条线的,一个是通知教研组长,另一个就是通知教务处,由教研室去发。那么备课组长是我们通知的,就是教改组长通知的。我在这里面担任高中的教改组组长,主要就是全体高三教师,大家非常积极,因为这个是算学时的,相当于继续教育。也等于再教育,你能学到一些新的东西,比如年轻教师懂的那些最简单的PPT、几何画板,包括平板电脑,有很多这方面的操作。我们有时会请一些年轻教师来讲这些操作。

邓:这个学时有什么作用?

C:这个是每个老师必须要完成的学习课时,每个学期至少完成72学时。校本培训也算。

邓:那这个对老师评职称有关系吗?

C:都有关系的,所以全体教师都要参加。

邓:72学时是你们高新区特有的规定还是?

C:这个是全省的规定,因为每五年审查教师资格证书,完不成学时就麻烦了。72学时包括区级、省级的都有。就像我们市里,教改组的一些活动,我觉得教改组里面学习的气氛还是很浓烈的。我们主要是听课、评课,还有一些教学现象,比如期中复习等一系列的举措,在这些活动中青年教师得到了很多成长,所以他们非常愿意过来参加每次的活动。比如有些青年教师要上一堂课,必须做课前准备,当然,这可能不是他一个人准备的,是整个教研组一起帮他准备的,不仅体现了团队协作,而且体现了一个教育共同体的发展。

如果你要到区里开一节公开课的话,你就要从准备开始,包括老师的点评,都自己形成一个稿件,弄好了以后传到我们的QQ群里。

邓:这个QQ群包含哪些人?

C:包含学校整个高中部的老师,但我通知的是高三的,当然高一、高二也可以学习,共享学习。所以给我的印象就是这些青年教师学到了很多东西:如何去备课、如何去突破难点、怎么去形成自己的教学风格等。

邓:那个活动举行的频率呢?

C:一个月举办一次。

邓:地点固定吗?

C:地点固定,定点,定位,定人,定稿,干什么事事先都发好通知给备课组长,除了讲课、评课之外,我们还要讨论什么,这些都会事先通知的,比如要讨论期中复习计划,交流一些教研计划,或者传达区里面、市里面的一些教研文件。

邓:老师开始的时候提到备课组和教务处,这个教务处是?

C:教务处是由教研室通知的。

邓:这个教务处在其中起什么作用呢?

C:就是发通知。

B:起两方面作用,承上启下,上面来的文件传达给下面的老师,老师要干什么他们要知道。

邓:就是说它是一个信息枢纽。

C:对,就是让学校知道这些老师是干吗去了。

邓:三位老师都说到了不同的教育共同体,说到了他们对青年教师的促进作用,那么老师们对教育共同体有没有什么意见?就是不好的地方,也可以说一说。

C:我觉得整个苏州大市的活动搞得挺好的,为什么呢?因为他们提供了很多的平台,比如到张家港,到南通市,到外市听课,包括区域里面,备课组会议都要去学习,学习之后就把教改组的一些会议内容传达下去。举个例子,上次我们教员去张家港开会,提了几个方面,就是目前高三一轮复习数学教学中出现的一些问题和现象,然后我们根据这些现象去研讨怎样处理这些问题,我们把这些问题打印成纸质稿发给每个老师,在会上讨论,回学校了我们还要讨论,这样一个环境,我觉得非常好,这样提出一些现象,提醒我们少走弯路,指导意义非常强。

邓：老师，这些学校的教研组、备课组虽然都是基础的，实际上活动的举办还是有差异的，这个我也想听老师说一下。

D：那我来讲一下中心组，中心组你可能也听过。中心组分为市级的和区级的，包括老城区、高新区、工业园区等中心组。其他的我不知道，就物理来说，这些中心组就是每学期，每个年级都要举办活动的。

邓：每个年级都要参加活动吗？

D：是的，每个年级都参加活动，比如10月22日在市一中举办高二年级的教研活动，每个年级的老师都要参加的。

邓：那活动的形式是什么样子的？

D：主要就是开课，每次4个老师开课，每个年级的4个老师同时开课，两个小时，围绕同一个课题。

邓：同一个课题？你们每年都有一个课题吗？

D：不，每个年级都不一样，课题是每次开课前确定的，根据教学进度，4个老师上同样的课。

邓：哦，其他老师对这个课进行点评？

D：对，要请来两位专家，就一个人负责点评两位老师。

邓：除了专家点评，其他老师会点评吗？

D：其他老师也会参与点评。专家点评的时候要把课和教案拿过来看，要看你的想法。

邓：你们这个活动是区级的吗？

D：是的。

邓：你们这个中心组举办活动的时候，整个高新区的老师都参加吗？

D：不止，我们这个是市级的，是教科院的活动。

邓：那么教研员参加吗？

D：参加。没有特殊情况都要参加的。但是中心组负责成员，大概是10个人必定要参加，每一个年级的活动都是专门人负责的。

邓：负责人是怎么产生的？

D：负责人都是每一次牵头的人，就是你在哪所学校开展活动，负责人就是哪所学校的，但是点评是专门有人的。

邓：老师您负责物理中心组，那么觉得这个物理中心组的效果怎么样？

D：效果非常好。这个活动搞了近10年，它主要是培养优秀教师的，有时候会请资深教师,但多数都是青年老师讲。

邓：那么就是说大多教育共同体都是为了培养优秀的青年教师的。

D：是的,包括前面的老师讲的也大多是为了培养青年教师。

邓：这个形式都是公开课？

D：对,当然每学期也有一些要求的,比如研究型,探究型。应该说效果是很好的。

邓：这个中心组算是苏州市的特色吗？

D：我不知道其他学科的情况,但是物理中心组是。

C：数学也有。他们中心组就是属于市里面的。

D：区里面就是模仿大市的,就像子菜单一样。

邓：我现在已经听老师说了4个不同的教育共同体了,那么除了这4个,还有没有区里的、市里的一些教育共同体？

A：这些就是把学科去掉,基本上每个学科都有。

D：这个名师共同体应该是苏州市的一个特色,它是为了培养特级教师的,下面的名师工作室相当于子体系,就是为了培养青年教师的。名师共同体应该每个学校都有,课改组应该是数学特设的。至于中心组呢,有区里面的、市里面的,比较多。

邓：那教研员呢？

C：教研员有区级的,也有市级的,活动都是由教研员牵头的。

邓：教研员和教科院是什么关系？

C：市教研员直属市教科院。

D：原来的市教科院也叫市教研室。

邓：那我们E学校有没有特色共同体？

C：校本培训,我们有的。

D：这个其实可能每个学校都有的,老教师带徒弟嘛。

A：学校就是教研组、年级组,由学校牵头安排的,除此之外,就是你定义下的教育共同体,包括校本培训。

邓：校本培训大概是一个什么样的教育共同体？

A：这个有针对老师的,也有针对学生的。因为学科的局限性,我不知道其他学科的,就我了解的,我们学校是苏州市的一个教学实验基地,我们现在做的一个项目是关于地球新能源的,第一次现场评估。在上个礼拜已经结束了。这个就是我们学校根据现有条件申报的一个基地,是主要面向新疆班及高一、高二所有学生开设的校本课程,参与课程的有我们学校一些专门研究的老师,也有校外的专家老师。这个应该也算你所定义的教学共同体。

邓:哦,我还想听一下教研组和备课组的活动是怎么举办的?

C:备课组就是根据市、区的要求,制订计划,开会研讨,接下来按照要求每周都有老师上去讲课怎么上,重难点怎么突破,要解决学生问题,了解学生学情,他的短板在哪里,我们需要怎样去努力,怎么克服,一周下来的总结,我们是每周四下午,两个办公室在一起活动。然后再互相交流各自班级出现的现象和解决方法,相当于二次备课一样。

邓:那么我可以理解为备课组有两个方面的活动,一个是根据课程计划设计一些重难点,另一个是根据学生的实际情况调整。

C:对,说白了就是实践。根据学生的时间调整方案,实际上我们备课组之间也有交流,我们的资料下届备课组还要用的,就是互相延续,我们有一个文件夹,我们负责把这些文件打包,由教研组长统一支配。

邓:这是备课组的情况,教研组的活动是怎么开展的?

B:教研组就是以年级为单位安排活动,像数学组,人比较多,教研组安排起来很麻烦,很长时间就以备课组活动为单位。现在,教研组又被学校提上来了,起一个衔接的作用,如外面的教科院领回的精神需要我们传达,然后是我们自己该做的事情,比如各个年级组要做到平时考试啊、复习啊、竞赛辅导啊等,还有学校安排的青年工程之类的活动,像我们的老师自己都有徒弟的。除此以外,我们组里对这些青年教师进行关心和培养,比如定期会有学校美妙课堂,这是我们学校牵头,由苏州市其他学校联合举办的,现在这个活动范围越来越广。所以我们这个在三年前就被定位为苏州大市课,每次比如说数学每个年级都要派老师讲课,这个谁上也是有计划的,比如今年谁上,我们回去帮他磨一磨课,听一听课,这个其实都是我们以教研组来组织的,具体活动以备课组为单位来实施。因为我们教研组有 30 多个人,要是去搞一次活动,就要把时间都留出来,就会阻碍教学,所以我们和备课组都会在周四开会。除了市里、区里的公开课外,我们自己也会开课。

邓:备课组和教研组的关系是怎样的呢?

B:互相完善。

C:教研组是个总目录,备课组是个子目录,我们在自己的领域里要干好什么事,是由教研组到市里开会,带回一些文件,然后就按照要求安排。

B:这个就是横向与纵向,横向教研组有9个学科,教研组分为3个备课组,为纵向。我们平时都以年级组为单位,年级组管教研组,备课组以教研组为单位,每次活动都由教研组牵头,分到每个备课组里面。

邓:教研组的活动也是固定的吗?

B:也是每个星期一次。

邓:形式呢?

B:跟备课组的形式一样,高一、高二都是我们的,不过是分段、分区域的。

邓:那么老师还有没有其他形式的教育共同体?

D:基本上差不多。

邓:我们在调研其他学校的时候,会发现其他学校有一些省、市的教学联盟,但他们就是很杂、很多,会出现各教育共同体的活动相互冲突的现象,甚至影响一线教学的活动,那我们学校这些教育共同体呢?会不会有时间安排方面的冲突,或者教学冲突?

B:不会,因为我们都是有计划的,在教研组成立前三年,就制订了计划,在每年年初和年末都要进行总结。

邓:那这些教研组研究的主题是根据教研员决定的还是根据一线教育情况决定的?

C:根据一线教育情况决定的。教研员会有一些现象的描述。

邓:那这些教育共同体会相互补充吗?这些区级的、市级的教育共同体是不是在一个统一的框架下?

C:这些应该是在统一的框架下,市里面到区里面,区里面到校里面,校里面到教研组,教研组到老师。

邓:我还是想问一下老师们对这个教育共同体有没有什么意见?比如活动举办的频次?

C:没有,我觉得频次挺合理的,刚刚好,多了就烂了,影响教学。

邓:那最后老师们还有没有对教育共同体的补充?

B、C、D:没有。

F学校访谈记录

访谈时间:8月31日

访谈者:吴铁钧 邓永光

受访者:共3人,A.F学校普通教师;B.区初中语文共同体成员;C.三校共同体
　　　　访谈地点:星海中学交流。

吴:各位老师参加了哪些教学共同体呢?

A:我今天参加的就是一个教育共同体活动呀,我们的教育共同体活动就是三所学校在一起。据我了解,原来是园区大范围流动,现在采取就近原则,附近的开发区学校和达标升级学校在一起。老师流动的时候会减少一些交通上的麻烦,原来的编制是跟着流动老师走的,现在流动老师的编制还在原单位,一年交流之后流动老师还是回到原单位工作。这是一个教育共同体。还有一个教育共同体是教学上的,比如语文教学共同体、物理教学共同体等。非官方的就是由园区发展中心许飞老师倡导的九九雅集——这个九九雅集让我非常受益,因为是非官方、没有强制性的,所以每个月的9日去交流是一种享受。带着一种兴趣和爱好去组合在一起,更让老师有一种自觉性。

吴:这些教育共同体是谁负责的? 谁负责召集活动?

A:九九雅集是由许飞老师召集的,至于教学共同体呢,B老师是参加的,请B老师讲一下

B:是由我们区里的学科带头人和教学能手这样一些人召集的。

吴:它的名字叫?

B:区初中语文名师共同体。

这个当时是由前任区教研员组织的,具体的承办是在××学校,一学期活动一到两次,活动内容为请外来的名师、专家做讲座,或者大家作文研讨。

A:有一篇文章叫《爸爸的话落了》,围绕这篇文章进行系列的作文教学。

B:因为现在渐渐地不做了,所以记得不是很清楚了。

吴:现在还在开展活动吗? 还是已经成为"曾经"?

B:现在嘛,今年没有开展活动。

吴:那在运作的时候一年大概组织几次活动?

B:一年……两到四次。

吴:就是一个学期一到两次是吧?

B：嗯,对。

吴：那活动的内容都是谁来确定的呢？

B：活动内容,就是由当时的教研员确定的呀。

吴：教研员跟下面的老师之间可能也有一个业务指导的关系。如果没有初中语文名师共同体,那么他们的这种业务指导关系算是一种教育共同体吗？是联系比较松散的还是？

B：联系还是比较紧密的,因为教研员和教师联系还是比较紧密的。

吴：那能不能理解为这是教研员组织的以教研为核心的教育共同体的一种变式？就是它本来已经有了业务指导,然后大家再成立这样一个教育共同体,大家在一起共事。

B：之前教研员是对整个区内的教学进行指导。成立名师共同体就是把部分人集中起来进行指导。

吴：那参与是自愿的还是必须参加的？

B：因为大家都是比如说教学能手或者学科带头人,其实还是蛮愿意参加活动的。

吴：那么您在这个共同体里面做了哪些工作？

B：之前有对一些作文资料的整理和优化,也做过一些简单的事情。

吴：在区初中语文共同体组织的活动中,有哪一次让您印象最深,能不能举个例子？

B：我觉得每一次都挺好,因为它会找一些专家过来做一些讲座,高屋建瓴,一些专家都是从一线教师走出去的,我们每一次听讲座都很受启发,其实每一次组织得都很实在,因为大家都是区内的,也不需要做一些虚的东西,所以活动很有效果。就是很可惜随着人事的变动(前任教研员调离),最近组织的活动比较少。

吴：那么您对这个教学共同体有什么评价？就是有趣、有帮助吗？为什么有趣或者有帮助呢？

B：像我这个年龄肯定谈不上有趣吧,主要是实际的,不管是学校的教育共同体还是业务上的教育共同体,它对个人的发展肯定是有一定的提醒、指导、帮助的。否则也不会有这么多人愿意去参加。

吴：您对区初中语文名师共同体运作上有何建议？

B：其实不能说对哪一个教育共同体吧,对所有的教育共同体来说,教育共同体应该作为一个制度化的建设,不能因为某人的离职而影响发展,应该有一个长效的机制建设,否则的话,今天办一个明天办一个,也就没有多大的意义了,这是我的看法。

吴:那您还有没有参加过其他什么教育共同体呢?

B:我没有参加过,他们还有一个苏州大市的叫什么?

A:叫中心组,完整的名称不太清楚,应该每个学科都有这么一个中心组,核心成员嘛。

B:完整的名称叫市中学语文教学中心组。

吴:园区跟大市搞教研活动是分开的吗?

A:以前我们园区也参加市里的教研活动,现在基本上很少去了,可能就是没有了。

B:被抛弃了。

吴:各搞一块了,说不上谁抛弃谁。

A:以前暑假里还要进行市区的培训,现在只在园区这一块培训。

吴:那A老师,您刚刚讲到的那个九九雅集,能具体谈谈吗?

A:关于九九雅集,是由××老师召集活动,这个活动是每个月固定的,每个月一次。已经成立了两年,现正在计划编制一个成果集,活动完全自愿,以书会友。一开始是每个月9日开展活动,后来固定于每个月第一个周五的晚上。一开始是到各个学校进行读书交流,后来我们又到了咖啡馆、书房进行交流,这样的氛围好一点,我们也会觉得稍微自在舒服一点。

吴:那经费怎么来的?

A:经费完全自愿的,AA制。

吴:是交会费呢,还是每次AA制?

A:先交会费。也不算会费吧,就是大家一起吃个饭或者到咖啡馆的费用啊,是每学期开始前统一交一定的费用,每次活动从费用里扣。有个老师自愿当财务,统一还礼。这样的教育共同体相比其他教育共同体是纯粹以兴趣来组织的。

吴:这个教育共同体对您的帮助或者引发您兴趣的原因是?

A:我觉得以前读的书太少了,作为一名老师我觉得很惭愧,碰巧在这边认识了几位爱读书的朋友。到了一定的年龄,是该好好为学生读书、为自己读书了。既有个人兴趣,也有伙伴的一些激励,加入以后对自己的帮助还是蛮大的。

一开始只是做个旁听生,后来慢慢主动地去读书,找到了一些以前读书的感觉。可能教学当中的琐事会降低读书的热情,而加入这种每月一次的固定的读书活动,就很实在,把自己的惰性慢慢降低,感觉读书还是一件比较有趣的事情。读书在工作当中确实是有很大的滋养和帮助的。

吴:那您还有没有参加过其他教育共同体呢?除了三校共同体、九九雅集外。

A:其他教育共同体,目前还没有。

吴:如果对九九雅集和三校共同体有什么建议,您分别讲两句,就怎么样去优化它的运作来讲。

B:九九雅集现在运作越来越成熟,形式也越来越多样化了。包括地点的变化、文集的出版,还有现在读书交流之前要有几个老师进行朗读。这种形式都在不断变化,我觉得蛮好的。

吴:出版文集的经费哪儿来呢?

A:出版经费也是 AA 制。三校共同体呢,我今天是第一次参加活动。一方面是为了评高级职称,另一方面是想感受一下不一样的文化氛围,不一样的教学理念。所以我也是主动申请去娄葑学校交流,虽然才上班第三天,但还是有点感触的,对不一样的办公环境,不一样的教育教学管理模式,有了一定了解,可以知道一些学校的虚实,每一所学校都有长有短,我也学到很多东西。

吴:对于今天这种交流活动,也算是一种小的学术共同体吧。您有什么建议呢?

A:之前这样子的读书活动也有,只不过我是第一次参加。觉得这个共同体的形式蛮好,如果接下来能以九九雅集这样的形式开展,可能更利于培养读书的兴趣。像只让三所学校的老师作为代表在上面讲,也是缺少一些互动之类的。可能大家一起坐下来就一本书交流或者说有一个主题进行交流更好。

吴:您参加教育共同体有何经验及想告诉其他老师的话?

C:这个主要是针对三校共同体吗?

吴:不,是所有的教育共同体,只要是所接触的、参与的都算。

C:其实共同体呢,像刚刚 B 老师说的,可能每个学科都有一个。然后三校共同体,我是刚从星海学校出来换了一所学校教书,我还属于一个"新孩子",我之前是为了评职称才参加这样的活动。我个人主观愿望上还是没有的,但其实来了不同的学校之后,我发现每个学校各有不同,因为才来了 F 学校几天,我感受到了他们工作中很多细的东西,有比星海学校更细的,也有他们不一样的工作方式,所以知道的信息量越大,也越能学到很多知识,之前感觉学是被动的,但是学完之后忍不住地去比较思考了下,还是比较有味道的,因此,虽然当初不是我主动出来的,但是来了新的学校之后确实会有意外的收获,这点是肯定的,专业上我还不知道,因为专业还没有开始,没有和其他老师交流。但是,就他们目前的工作要求讲,是与我原单位有一些不一样的,还是有所得的。我自己参与的另外的教育共同体就是园区有学科专业的共同体,还有一个是官方的,叫物理名师共同体。另外一个是由我师傅牵头的,我的师父负责省的课程资源开发。

吴:是一个课题吗?

C:不是一个课题,范围比课题要大,就是一个课程开发,有课堂内的,也有课外的。从现代的角度讲是,我们希望做的东西以后把它放到一个App上就是一个课程,不过现在还没做到那样的程度。我们这个课程是省里的资源开发,但同时将来做好之后也属于园区网站上资源的一块,所以是一个学科的课程资源开发。是我们去省里申报的,借助这样一个平台把大家召集在一起去做,其实我在这件事情上是比较主动的,一开始大家就报名开始做,虽然任务还是蛮重的,但是大家暑假里做过来,进行研讨,形成一个任务导向的暂时的共同体。参与教师对此事大多是比较主动的,这个东西之前没有人做过,我们是按照初步的要求做了,做完之后大家发现每个人有不同的做法,然后大家坐下来谈,坐下来改进。模式上也有变化,关于这个共同体,就个人感觉来讲,大家前期投入时有很大的主动性,思考的方面也会多一些。但其实三种层次有三种层次的互补性。虽然我是被动来的,可是我在学,而且我发现我学的越来越多。名师共同体平台架构得高一些,它会让你去学一些不同的方向,然后你根据需要,去跟一些名师接触,这样你在这个圈子里面也能有一些交流。

吴:名师共同体进门有门槛吗?

C:有。需要是教学能手或学科带头人,有一些称号的人才能进来。它是教研室牵头搞的,会有讲座,有一些活动效果比较明显。像最后一块的话,因为我们开展活动也不久,暑假后才开始,好像成效很明显,有层次比较高一点的老师,也有层次比较低一点的老师,也有可能是连职称都没有的老师。大家都感觉这一块还是有自己擅长的方面,愿意做这些东西。一开始通知的时候会有很多人,但有些人是没来的,也没强求他们,但参与的人大家一起做,各有分工,积极性很高。那种共同体我的理解的话,意义要比我知道的更好,像这种交流活动,因为我今年刚来,也有回去的老师反映,大家认为是一种历练,感觉也很好,其实是一个积累。但是因为我刚来,很忐忑,所以不能评价。不一样的氛围,不一样的工作方式,有时候需要融入,有的和我们星海的差别很大,因为我现在年纪比较大了,有时不太愿意交流,但总体感觉收获还是很大的。

吴:对这三类教学共同体,第一类是三校共同体,第二类是名师共同体,第三类是您师傅牵头的资源开发,您看能不能提一些改进的建议,怎样做会更好?

C:建议的话,其实这个三校共同体越来越成熟,在我没有出来的时候活动就开展得蛮多的,有毕业班的活动,学科的活动等,其实还是有感触的,像去年我们三校的初三年级的工作方式是大家一起坐下来聊聊,学科方面我们三校是分任务的,某一天某个学校开一个学科的公开课,大家一起研讨,所有学科老师都到,轮流进行。去年这种活动的运作应该说相比之前已经进化了,也热烈多了,所以今年到这儿很多老师我都认识。这种机制随着政策的推进会越来越成熟。我们明年的话流动的人会更多,因为现在要求流动了之后才能评职称。所以不管是官方强制的,还是被动的,和我之前的感觉一样,先来了再说,也许会学到不少东西,可能也是一种沉淀,给自己一些思考的空间。现在我感觉这种方式越来越成熟了,但它可能还是要靠政策的推进。

吴:听您这么说,我们这个三校共同体好像不是没事干把大家聚到一起简单开个会这样。

C:不是的。像去年,它不仅仅是学科,还有三校老师之间、教科研、教学方面都存在相互学习,不仅仅涉及普通老师之间,领导层面的相互帮助也是比较多的,也就是说各个层面都有。园区层面的名师共同体只能作为一种互补,不能作为主体,但是对骨干教师那个层次还是有一定的引领作用的,而且内心的定位可能因为进了这个共同体也就高了一些。虽然可能活动不多,但是荣誉称谓多一些,算你在这个层次里。

吴:像这样的共同体活动大概是多久一次?

C:一学期组织一两次吧。像我师父的那个共同体虽然没有官方证书,它只是因为有一个任务然后推行了这么一个共同体。但是给人的感觉是每个个体参与的欲望都很强,能够立竿见影地达到效果,也比较有利于激发兴趣,过一个阶段有一个成品出来,更促进大家的投入。活动一共有三阶,我现在做的是第一阶,按照初步的要求我们研讨完之后,写书面总结,这个就算过关了,然后第二阶、第三阶,慢慢做,做完之后我们可能会把这个课程资源按要求配音后做成一个微课,然后现成地挂到微课网站上去,因为现在这类资源比较少,自己做了还是很有成就感的。这些内容将来传到App软件上去,因为是我们一线教师做的,有效性可能会特别高。

吴:那个共同体,如果说有一个正式的名称,应该叫什么?

C:江苏省基础教育课程系统资源开发…… 这个名称可能不是全称,不规范,因为现在只是在做前期工作,还没有对外发布。它是一个课程体系,既有课堂的东西,也有课外的东西。我们现在重点做的是资源开发。它是用思维导图对初三物理所有章节的复习资源进行开发,它当堂课的节奏是另外的模式,其实不需要太多的研究,因为早前有很多课题,我们已经做了,现在主要做的是课堂外的资源开发,还有的可能是课堂上的资源整合。类似于翻转课堂,就是资源在前头,学生在家里可以不会哪里点哪里。现在园区也在搞信息化,所以它就把这一块也当作信息资源开发的先驱部队。一旦这个事情做了,它的专业性、技术性马上就让人感觉整合出来的资源是有意义的,不过不知道结果会怎样,大家的心里也是蛮忐忑的。当然这项工作是蛮花时间的,因为平时的积累可能不够,还需要后来的开发、学习。希望能做得好一点、欢快一点、灵动一些,能更好地跟小孩子互动。

吴:对这个教学共同体您还有什么建议或者意见?

C:没有,我觉得三个都蛮好的。特别是今天我来了之后,感觉这个(三校共同体)也很好,虽然刚开始也不太愿意参加。其实心理学上叫作心理应激障碍,但是真正参加了,我发现确实不一样,可以学到很多东西。

附录七 中学教师共同体调查问卷（探索性问卷）

尊敬的老师：

您好。您身边是否有这样一群教师：他们因为所属学科、教学理念、教育价值观等方面的相似性而组成群体，开展交流协作。这些教师群体也许有不同的名称，您可能就是其中一员。

我们想了解这些教师协作性群体的一些情况，请您提供相关信息。您提供的信息将仅作为研究之用，请您放心作答。

请在相应选项的"□"内打"✓"。所有题目均为单选。请不要漏答。

苏州市教育质量监测中心　苏州大学教育学院
2015 年 12 月

一、您所在的年级组

1. 您所在的年级组大约由多少位老师构成？
□10 人以下　□11～15 人　□15～20 人　□20～25 人　□25～30 人
□30 人以上

2. 您所在的年级组开展活动的频率是？
□每周数次　□每周 1 次　□每两周 1 次　□每三周 1 次　□每月 1 次
□频率不确定

3. 您最喜欢的年级组的活动形式是？
□读书会　□听课评课　□专家讲座　□组内教师研讨　□学习文件　□其他

4. 您最讨厌的年级组的活动形式是？
□读书会　□听课评课　□专家讲座　□组内教师研讨　□学习文件　□其他

5. 年级组中老师们彼此之间的关系是？
□很亲密　□比较亲密　□一般　□比较冷漠　□很冷漠

6. 年级组老师们之间正式或非正式讨论教育教学问题的频率是？
□总是　□经常　□有时　□偶尔　□从不

7. 总体上说，年级组的活动对您的教学是否有帮助？
□帮助很大　□帮助较大　□有点帮助　□基本没有帮助　□完全没有帮助

8. 您对您所在年级组的满意程度是？

□很满意 □比较满意 □一般 □比较不满意 □非常不满意

二、您所在的教研组

1. 您所在的教研组大约由多少位老师构成？
□1~5人 □5~10人 □11~15人 □15~20人 □20人以上

2. 您所在的教研组开展活动的频率是？
□每周数次 □每周1次 □每两周1次 □每三周1次 □每月1次
□频率不确定

3. 您最喜欢的教研组的活动形式是？
□读书会 □听课评课 □集体备课 □教科研课题研讨 □名师课堂示范
□课改理论学习 □微课题研究 □其他

4. 您最讨厌的教研组的活动形式是？
□读书会 □听课评课 □集体备课 □教科研课题研讨 □名师课堂示范
□课改理论学习 □微课题研究 □其他

5. 教研组中老师们彼此之间的关系是？
□很亲密 □比较亲密 □一般 □比较冷漠 □很冷漠

6. 教研组老师们之间正式或非正式讨论教育教学问题的频率是？
□总是 □经常 □有时 □偶尔 □从不

7. 总体上说，教研组的活动对您的教学是否有帮助？
□帮助很大 □帮助较大 □有点帮助 □基本没有帮助 □完全没有帮助

8. 您对您所在教研组的满意程度是？
□很满意 □比较满意 □一般 □比较不满意 □非常不满意

三、您是否参加过其他一些教师协作性群体(如校际共同体、读书联盟、班主任共同体等) □是请继续回答下面的问题 □否请直接回答(四)

1. 让您印象最深的教师协作性群体的全称是(请填写)。

2. 这个群体是由谁发起的？
□教育局 □学校 □资深教师 □校外专家 □其他

3. 这个群体大约由多少位老师构成？
□1~5人 □5~10人 □11~15人 □15~20人 □20人以上

4. 这个群体开展活动的频率是？
□每月3~4次 □每月1~2次 □每月1次 □每季度1~2次
□频率不确定

5. 这个群体中,老师们彼此之间的关系是?
□很亲密 □比较亲密 □一般 □比较冷漠 □很冷漠

6. 这个群体中,老师之间正式或非正式讨论教育教学问题的频率是?
□总是 □经常 □有时 □偶尔 □从不

7. 总体上说,这个群体的活动对您的教学是否有帮助?
□帮助很大 □帮助较大 □有点帮助 □基本没有帮助 □完全没有帮助

8. 您对这个群体的满意程度是?
□很满意 □比较满意 □一般 □比较不满意 □非常不满意

四、您的基本信息

1. 您的性别 □男 □女
1. 您的从教年限是 □2年以下 □2~5年 □5~8年 □8~15年
　　　　　　　　　□15~20年 □20年以上
2. 您在学校是否担任或兼任行政职务 □是 □否
3. 您任教的年级是 □初中 □高中
　　　　　　　　　□一年级 □二年级 □三年级
4. 您讲授的科目是 □语文 □数学 □英语 □政治 □物理 □化学
　　　　　　　　　□地理 □生物 □历史 □音体美 □其他
5. 您的学历是 □中专 □大专 □本科 □研究生

请再次检查有无漏答。 谢谢您。

附录八 年级组和教研组相关调查问卷

A卷：中学年级组运行状况调查问卷

此处略去指导语

您所在的年级组全称（请填写）

您任教的年级是 □初中 □高中
　　　　　　　□一年级 □二年级 □三年级

您讲授的科目是 □语文 □数学 □英语 □政治 □物理 □化学
　　　　　　　□地理 □生物 □历史 □音体美 □其他

您所在的年级组大约由多少位老师构成？
□10人以下 □10～15人 □16～20人 □21～25人 □26～30人
□30人以上

一、您所在年级组的日常活动

描述	非常不符	比较不符	有些不符	不能判断	有些符合	比较符合	非常符合
1. 在年级组中，我有效地整合各种信息和观点。	□	□	□	□	□	□	□
2. 在年级组中，我提出新方法来应对复杂问题。	□	□	□	□	□	□	□
3. 面对年级组中的新问题，我能随机应变。	□	□	□	□	□	□	□
4. 年级组能充分交流信息，共享知识。	□	□	□	□	□	□	□
5. 年级组能在"要解决什么问题""如何解决问题"上形成共识。	□	□	□	□	□	□	□
6. 年级组能在教育问题上创造性地交换意见。	□	□	□	□	□	□	□
7. 年级组能在具体工作的行动上保持一致。	□	□	□	□	□	□	□
8. 年级组能在工作中彼此分享教育经验、交流教育措施的实施效果。	□	□	□	□	□	□	□
9. 年级组勇于提出并实践新的教育构想、教育方案。	□	□	□	□	□	□	□

续表

描述	非常不符	比较不符	有些不符	不能判断	有些符合	比较符合	非常符合
10. 年级组认真记录我们是如何完成工作的。	□	□	□	□	□	□	□
11. 年级组有一套鼓励大家提出新点子的制度。	□	□	□	□	□	□	□
12. 年级组总结自己的成功教育案例,并付诸文字。	□	□	□	□	□	□	□
13. 我对年级组的活动感到厌倦。	□	□	□	□	□	□	□
14. 我对我在年级组中目前的表现感到满意。	□	□	□	□	□	□	□
15. 我对我在年级组中以往的表现感到满意。	□	□	□	□	□	□	□
16. 我对年级组的活动充满热情。	□	□	□	□	□	□	□
17. 我比别人更喜欢年级组的活动。	□	□	□	□	□	□	□
18. 年级组的活动能带给我真正的快乐。	□	□	□	□	□	□	□

二、您所在年级组内的人际关系

描述	非常低	比较低	有些低符	不能判断	有些高	比较高	非常高
1. 年级组老师之间关系紧张的程度。	□	□	□	□	□	□	□
2. 年级组老师之间激烈争执的频率。	□	□	□	□	□	□	□
3. 年级组老师之间彼此闹情绪的频率。	□	□	□	□	□	□	□
4. 年级组老师之间教育理念的差异程度。	□	□	□	□	□	□	□
5. 我和年级组其他人之间出现意见分歧的频率。	□	□	□	□	□	□	□
6. 年级组其他老师之间出现意见分歧的频率。	□	□	□	□	□	□	□
7. 年级组中,对工作分配意见不一致的频率。	□	□	□	□	□	□	□
8. 年级组中,因责任归属而发生冲突的频率。	□	□	□	□	□	□	□
9. 我对年级组内资源分配,有不同意见的频率。	□	□	□	□	□	□	□

三、年级组内的创新和创造

描述	非常不符	比较不符	不能判断	比较符合	非常符合
1. 教学工作中,我经常会产生一些有创意的点子或想法。	□	□	□	□	□
2. 我会向同事和领导阐述自己的新想法,以获得支持和认可。	□	□	□	□	□

续表

描述	非常不符	比较不符	有些不符	不能判断	有些符合	比较符合	非常符合
3. 为了实现我的构想和创意,我会想办法争取所需要的资源。	□	□	□	□	□		
4. 我会积极地制订适当的计划来落实我的创新型构想。	□	□	□	□	□		
5. 为了实现同事的创新型构想,我会经常献计献策。	□	□	□	□	□		

四、您的基本信息

1. 您的性别 □男 □女
2. 您的从教年限是 □2 年以下 □2~5 年 □5~8 年 □8~15 年
   □15~20 年 □20 年以上
3. 您在学校是否担任或兼任行政职务 □是 □否
4. 您的学历是 □中专 □大专 □本科 □研究生

请检查有无漏答。 谢谢您。

B卷：中学教研组运行状况调查问卷

此处略去指导语

您所在的教研组全称（请填写）

您任教的年级是　□初中　□高中
　　　　　　　　□一年级　□二年级　□三年级

您讲授的科目是：□语文　□数学　□英语　□政治　□物理　□化学
　　　　　　　　□地理　□生物　□历史　□音体美　□其他

您所在的教研组大约由多少位老师构成？
□1～5人　□6～10人　□11～15人　□16～20人　□21～25人
□25人以上

一、您所在教研组的日常活动

描述	非常不符	比较不符	有些不符	不能判断	有些符合	比较符合	非常符合
1. 在教研组中，我有效地整合各种信息和观点。	□	□	□	□	□	□	□
2. 在教研组中，我提出新方法来应对复杂问题。	□	□	□	□	□	□	□
3. 面对教研组中的新问题，我能随机应变。	□	□	□	□	□	□	□
4. 教研组能充分交流信息，共享知识。	□	□	□	□	□	□	□
5. 教研组能在"要解决什么问题""如何解决问题"上形成共识。	□	□	□	□	□	□	□
6. 教研组能在教育教学问题上创造性地交换意见。	□	□	□	□	□	□	□
7. 教研组能在具体的工作行动上保持一致。	□	□	□	□	□	□	□
8. 教研组能在工作中彼此分享教育教学经验、交流教学措施的实施效果。	□	□	□	□	□	□	□
9. 教研组勇于提出并实践新的教学构想、教学方案。	□	□	□	□	□	□	□
10. 教研组认真记录我们是如何完成工作的。	□	□	□	□	□	□	□
11. 教研组有一套鼓励大家提出新点子的制度。	□	□	□	□	□	□	□

续表

描述	非常不符	比较不符	有些不符	不能判断	有些符合	比较符合	非常符合
12. 教研组总结自己的成功教学案例,并付诸文字。	□	□	□	□	□	□	□
13. 我对教研组的活动感到厌倦。	□	□	□	□	□	□	□
14. 我对我在教研组中目前的表现感到满意。	□	□	□	□	□	□	□
15. 我对我在教研组中以往的表现感到满意。	□	□	□	□	□	□	□
16. 我对教研组的活动充满热情。	□	□	□	□	□	□	□
17. 我比别人更喜欢教研组的活动。	□	□	□	□	□	□	□
18. 教研组的活动能带给我真正的快乐。	□	□	□	□	□	□	□

二、您所在教研组内的人际关系

描述	非常低	比较低	有些低符	不能判断	有些高	比较高	非常高
1. 教研组老师之间关系紧张的程度。	□	□	□	□	□	□	□
2. 教研组老师之间激烈争执的频率。	□	□	□	□	□	□	□
3. 教研组老师之间彼此闹情绪的频率。	□	□	□	□	□	□	□
4. 教研组老师之间教学理念的差异程度。	□	□	□	□	□	□	□
5. 我和教研组其他人之间出现意见分歧的频率。	□	□	□	□	□	□	□
6. 教研组其他老师之间出现意见分歧的频率。	□	□	□	□	□	□	□
7. 教研组中,对工作分配意见不一致的频率。	□	□	□	□	□	□	□
8. 教研组中,因责任归属而发生冲突的频率。	□	□	□	□	□	□	□
9. 我对教研组内资源分配,有不同意见的频率。	□	□	□	□	□	□	□

三、您所在教研组内的创新和创造

描述	非常不符	比较不符	不能判断	比较符合	非常符合
1. 教学工作中,我经常会产生一些有创意的点子或想法。	□	□	□	□	□
2. 我会向同事和领导阐述自己的新想法,以获得支持和认可。	□	□	□	□	□
3. 为了实现我的构想和创意,我会想办法争取所需要的资源。	□	□	□	□	□
4. 我会积极地制订适当的计划来落实我的创新型构想。	□	□	□	□	□
5. 为了实现同事的创新型构想,我会经常献计献策。	□	□	□	□	□

四、您的基本信息

1. 您的性别 □男 □女
2. 您的从教年限是 □2 年以下 □2~5 年 □5~8 年 □8~15 年
   □15~20 年 □20 年以上
3. 您在学校是否担任/兼任行政职务 □是 □否
4. 您的学历是 □中专 □大专 □本科 □研究生

请检查有无漏答。 谢谢您。

C卷：中学年级组任务特征问卷

尊敬的老师：

您好。年级组是非常重要的教师群体,它在促进教师成长,改善教育教学,推动教育改革方面发挥着重要的作用。为了描述年级组的任务特征,我们编制了这个问卷。请您根据您所在的年级组状况如实作答。谢谢您的支持。

您提供的信息将仅作为研究之用,不会作为其他用途。请您放心。

请在相应选项的数字上打"√"。请不要漏答。

苏州市教育质量监测中心　苏州大学教育学院
2015 年 12 月

1. 年级组的任务中所需要的专业技术方面的知识有多少？

    非常少　1　2　3　4　5　6　7　非常多

2. 年级组任务中,涉及"问题解决"的频率如何？

    很少涉及　1　2　3　4　5　6　7　经常涉及

3. 年级组任务的复杂程度如何？

    非常简单　1　2　3　4　5　6　7　非常复杂

4. 年级组面临的任务变化性、多样性有多大？

    非常小　1　2　3　4　5　6　7　非常大

5. 年级组工作常规化程度如何？

    不常规总出现新情况　1　2　3　4　5　6　7　很常规,按部就班即可完成

6. 年级组老师中,大家能做不同事情的机会有多少？

    非常少　1　2　3　4　5　6　7　非常多

7. 年级组老师之间任务之间的相似程度如何？

    非常相似　1　2　3　4　5　6　7　非常不同

8. 年级组的老师大部分时间都是在用同样的方式做相同的工作。

    完全符合　1　2　3　4　5　6　7　完全不符合

9. 年级组的老师必须一直去适应不同的工作方法或程序。

　　　完全符合　1　2　3　4　5　6　7　完全不符合

10. 年级组的老师总是要做不同类型的工作。

　　　完全符合　1　2　3　4　5　6　7　完全不符合

11. 年级组的老师彼此协同地完成任务的程度如何？

　　　协同非常少　1　2　3　4　5　6　7　协同非常多

12. 年级组活动中,"我做工作的开头部分,而由别人结尾"这种情况出现的频率。

　　　很少如此　1　2　3　4　5　6　7　经常如此

13. 年级组活动中,"我接手别人已经做了一部分的工作"这种情况出现的频率。

　　　很少如此　1　2　3　4　5　6　7　经常如此

14. 年级组的老师彼此进行交流的程度如何？

　　　交流非常少　1　2　3　4　5　6　7　交流非常多

15. 年级组任务中,要靠某个老师独立完成工作的频率。

　　　很少这样　1　2　3　4　5　6　7　总是这样

16. 任务的成功在多大程度上取决于年级组老师之间的协作。

　　　非常小　1　2　3　4　5　6　7　非常大

17. 年级组老师之间相互依赖的程度如何？

　　　彼此独立　1　2　3　4　5　6　7　彼此依赖

您的基本信息：

1. 您的性别　□男　□女
2. 您的从教年限是　□2年以下　□2~5年　□5~8年　□8~15年
　　　　　　　　　□15~20年　□20年以上
3. 您是否担任过年级组长　□是　□否
4. 您任教的年级是　□初中　□高中
　　　　　　　　　□一年级　□二年级　□三年级
5. 您讲授的科目是　□语文　□数学　□英语　□政治　□物理　□化学
　　　　　　　　　□地理　□生物　□历史　□音体美　□其他

D卷：中学教研组任务特征问卷

尊敬的老师：

您好。教研组是非常重要的教师群体，它在促进教师成长，改善教育教学，推动教育改革方面发挥着重要的作用。为了描述教研组的任务特征，我们编制了这个问卷。请您根据您所在的教研组状况如实作答。谢谢您的支持。

您提供的信息将仅作为研究之用，不会作为其他用途。请您放心。

请在相应选项的数字上打"√"。请不要漏答。

苏州市教育质量监测中心　苏州大学教育学院
2015年12月

1. 教研组的任务中所需要的专业技术方面的知识有多少？

    非常少　1　2　3　4　5　6　7　非常多

2. 教研组任务中涉及问题解决的程度如何？

    很少涉及　1　2　3　4　5　6　7　经常涉及

3. 教研组任务的复杂程度如何？

    非常简单　1　2　3　4　5　6　7　非常复杂

4. 教研组面临的任务变化性、多样性有多大？

    非常小　1　2　3　4　5　6　7　非常大

5. 教研组工作常规化程度如何？

    不常规总出现新情况　1　2　3　4　5　6　7　很常规，按部就班即可完成

6. 教研组老师中，大家能做不同事情的机会有多少？

    非常少　1　2　3　4　5　6　7　非常多

7. 教研组老师之间任务之间的相似程度如何？

    非常相似　1　2　3　4　5　6　7　非常不同

8. 教研组的老师大部分时间都是在用同样的方式做相同的工作。

    完全符合　1　2　3　4　5　6　7　完全不符合

9. 教研组的老师必须一直去适应不同的工作方法或程序。

完全符合　1　2　3　4　5　6　7　完全不符合

10. 教研组的老师总是要做不同类型的工作。

    完全符合　1　2　3　4　5　6　7　完全不符合

11. 教研组的老师彼此协同地完成任务的程度如何？

    协同非常少　1　2　3　4　5　6　7　协同非常多

12. 教研组活动中，"我做工作的开头部分，而由别人结尾"这种情况出现的频率。

    很少如此　1　2　3　4　5　6　7　经常如此

13. 教研组活动中，"我接手别人已经做了一部分的工作"这种情况出现的频率。

    很少如此　1　2　3　4　5　6　7　经常如此

14. 教研组的老师彼此进行交流的程度如何？

    交流非常少　1　2　3　4　5　6　7　交流非常多

15. 教研组任务中，要靠某个老师独立完成工作的频率。

    很少这样　1　2　3　4　5　6　7　总是这样

16. 任务的成功在多大程度上取决于教研组老师之间的协作。

    非常小　1　2　3　4　5　6　7　非常大

17. 教研组老师之间相互依赖的程度如何？

    彼此独立　1　2　3　4　5　6　7　彼此依赖

您的基本信息：

1. 您的性别　□男　□女
2. 您的从教年限是　□2年以下　□2～5年　□5～8年　□8～15年　□15～20年　□20年以上
3. 您是否担任过教研组长　□是　□否
4. 您任教的年级是　□初中　□高中
   　　　　　　　　　□一年级　□二年级　□三年级
5. 您讲授的科目是　□语文　□数学　□英语　□政治　□物理　□化学
   　　　　　　　　□地理　□生物　□历史　□音体美　□其他